天皇の歴史 9

天皇と宗教

小倉慈司

山口輝臣

講談社学術文庫

目次

天皇と宗教

天皇の歴史　9

天皇と宗教

第一部 「敬神」と「信心」と——古代〜近世

小倉慈司

序

天皇と宗教行事

宮中祭祀に代表されるように、古代以来、天皇は宗教と密接な関わりをもって歩んできた。それは、政を「まつりごと」と訓《よ》み、神をまつることが本義であったという通説を思い浮かべれば、ごく当たり前のことのように思われるかも知れない。しかし政事と祭事が分離して以降、さらには天皇が政治的な実権を失った後も、一貫して天皇と宗教との関わりは続き、現在でも宮内庁では天皇の「宮中のご公務など」の一つとして宮中祭祀を掲げているぐらいである。このことは天皇制を考える上で宗教が重要な位置を占めていることを意味している。

具体的に、平安時代において宗教行事が朝儀《ちょうぎ》の中でどの程度の割合を占めていたかを見てみよう。『年中行事御《お》障子文《しょうじぶみ》』という史料がある。これは太政大臣《だいじょうだいじん》藤原基経《ふじわらのもとつね》が仁和《にんな》元年（八八五）に光孝《こうこう》天皇へ献上した衝立《ついたて》障子で、宮中の年中行事が列記され、内裏《だいり》の清涼殿《せいりょうでん》に置かれたという。現在伝わっている諸写本はその後に項目が加除され十一世紀頃の形を伝えていると考えられている。今、この書の六月前半部分を掲げる（写本により項目に出入りがあるため、甘露寺《かんろじ》親長《ちかなが》筆写本により、説明の便宜上、番号を振った。原文は漢文、以下、第一部の史料引用で原文が漢文であるものについては、現代仮名遣いによる書き下し文を掲げることとする）。

六月

1　朔日　内膳司《うちつかしわでのつかさ》、忌火《いむび》の御飯を供する事　十二月もこれに准ず。

2　同日　中務省《なかつかさしょう》、御暦《ごりやく》を奏する事

3　同日　造酒司《さけの》、醴酒《こさけ》を献る事　今日より七月卅日にいたる。

4　十日　神祇《じんぎ》官、御体御卜《おおみまのみうら》を奏する事　十二月もこれに准ず。

5　十一日　月次《つきなみ》祭の事　上に同じ。廃務。

6　同日　神今食《じんこんじき》祭の事　上に同じ。廃務。

7　後暁　大殿祭《おおとのほがい》の事

8　十二日早旦　解斎《げさい》の御手水ならびに御粥を供する事

9　廿日　相撲《すまいの》司を任ずる事

10　廿一日　国忌《こき》の事　贈太后　東寺　白川院母后

六月には一九項目が挙げられているので、ここには前半一〇項目を掲げたが、このうち1、4〜8、10の七項目が宗教行事もしくは宗教行事に付随する行事である。1の忌火の御飯とは清浄な火で調理した御飯であり、6の神今食に備えて一日に天皇に奉られるものである。4は5の月次祭に先立って行われる神事で、神祇官が今後半年間の天皇の御体に対する

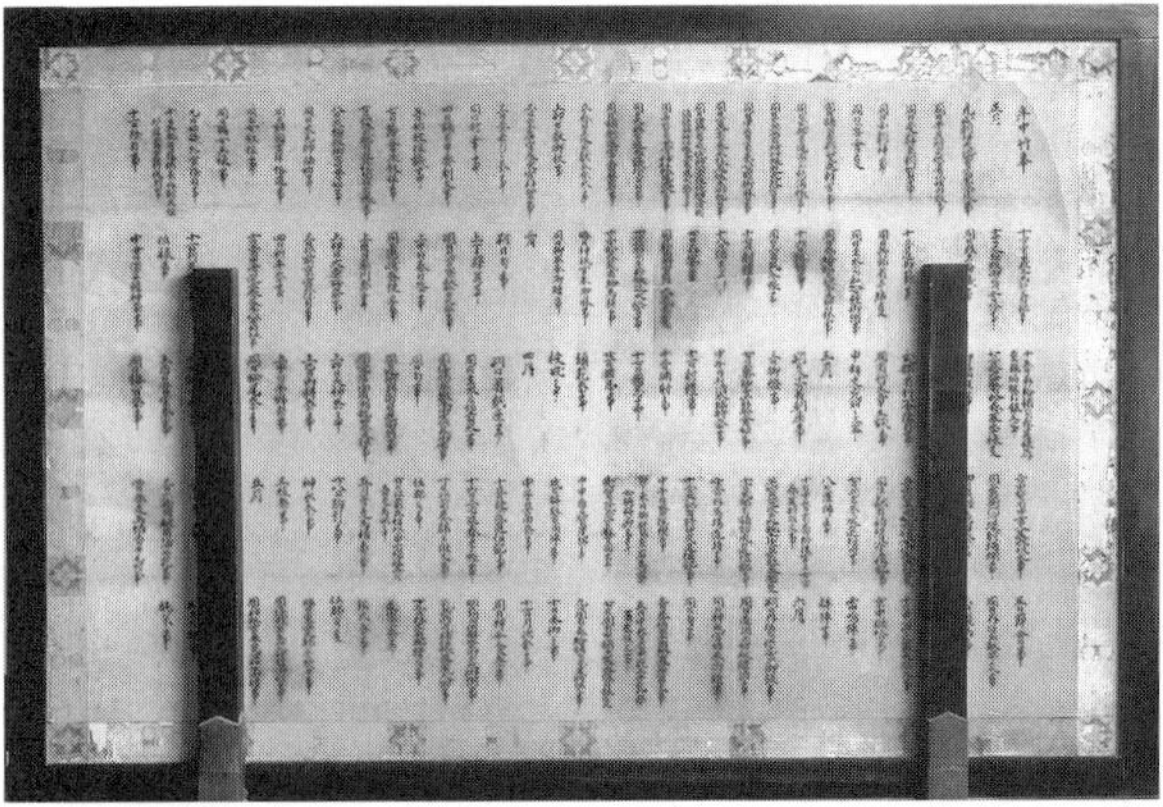

年中行事御障子（表面）　京都御所清涼殿に立てられた衝立障子で、表面に正月から６月まで、裏面に７月から12月までの年中行事の数々を５段に書き連ねている。宮内庁京都事務所提供

祟りなどを卜《うらな》い奏上する儀式である。5は全国の三〇四座の神々の神職を招集して幣帛《へいはく》（神への捧げ物。絹や麻などの繊維製品を中心とし、さらに酒や魚・海藻等の食品や武具・農具等が加わることもある）を頒《くば》る神事で、夜には6の神今食が行われ、天皇が神饌《しんせん》を供えて神と共食する。7は祭事の前後などに宮殿の災いを予防し平安を祈願する神事で、ここでは神今食終了を承けて実施されることになっている。8も神今食終了にともなって斎戒を解く儀式である。10は朝廷で定めた忌日で、寺院で追善の法要を行う。忌日の対象者は元来天皇であったが、次第に拡大し、後には天皇の母后が対象となった。六月二十一日（二十二日とする史料もある）は後三条《ごさんじょう》天皇の後宮《こうきゅう》で白河《しらかわ》天皇の母后である贈皇太后藤原茂子《しげこ》の忌

日で、東寺《とうじ》で斎会《さいえ》が修された。

『年中行事御障子文』全体では十二ヵ月でおよそ二〇〇項目が挙げられており、このうち半数強が宗教関連行事である。むろんすべての朝廷行事が同書に挙げられているわけではないし、挙げ方も明確な基準があるわけではないから、あくまでも目安程度の意味しかないが、宗教行事の持っていた比重の大きさが理解できるであろう。ちなみに『年中行事御障子文』には末尾に毎月の行事としてまとめられている項目が存在するが、その中には毎月一日に内侍所《ないしどころ》へお供えを上げることや六斎日《ろくさいにち》（八日、十四日、十五日、二十三日、二十九日、三十日）に御精進すること、十八日に清涼殿の二間にて観音供が修されることなどが挙げられている。まさに天皇（および朝廷）の仕事の半分は宗教であったのである。

神事を先とし、他事を後とす

鎌倉時代、順徳《じゅんとく》天皇が著した故実書である『禁秘抄《きんぴしょう》』は、天皇の皇子である仲恭《ちゅうきょう》天皇のために書かれたものと考えられているが、その冒頭に記された次の一文はよく知られている。

およそ禁中の作法は神事を先とし、他事を後とす。旦暮《たんぼ》敬神の叡慮《えいりょ》、懈怠《けたい》無し。

宮中における神事優先の伝統を端的に物語るものとして天皇と宗教との関わりを論じる際

には必ずと言ってよいほど、この史料が挙げられてきた。言うまでもなくこうした神事優先の伝統はそれ以前、古くから存在したものである。『日本書紀』によれば、大化《たいか》元年（六四五）六月に蘇我蝦夷《そがのえみし》・入鹿《いるか》父子が滅ぼされる乙巳《いっし》の変が起こって孝徳《こうとく》天皇が即位した後、七月庚辰《かのえたつ》（十四日）に蘇我石川麻呂《いしかわのまろ》が「まずもって神祇を祭い《いわ》鎮めて、しかして後に政事を議《はか》るべし」と奏上し、同日、尾張国と美濃国に神に奉る幣帛を課す使いが遣わされたという。延喜太政官式においては、諸務を太政官に勘申《かんじん》する際に、まず神事を先にすべきことが規定された（第一条）。時代が下り、江戸時代に後水尾《ごみずのお》上皇が新帝後光明《ごこうみょう》天皇に与えたとされる『後水尾天皇御教訓書』（東山御文庫御物）にも、「敬神ハ第一ニあそハし候《そうろう》事候条、努々《ゆめゆめ》をろそかなるましく候、禁秘鈔発端の御詞にも、凡《およそ》禁中作法、先神事、後に他事、旦暮敬神之叡慮、懈怠無し、と遊はされ候か」と記されている。このように、神事優先の伝統は、時期によって強弱の差はあったものの、前近代を通じ存在した。

しかしひるがえって考えてみると、なぜ、皇室では神事優先とされたのであろうか。「わが国は神国であるから」といったような解答は歴史研究の観点からは妥当とは言えない。実は先に引用した『後水尾天皇御教訓書』には続いて以下のように記されている。

仏法また用明《ようめい》天皇信しそめさせ給候やうに日本紀にも見え候へは、すてをかれかたく候、総して上を敬ひ下を憐ミ、非道なき志ある者に、仏神を信せさる者ハなき道理にて候へハ、信心なる者ハ志邪路《じゃろ》ならさるとしろしめさるへく候、

信心という点から言えば仏教を重んじることも同じであり、実際、歴代天皇も仏教を信仰し保護を与えてきた。にもかかわらず神事優先が貫かれたことは、やはり深く考えるべき問題であろう。

神なのか祭祀王なのか

天皇の宗教性が取り上げられる際、よく二つの観点から言及されることが多い。その一つは「天皇は神であった」というものである。これは戦前に天皇が「現人神《あらひとがみ》」と位置づけられたこと、また折口信夫《おりくちしのぶ》が天皇は大嘗祭《だいじょうさい》において天皇霊を身につけるのだと論じたこと（いわゆる「真床覆《まどこお》（襲）衾《ふすま》」論）などがあって、一般に広く受け入れられやすい論と言える。確かに古代においても、たとえば『万葉集』には「大君は神にしませば」などと歌った歌が見えており、宣命《せんみょう》などではしばしば「現御神《あきつみかみ》と大八嶋国知らしめす天皇」と表現されているから、天皇が神と見なされていた時期があったことは事実であるかのように思える。けれどもこれらは称辞的に表現されたものであり、そのことをもって天皇が神であった証拠とするわけにはいかない。古代――七〜八世紀――に天皇即神表現が採られるようになったこと自体は注目すべきことであるが、その一方で、天皇と神々の間にはその扱われ方に大きな違いがあったことに留意しておかなければならない。折口信夫の仮説も充分な論拠を持ったものではなく、現在の日本史学界では否定されていると言ってよい（第一章第1節参照）。天皇即神論に安易に寄りかかるのではなく、実証的に論じていくことが必要であろう。

もう一つ、特に近年よく言われているのが、「天皇は祭祀王（祭司王）であった」という見解である。古今東西を問わず君主・首長が祭祀権も掌握する事例は多く見られ、冒頭に述べたように、天皇においても祭祀・宗教は大きな比重を占めている。そしてそれは時代によって様々な変化があるものの、古代から現代に至るまで言えることである。したがって天皇が祭祀王としての側面を持つことは紛れもない事実と言って良い。ただしそれと、祭祀王であることが天皇の本質であるかどうかということとは別問題である。本巻では当然ながら天皇と宗教との関わりを中心に論じるが、読者の方々は当シリーズ全体に目を通した上で、その当否を考えてもらいたい。

第一章　国家装置としての祭祀

1　大嘗祭の成立

一代一度の大祀

大嘗祭《だいじょうさい》は、古代より天皇が一代に一度親祭《しんさい》すると位置づけられていた重要な祭祀である。それは準備段階から含めると四ヵ月以上（通例は八ヵ月）にも及ぶ重儀であった。新天皇はまず悠紀《ゆき》・主基《すき》の二国を卜定《ぼくじょう》し、祭祀に用いる神饌《しんせん》・雑器等の準備を開始する。ついで全国に大祓使《おおはらえし》を派遣し、伊勢神宮を始めとする全国の諸社に奉幣《ほうべい》（使いを遣わして幣帛《へいはく》を神に奉ること）を行う。抜穂《ぬきほ》使（悠紀国・主基国の斎田より収穫された稲を京に進上する使）・由《ゆ》加物《かもの》使（神にささげる雑贄を準備する使）・神服《かんみそ》使（神服を準備する使）等が順次発遣される。十月下旬には御禊《ごけい》行幸が行われ、天皇自ら川のほとりにて御禊を行う。この御禊行幸は官人一五〇〇人以上が供奉《ぐぶ》する大規模なものである。十一月一日より官人たちは散斎《あらいみ》（致斎《まいみ》に対する語で、軽い物忌）に入る。祭儀が執行される中卯日（中旬の卯の日。中卯日がない場合は下卯日）の一週間ほど前からは臨時に大嘗宮が造営され、二日前からは致斎（厳重な物忌）に入る。前日の中寅日には鎮魂祭が行われる。卯日当日には明け方に諸国神社への班《はん》

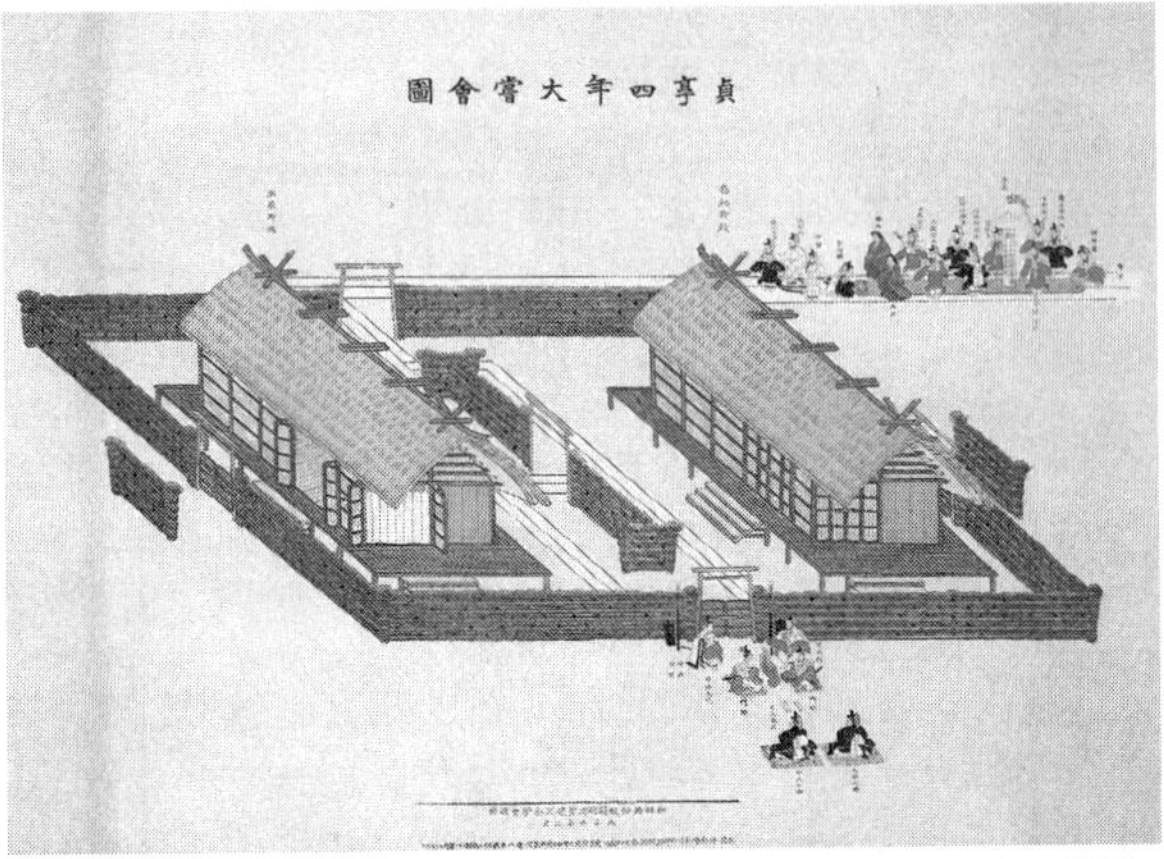

貞享四年大嘗会図　大正の大嘗祭にあたり、明治聖徳記念学会が謹製した復元図。右が悠紀殿、左が主基殿。國學院大學図書館蔵

幣《へい》（神祇官《じんぎかん》において参集した諸社の祝部《はふり》に幣帛を頒《わか》つこと）が実施され、ついで供進物が大嘗宮に運び入れられる。夜に及び天皇は廻立殿《かいりゅうでん》にて沐浴《もくよく》の後、大嘗宮の悠紀殿に渡御《とぎょ》、二時間以上をかけ、自ら祭神に神膳を供進し、天皇もまた相伴《しょうばん》の形をとる。その後、再び沐浴、今度は大嘗宮の主基殿に渡御し、悠紀殿の儀と同じようにして祭神に神膳を供進する。翌朝未明まで神事が続いた後、辰・巳・午の三日間にわたり節会《せちえ》が実施され、群臣に宴を賜う。その後、官人等に叙位賜禄のことがあり、同月下旬から十二月上旬にかけて在京諸司ならびに斎郡の解斎大祓が行われて、儀が終了する。

大嘗祭は後土御門《ごつちみかど》天皇の文正《ぶんしょう》元年（一四六六）まで挙行されたがその後途絶し、江戸時代に至り簡略な形で復興され

た。様々な改変が加えられつつも近代以降も実施されている。

「真床覆衾」論と聖婚儀礼説

昭和天皇の大嘗祭が実施された一九二八年（昭和三）の六月、民俗学者折口信夫《おりくちしのぶ》は「大嘗祭の本義」と題する講演を行った。翌々年に活字化された文章によれば、この講演の中で折口は、天皇の身体は魂の容れ物であり、天皇が大嘗祭において悠紀殿・主基殿での神事中、殿内に敷かれた神座にてフスマにくるまり、「天皇霊」を身体に身につけるという仮説を唱えた。『日本書紀』神代巻下には、天照大神《あまてらすおおみかみ》の孫アマツヒコヒコホノニニギノミコトは「真床追衾（真床覆衾《まどこおふすま》）」に覆われて天から高千穂峰に降臨したという神話が記されている。折口はこのマドコオフスマと神座におけるフスマを同一視したのである。そこからこの折口説は「真床覆衾」論と呼ばれるようになった。

折口自身の大嘗祭解釈には時期によって揺れがあり、必ずしもこの仮説に拘泥していなかったようである。しかしこの「真床覆衾」論は、戦後、天皇に関する研究が自由となり、さらに隣接諸分野の研究が活発化するなかで、広く取り上げられ、一般にも知られるようになっていった。「秘儀」の解明はそもそも人の心をときめかせるものであるし、また「天皇霊」という外来魂・遊離魂の想定や、祭儀と神話とを連関させて捉える祭儀神話論は、文化人類学や神話学・宗教学のテーマとしても魅力的であったのである。その後の大嘗祭研究は主に折口説の発展ないし修正といった形で展開していく。そして一九九〇年（平成二）、約六〇年ぶりに大嘗祭が行われることになったときにまずマスメディアで紹介されたのが、この「真床覆衾」論であった。

無論、この間に折口説を批判する研究がまったくなかったわけではない。幾つか存在した折口説批判のうち、最も鋭い批判であり、かつ学界にも大きな影響を与えたのが、一九八三年に発表された岡田精司氏の説であった。氏は戦後史学においては等閑視された感のあった古代祭祀研究に積極的に取り組み、文献史学の立場から六〇年代以降の祭祀研究をリードしていた日本古代史研究者である。岡田精司氏は、大嘗祭は持統《じとう》朝に成立した祭儀であって伝統的王位就任儀礼とは見なせないこと、ついで天孫降臨《てんそんこうりん》神話は大嘗祭とは結びつかず、即位儀礼の祭儀神話と見るべきであるとし、大嘗宮には天皇の寝具（神座）とともに中宮（皇后を指す）の寝具も設けられていたと考えて、それはマドコオフスマではなく、聖婚儀礼のためのものであるとした。農耕儀礼の中には性的儀礼をともなうものがしばしば見られる。岡田精司氏は、そうした儀礼が源流となり、六世紀頃の新嘗祭《にいなめさい》における采女《うねめ》と天皇の聖婚儀礼を経て、大嘗祭に取り入れられたと考えたのである。この聖婚儀礼説は日本史研究者の間では比較的広く支持されるところとなっていった。

「素朴」な祭りごと

このような状況に一石を投じたのが神道史研究者である岡田莊司氏であった。氏は平成の大嘗祭を間近に控えた一九八九年から一九九〇年にかけて、折口説を全面的に論破する論考を発表する。氏によれば、「真床覆衾」論ならびに聖婚儀礼説は以下のように否定される。

①外来魂・遊離魂としての「天皇霊」の存在は史料的に認められず、したがって「天皇霊」が新天皇の体内に入ることによって、資格完成が得られるという考えは成り立たない。

②マドコオフスマの秘儀は古代・中世の日記や『日本書紀』神代巻注釈にも見出すことができない。「秘事口伝」とされているのは神膳供進の所作次第である。

③大嘗宮の寝座は迎えられた神が休まれると見立てられた神座であり、天皇が近づくことはない。所作上からも大神と天皇との間に明確な上下関係が見出せる。なお御座に天皇が着座する際の向きは『新儀式』神今食《じんこんじき》条逸文では東、平安後期の史料では東南とされていることから、祭神は天照大神であったと考えられる。

④大嘗祭は天皇のみの親祭であり、中宮（皇后）の関与はない。中宮の参加が確認できる新嘗祭の事例はいずれも皇后ではなく母后である。

結論として、大嘗祭は新天皇が初めて天照大神を迎え、神膳供進と共食儀礼を中心とする厳粛・素朴な祭りごとであり、この祭りごとをうけられることにより大神はますます霊威を増し、天皇もその神威を享受することとなる、とする。この説は折口以前の通説、さらには一条兼良《いちじょうかねよし》等、中世における公家の見方とも一致するものである。

岡田荘司説は、平成度大嘗祭を皇室の公的行事として行おうとする、時の政府見解と合致するものであったことも加わって歴史学研究者のみならず広く関心を呼び、その当否を巡って活発な議論が交わされた。近年に至り西本昌弘氏によって「内裏式《だいりしき》」新出逸文が紹介され検討が加えられたこともあり、「真床覆衾」論や従来の聖婚儀礼説は完全に否定されたと言って良いであろう（ただし西本氏は天皇の聖婚儀礼ではなく、神に対し陪膳《はいぜん》の采女が献げられた可能性を指摘されており、また神今食や新嘗祭において皇后の助祭が九世紀前半期に限って行われたとする）。ただ岡田莊司説のうち、大嘗祭の祭神について、平安後期以降、天照大神（および天神地祇）と考えられていたというのは良いとしても、それが大嘗祭成立当初からの姿であったかどうかについては検討の余地がある。この点については諸説存するが、当初の祭神は漠然としたかたちで捉えられており、それがやがて明確に天照大神であると認識されるようになったという可能性を考えておきたい。

神膳供進・共食儀礼が大嘗祭の本義であるとする岡田莊司説に対し、赤坂憲雄氏は「ここに描かれた大嘗祭の像は、かぎりなく平板で、かぎりなく貧しい」「国民とも国家とも関わりのうすい、天皇家のイエ祭りにすぎないという結論が導きだされはしないか」と批判した。しかしそうではなく、岡田莊司説を踏まえた上で、なおかつ、一見素朴に見える天皇の神祭りが一代一度の大嘗祭として規定、実施されたことの意味こそ考えるべきであろう。岡田莊司説の問題点を取り上げれば、氏が大嘗祭を「素朴な祭りごと」と説明したところである。大嘗祭実施にかけられた費用や労働力に思いを馳せるだけでも、決してそれが「素朴」と片づけられるものでないことが明らかとなろう。

嘗の祭から大嘗祭へ

大嘗祭が成立したのは七世紀後半のことである。『日本書紀』によれば天武《てんむ》天皇二年（六七三）十二月丙戌《ひのえいぬ》（五日）条に「大嘗に侍奉《つかえまつ》れる中臣《なかとみ》・忌部《いんべ》および神官の人ども、幷《あわせ》て播磨・丹波、二つの国の郡司、また以下の人夫どもに、悉《ことごと》くに禄賜う。因《よ》りて郡司たちにおのおの爵一級賜う」と見え、大嘗祭挙行そのものの記事は見えないもののこの年に大嘗祭が創始されたと考えられる。ただし天武朝には一代一度の大嘗祭だけでなく毎年行われる新嘗《にいなめ》祭《さい》においても大嘗祭と同じように国郡卜定が行われており、国郡卜定が大嘗祭のみに限られるようになるのは持統朝以降のことであった。これをもって岡田精司氏は持統朝に大嘗祭が成立したと見るのであるが、『日本書紀』で天武天皇二年のみ「大嘗」と記され、天武天皇五年・六年では「新嘗」と記されていることからすれば、後の大嘗祭と新嘗祭ほどではないにせよ、既に両者の間に何らかの区別は存在していたと考えるべきであろう。

ここで大嘗祭と新嘗祭の違いについて述べておきたい。大嘗祭についてはこれまで述べてきた通りであるが、大嘗祭を行わない年には新嘗祭を行うことになっていた。これについて養老神祇令では、

凡《およ》そ大嘗は、世ごとに一年、国司事行《ことおこな》え。以外は年ごとに所司事行え。

と規定しており、どちらも「大嘗」と記しているが、散逸してしまった大宝神祇《たいほうじんぎ》令《りょう》もおそらくほぼ同文であったと考えられている。『日本書紀』の天武・持統紀や『続日本紀《しょくにほんぎ》』では大

嘗祭と新嘗祭は区別されているので、この区別が養老令以後に生じたというわけではなく、律令制定時には法制上、同一の祭儀と見なしたということであろう。すなわち「大嘗」とは「大新嘗」＝「天皇の国家的祭儀としての新嘗」を指し、天武朝以前にも毎年行われていた天皇の新嘗祭を皇位就任に関連づけて成立させたのが一代一度の大嘗祭ということになる。『延喜式《えんぎしき》』等によれば、一代一度大嘗祭と毎年の新嘗祭とは祭場その他規模や準備に要する労力等に大きな違いがあり、また大嘗祭は天皇親祭であるが、新嘗祭は天皇に障りがあるときには神祇官人が代行することもあった。神に捧げられる新穀を収穫する田も、新嘗祭の場合は畿内官田を卜定することになっており、それが悠紀・主基と呼ばれることはなかった。

それでは天武朝以前の新嘗祭とはどのようなものであったのであろうか。新嘗（ニヒ《イ》ナヘ《エ》、ニハ《ワ》ナヒ《イ》）とは元来、稲など新穀の収穫を神に感謝して供進する神事であり、『常陸国《ひたちのくに》風土記』や『万葉集』などによって、民間の家々においても行われていたことが知られている。おそらく令制前には直轄地である屯田《みた》で収穫された新穀を用いて大王の新嘗が実施されていたであろう。そして大王のみならず王子や諸豪族もそれぞれ新嘗を行っていた。それが律令国家建設にともない国家祭祀として位置づけられるようになり、特に「大嘗」と呼称されることになったのである。全国土統治の理念から、斎田やその他の神饌・調度品の準備もより広い範囲からなされるようになったが、祭祀制度整備の過程で持統朝以降は一代一度の大嘗祭のみ大規模に実施し、毎年の新嘗祭は規模を縮小して行うことに定まっていった。

2　令制前の大王の祭り

ヤマトの神

奈良盆地の中・南部は国中《くんなか》とも称され、纒向《まきむく》遺跡に代表されるように、初期ヤマト王権の中心地であった。そしてその地からは東に神体山三輪山《みわやま》を仰ぎ見ることができる。三輪山のふもと、初瀬《はつせ》川と巻向《まきむく》川（穴師川）で囲まれた瑞垣《みずがき》（水垣）郷と呼ばれる地域は神聖視され、今にいたるまで墓を作らないという慣行が生きているという。この三輪山にいます神がオオモノヌシ神である。三輪山祭祀については既に本シリーズ第一巻でも触れられているが、令制前の大王祭祀を考える上で極めて重要であるため、重複をいとわず述べておくことにしたい。

『古事記』には崇神《すじん》朝のこととして次のような説話が記されている（小異があるが、『日本書紀』崇神天皇七年も同類の説話を掲載する）。

疫病の流行を歎いた天皇の夢にオオモノヌシ神が現れ、オオタタネコという人物に自分を祭らせれば国が治まることを伝える。そこで天皇は河内《かわち》の美努《みの》村（『日本書紀』では茅渟《ちぬ》県の陶邑《すえのむら》）にてオオタタネコを捜し出し、彼に御諸《みもろ》山（三輪山）にて神を祭らせるなどしたところ、疫病は終息し、国は平安になった。このオオタタネコはオオモノヌシ神の子孫であり、神君《みわのきみ》（三輪君）・鴨君《かものきみ》の祖となった。

同書には、これより先、大国主神《おおくにぬしのかみ》が海を照らして近づいてきた神をヤマトの青垣の東の山の上、すなわち三輪山の上に祀って国作りを完成させたことが記されており、これらによってオオモノヌシ神が三輪山にいます神であり、ヤマトの国作りに関わる神格を持つことが語られている。

一方、『日本書紀』では神代紀第八段一書第六でオオナムチの幸魂《さきみたま》奇魂《くしみたま》が同神の国作りを助けるために現れ、三諸山（三輪山）に祀られたとの話を伝え、さらに、神代紀第九段一書第二でオオモノヌシ神は天孫降臨後に帰順した首渠《ひとごのかみ》（首領）であり、タカミムスヒよりその女ミホツヒメを娶り、八十万《やそよろずのかみ》神を率いて皇孫を守ることを命じられるという異伝を伝えている。

『日本書紀』の伝承は錯綜していてわかりにくいが、いずれにせよ、ヤマトの国作りを助ける神であるという点は一貫している。このほか、『日本書紀』崇神天皇四十八年正月戊子《つちのえね》（十日）条には天皇が二人の皇子に夢占をさせたところ、兄の豊城命《とよき》は御諸山（三輪山）に登って東を向いた夢を見たのに対し、弟の活目命《いくめ》（後の垂仁天皇《すいにん》）は御諸山に登ったあと、縄を四方に引きわたして粟を食む雀を追い払った夢を見たため、四方に臨んだ弟に皇位を譲ることにしたという説話を伝え、さらに同書敏達《びだつ》天皇十年閏二月条では、帰順した蝦夷《えみし》の首領綾糟《あやかす》が初瀬川より三諸岳（三輪山）に向かって、子々孫々清明心をもって天皇に仕えることを誓ったという記事が掲載されている。これらは三輪山がヤマト王権の象徴的存在であったことを物語っている。

こうした三輪山祭祀の性格とその変遷について、現在のところ、和田萃氏と寺沢薫氏により二つの有力な仮説が提出されている。和田説によれば、元来、三輪山の頂上では大王による国見儀礼が行われ、山麓では日神祭祀が行われていたが、次第に王権祭祀の性格を強め、軍神として全国各地に分祀も行われた。ところが雄略《ゆうりやく》朝にいたり、日神祭祀の祭場として伊勢の地がクローズアップされ、三輪山祭祀は衰えた。六世紀中葉、三輪君氏によって祭祀が再興されるが、従来の王権による国家的祭祀とは異なり、祟り神としてのオオモノヌシ神を祀るものであり、その結果、オオモノヌシ神は国つ神として位置づけられるようになったという。

一方、寺沢氏は、六世紀前半に三輪山祭祀の断絶を想定したり、オオタタネコ伝承を欽明《きんめい》朝（六世紀）に結びつけることには考古学的に見て無理があり、王朝交替と結びつける説にも従えないとして、三輪山祭祀は当初より王権による日神祭祀と在地勢力による地域的統合神としての祭祀という二つの性格を持っていたとする。

ここで私見を述べれば、第一巻で大津透氏が指摘したように、神の本質は祟ることであり、祟り神であることをもって、本来、王権と対立していたと考えることはできない。また奈良・平安期の国家神祇祭祀を見渡すと、天皇が親祭《しんさい》する祭祀はごく一部でしかなく、神祇官の関与を受けながら直接的には諸社の神職が祭祀を執行する形態が基本であった（詳しくは後述する）。だとすれば、そうした祭祀形態は令制前にさかのぼらせて考えても良いのではないだろうか。すなわち天皇（大王）が親祭しないからといって対立関係を見出す必要はないし、元来は王権が直接祭祀をつかさどっていたと推測する必然性もない。三輪山は祭祀開始の当初よりヤマト王権本拠地の守護神として三輪氏（ないしはそれにつながる氏族）が奉祭していたのであろう。ただし神体山という神格のため、ヤマト王権の勢力範囲拡大にともない、王権祭祀全体の中での三輪山祭祀の比重は低下していかざるを得なかった。雄略朝と考えてよいかどうかは検討の余地があるが、和田氏が指摘するように、伊勢の地が太陽神祭祀の地とされたことがその転換点となったと見られる。

ところで『日本書紀』崇神天皇七年条には、オオタタネコにオオモノヌシ神を祭らせたことに加えて、市磯長尾市《いちしのながおち》に倭大国魂神《やまとのおおくにたまのかみ》を祭らせたことが記されている。倭大国魂神とは大和地方の土地神で、『延喜式』巻九神名上には大和国山辺郡《やまのべ》所在として「大和に坐《いま》す大国魂神社」の名が見える。『万葉集』に収められる山上憶良《やまのうえのおくら》の歌では大和の大国御魂が遣唐使を加護するとされており（八九四番歌）、王権を守護する神々の一つであった。オオモノヌシ神と倭大国魂神との違いは、前者がより王権に即した神であったのに対し、後者は大和という範囲内での神という点にあったと考えられる。

『日本書紀』ではその後に八十万の群神を祭ったとしているが、『古事記』では具体的に宇《う》陀《だ》の墨坂神《すみさかのかみ》や大坂神、坂の御尾《みお》の神、河の瀬の神といった名が挙げられている。ヤマト王権はそのような坂の神・川の神なども多く祭っていた。もっともその多くは奈良盆地を中心とする地域の神々に限られていたであろう。

宗像の女神

ヤマト王権によって祭られていた数少ない地方神のうちの一つとして筑前の宗像神《むなかたのかみ》をあげることができよう。福岡県宗像郡の沖合五七キロメートルの地点、玄界灘に浮かぶ沖ノ島は、周囲四キロメートルほどの孤島であるが、古くから宗像神社（大社）の沖津《おきつ》宮《みや》とされており、島内には巨大な磐座《いわくら》群が存在し、四世紀後半より十世紀初頭にいたる祭祀遺跡として名高い。鏡や鉄剣・鉄刀・装身具・鉄鋌《てってい》・馬具・紡織具等金銅製雛形類・滑石製形代《かたしろ》などの約八万点にのぼる祭祀遺物が出土したことから、「海の正倉院」とも呼ばれている。これら

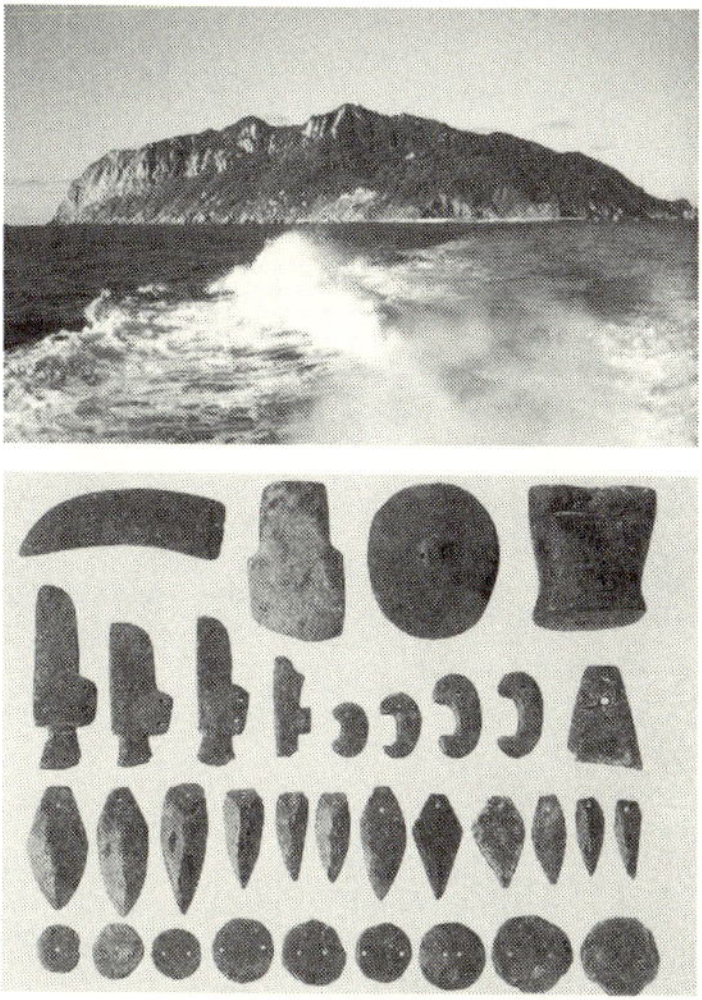

(上)沖ノ島全景　祭祀遺跡は島の中腹の谷あいにある　(下)竹幕洞祭祀遺跡出土の滑石製模造品　弓場紀知『古代祭祀とシルクロードの終着地』より

遺物は早い時期のものは大和周辺の古墳副葬品、新しい時期のものは伊勢神宮神宝《しんぽう》との類似が指摘されており、その豪華さから見ても、ヤマト王権の関与が推測されている。

この沖ノ島に関する神話伝承を見てみると、『古事記』には天照大神とスサノオが誓《うけ》いを行った際、大神がまずスサノオの剣をかみ砕いて吐きだした息が霧になって生じたのがタキリビメ（オキツシマヒメ）・イチキシマヒメ（サヨリビメ）・タキツヒメの三女神であり、それぞれ胸形（宗像）の奥津宮、中津宮、辺津宮に鎮座しており、胸形（宗像）君らによって祭られていると伝えられている（『日本書紀』第六段にも同種の説話が記されているが、本文・一書でそれぞれ神名や記載順序に若干の異同があり、また一書第三では筑紫の水沼君らが祭るとの異伝を伝えている）。沖ノ島祭祀がヤマト王権にとって重視されていたこと、在地豪族である宗像氏がその祭祀をつかさどっていたことがうかがわれる。沖ノ島の神が女神と考えられていたことは、先に述べたように紡織具雛形が奉献されていることから裏づけられる。

胸形君徳善の娘尼子娘《あまこのいらつめ》は天武天皇との間に高市皇子《たけちのみこ》をもうけており（『日本書紀』）、また天武天皇十三年（六八四）に八色《やくさ》の姓《かばね》が制定された際には早速、朝臣《あそん》姓を賜わるなど、宗像氏は中央との深い結びつきを有していたが、それも早くから沖ノ島祭祀において宗像氏が重要な役割を果たしていたことが背景にあったのであろう。

なお、近年、韓国西海岸、辺山《ピョンサン》半島突端に位置する竹幕洞《チュクマクドン》遺跡の発掘調査が行われており、沖ノ島との類似性が指摘されている。同遺跡は四世紀後半から六世紀にかけての祭祀遺跡であり、鉄剣・鉄刀・金銅製馬具・鏡・石製模造品などが出土している。遺跡の祭祀主体については倭人《わじん》・百済《くだら》・栄山江《ヨンサンガン》流域勢力等様々な説が出されており、一方、それにともない沖ノ島の祭祀主体についてもヤマト王権・宗像氏以外を想定する説が提出されるようになった。沖ノ島祭祀について言えば、ヤマト王権が関与していたことを疑う必要はないと思われる。ただし宗像氏を通じることによってヤマト王権以外が祭祀に関与した可能性もまた考えられなくはない。この点は今後、さらに調査研究が深められるべきであろう。

大王の祭祀とその限界

ここで令制前の王権祭祀についてまとめておきたい。律令制期も含めた古代の国家祭祀において天皇が直接関与しない祭祀が多数見られることにつき、かつては天皇権力の限界といった観点から論じられがちであった。しかしそうではなく、祭るべき立場にあるとされた氏族が祭祀を継続していくのが本来的なあり方であり、首長はそれに対して、幣物を奉るなどといった形で神々を尊崇し、神社を保護する（場合によっては邪神として否定する）ことによって首長としての威厳を高めていったと考えられる。先に述べたオオモノヌシ神伝承に代表される記紀の諸説話や荒ぶる神について伝える『風土記』の諸伝承もそのようなものとして理解できる。時代が下った八世紀のことではあるが、越中国礪波《となみ》郡では在地首長が諸社に神田を奉っていたことがうかがわれる。首長自身が親祭するのは自らの氏族の奉祭神に限られていたであろう。そしてそれは大王も同じであった。

大王と地域の諸首長との違いは、奉献物の品質の差や祭る神々の範囲の差にあった。大王がヤマト王権の本拠地であるヤマト周辺の神々を手厚く祭ったことは言うまでもないが、それ以外の地域については宗像神のような王権にとって特に重要視される神々だけを祭っていたのであろう。これはいわばヤマト王権の地方支配拠点として屯倉《みやけ》が置かれることがあったのに似ている。令制前における大王の地方祭祀とは、まさにそのような限定的なものであった。なお、記紀成立以前の伝承に関して、各氏族を超越する統一テクストは存在せず、補足したり食い違う関係にある各氏族の帝紀・旧辞が重ね合わされることで、王権をめぐる歴史の全体像が構築されていたという磯前順一氏の指摘があることを付け加えておく。

3　律令制と地方神祇制度の整備

祟る神々

『日本書紀』によれば、皇極《こうぎょく》天皇四年（六四五）六月、中大兄《なかのおおえ》（のちの天智《てんじ》天皇）らにより蘇《そ》我《が》氏本宗が滅ぼされて大化《たいか》元年（乙巳《いっし》の変）となり、新たに即位した孝徳《こうとく》天皇のもとで中央集権的な改革が進められたという。乙巳の変いわゆる「大化改新」である。七月庚辰《かのえたつ》（十四日）、蘇我石川麻呂《いしかわのまろ》大臣が「まず神祇を祭《いわ》い鎮めて、それから政事を議るべきである」との奏上を行い、即日、尾張国と美濃国に使者が差遣されて神に奉る幣《ぬさ》を課した。乙巳の変や大化改新に関する『日本書紀』の記事には潤色が施されており、神祇に関するこれらの記事もどこまで信を置いてよいか疑問の残るところではある。しかし『常陸国風土記』には孝徳朝の己酉《つちのとのとり》年（大化五年〔六四九〕）に神郡として鹿島郡が設けられたことが記されており、『皇太神宮儀式帳』にも伊勢神宮のため孝徳朝に度会《わたらい》・多気《たけ》の評《こおり》が設けられ、太神宮司《だいじんぐうじ》が置かれたことが見えている。よって孝徳朝に地方神祇制度の整備が進められたことは認めてよいと考えられる。

　大同《だいどう》二年（八〇七）に斎部広成《いんべのひろなり》によって奏進された『古語拾遺《こごしゅうい》』によれば、孝徳朝の白雉《はくち》四年（六五三）に諱部《いんべの》（忌部）首作賀斯《おびとさかし》が祠官頭に任じられ、卜筮《ぼくぜい》等のことを掌《つかさど》り、夏冬二季の御卜《みうら》の式もこのときより始まったという。この「夏冬二季の御卜の式」とは六月と十二月の年二回、御体《おおみま》（天皇の身体）に危害が及ぶことがないよう、翌月から半年間における全国の神々の祟りを亀卜《きぼく》によって事前に察知し予防する御体御卜という祭儀を指す。この祭儀は、まず亀甲に兆位もしくは町形《まちかた》と呼ばれる線の形を彫り、婆波加《ははか》（波々賀）の木（ウワミズザクラの木とされる）に火をつけてそれを焼く。そして亀甲にひびが入ったら、兆竹《さましだけ》をもって水を注いで冷まし、ひび割れの形により、土公神《どくじん》や竈神《かまどがみ》、また伊勢神宮をはじめとした全国の神々の祟りがあるかどうかを順に占っていくというものである。占いの結果は十日に天皇に奏上され、しかるべき処置がとられることになる。神祇官に下された宝亀《ほうき》三年（七七二）正月十三日太政官符の原本が現存しているが、それによれば御体御卜（おそらく前年十二月に実施されたのであろう）の結果、山背国久世郡に双栗《なみくり》神と同国乙訓《おとくに》神の祟りが発見され、前者には神田一段が、後者には神戸一戸と幣帛が奉られることになった。

神々が天皇に祟るとは、現代人の感覚からすれば一見奇妙なことのように思える。しかしイギリスの人類学者フレイザーがその著書『金枝篇《きんしへん》』において想定した「殺される王」を思い浮かべれば、わかりやすいであろう。首長は統治する社会の運営に全責任を負う立場にある。たとえば『三国志』魏書東夷伝扶余条《ぎしょとういでんふよ》では、古い扶余の習俗として、天候不順で五穀の実りが悪いときには王にその責を帰し、王を替えるべきであるとか王を殺すべきであるといった意見が出されたと伝えている。様々な危険・災害から民を救い、安寧なる生活に導くのが首長の役割であった。宗教的側面から述べれば、それは一歩間違えれば荒ぶる神々の祟りをも背負うことになる危険な任務である。そうした荒ぶる神々を統御し、守護する側に導く力を備えているのが古代日本においては天皇という存在であった。

もっとも天皇がその支配領域を均しく統治するという観念は、孝徳朝における天下立評《りつぴょう》とともに生まれたと見るべきである。それ以前は各地に存在していた国造《くにのみやつこ》が在地首長としてその役割を担っていたはずであり、先に述べたように、天皇（大王）が地方で直接支配していたのは拠点となる地域に限られていた。一方、御体御卜は伊勢神宮をはじめとする全国五畿七道の神々の祟りを占うものであるから、天皇の全国統治を前提として実施されるものである。したがって全国的地方支配制度の整備と並行して御体御卜の祭儀が開始されたことは当然とも言え、孝徳朝が律令制的地方神祇制度整備の出発点であったことが裏づけられる。

神祇令における規定

孝徳朝以降、天智朝・天武朝・持統朝を経て段階的に地方神祇制度は整えられていき、大《たい》宝《ほう》元年（七〇一）制定の大宝令の篇目として神祇令《じんぎりょう》が設けられてその大枠が確定する（現在、大宝神祇令は散逸して見ることができないが、その後に編纂された養老神祇令と大きな違いはなかったことが明らかにされている）。神祇令には神祇官が執行する恒例祭祀が規定されているが、そのうち宮中祭祀や伊勢神宮などの個別神社に関する祭祀を除くと、二月に行われる祈年祭《きねんさい》、六月・十二月に行われる月次祭《つきなみさい》、十一月に行われる相嘗祭《あいなめさい》・新嘗祭《にいなめさい》（令文では大嘗祭《だいじょうさい》と記される）を見出すことができる。これら四種類の祭祀において諸国の神社が関わることになっていた。

祈年祭とは二月四日に実施される豊穣祈願の祭りであり、天武天皇四年（六七五）に創始されたと見られる。七世紀段階の祭式については明らかでない点が多いが、八世紀半ば頃には諸国官社（神祇官に認定された神社）の神職である祝部《はふり》が二月四日に都の神祇官まで参集し、中臣による神々への祝詞《のりと》奏上の後、配られた幣帛《へいはく》を受け取って持ち帰り、それぞれの神社に奉献することとされていたようである。十世紀前半にまとめられた『延喜式《えんぎしき》』では官社について二八六一社三一三二座と記されているが、例えば『続日本紀』慶雲《きょううん》三年（七〇六）二月庚子《かのえね》（二十六日）条には甲斐《かい》・信濃・越中・但馬《たじま》・土佐などの国の神社一九社が初めて祈年祭の幣帛に預かることが記されており、当初の官社は出雲国などを除けばかなり少なかった。『日本書紀』持統天皇八年（六九四）三月丙午《ひのえうま》（二十三日）条には神祇官の官人から諸社祝部までを含めた一六四人に絁《あしぎぬ》等を賜わったという記事が見える。これから神祇官人の員数数十人を引いた数がおおよそ当時の官社数に等しかったと考えられ、おそらくこの時点での官社は大部分が畿内の神社であって、畿外に存在する官社はごくわずかであったと推測される。畿外の神社の官社化が進められるのは主に大宝令以降のことであったろう。大宝二年（七〇二）二月、幣帛を配るために諸国の国造が京に集められたという記事が『続日本紀』に見える。これをもって孝徳朝以降に進められた国造から天皇への理念的な祭祀掌握権移譲が完了したと見ておきたい。

月次祭については諸説存するが、御体御卜や天皇が皇祖神に神饌《しんせん》を供進する神今食《じんこんじき》の祭儀などと一体化して行われる祭りであることから、神今食にあわせて諸神に幣帛を頒《わか》つ祭りであると見ておきたい。この月次祭の班幣《はんぺい》を受ける神社は『延喜式』段階で一九八社三〇四座とされており、祈年祭に比べてかなり少ない。しかも三〇四座のうち畿内が二六四座で、畿外は四〇座に過ぎない。いわば官社の中の官社という位置づけである。収穫祭である新嘗祭にも同じ数の神社に対して班幣がなされる。

以上の班幣祭祀に対し、相嘗祭はやや異なり、同じく祝部が上京するものの神祇官では儀式は実施されず幣帛の授受のみが行われ、十一月上卯日に各社でその幣帛を用いて個別に祭りが行われるのである。この相嘗祭に預かる神社は『延喜式』段階で四一社七一座、紀伊国日前《ひのくま》神社・国懸《くにかかす》神社・伊太祁曾《いたきそ》神社・鳴《なる》神社の四社を除けば、畿内の山城・大和・河内・摂津国に限られている。相嘗祭は新嘗祭に先立って、特に王権に関係の深い神社に対し行われる収穫祭で、献げられる幣帛も絁など布製品が主体となっている祈年・月次・新嘗祭とは異なり、酒稲が配られ、神社側ではそれを用いて神酒を醸し神々に奉献することになっていた。ちなみに伊勢神宮に対してはこれよりも早く九月に使者が差遣されて神嘗祭が行われる。

理念としての祭祀体系

これら畿内神社優位の官社体制について、研究者の間では畿内を中心とした宗教統制システムと捉えたり、また班幣範囲の差を時代差と捉えて相嘗祭が最も古く成立し、祈年祭が最後に成立したと考える見方が根強かった。確かに『延喜式』を見ると、祈年祭に預かる官社三一三二座は大四九二座と小二六四〇座とに区別され、大の神社と小の神社との間に配られる幣帛の量に差があり、また神祇官での班幣の際に大の神社が案《あん》（机）の上に幣帛を載せて配られるのに対し、小の神社に対しては案が用いられないなど、官社の間にも格差があったことは事実である。しかし相嘗祭に預かる神社の中には九世紀に入ってから加えられた神社も存在するし、班幣制度自体が七世紀後半に開始されたものであるから、そうした見方は妥当とは言えない。むしろ祈年祭と月次・新嘗祭、相嘗祭の差は王権と神社との間の親疎関係や重視度合いによるものと見るべきであろう。したがって古くから王権が親しく関与していた神社が重視される傾向にあるのは当然であるが、新しく関係が生じた神社の場合も相嘗祭に預かることがあったのである。

大宝令制定によって地方神祇制度の体系はとりあえず完成を見た。ただ注意しなければならないのは法の存在とそれが実効性を持ったか否かということとは別問題であるという点である。かつて吉田孝氏が指摘したように、大宝律令の施行は建設すべき律令国家の青写真を提示したものであって、その施行とともに直ちに実現したわけではなかったのである。そうした観点から班幣制度を見てみると、一つの疑問が浮かび上がる。畿内の官社はともかく、畿外の官社の祝部が幣帛を受け取るために上京するにはかなりの日数がかかるはずである。税物の運搬に要する基準日数を記す延喜主計式によれば、たとえば陸奥国《むつのくに》の場合、上京に五〇日、帰国に二五日とされており、上京に日数がかかるのは運搬のためであるとして短い復路の日数を採用しても、往復で五〇日である。後で述べるように、八世紀後半になると祝部の不参が問題とされ、罰則規定が設けられるようになるが、それまでは特に罰則が設けられることはなかった。これだけの労力をかけて諸社の祝部が毎年幣帛を受け取りに自発的に上京するということはあり得たのであろうか。そこに強力な神祇イデオロギーの存在を想定する論者もいる。しかし班幣制度が畿外にまで拡大したのがそもそも大宝令以降である。制定されてすぐそのようなものが機能したと想定することは難しいのではなかろうか。筆者は班幣制度は本来、畿内官社を主対象として創始されたものであり、天皇が全国土を統治し神々を祭るという理念に基づいて全国規模に拡大されたに過ぎず、畿外の官社の多くは実際には幣帛を受け取りに来ることはなかったと考えている。畿外遠方諸国の官社に対しては、必要に応じて使者が差遣される形で幣帛が奉られることになっていたのであろう。そのように考えれば、国によって存在する官社数にかなりのばらつきがあることも理解しやすいと思う。

畿外でありながら一八〇以上にものぼる官社が存在する例外的な国として出雲国《いずものくに》が挙げられるが、これは出雲国造が神賀詞《かんよごと》を奏上するために祝部を率いて上京することがあったためであり、それら出雲国の官社の祝部が毎年上京していたわけではなかったのである。

4　伊勢神宮と斎宮

皇祖神を祀る宮

伊勢神宮は伊勢国に鎮座する皇祖神天照大神《あまてらすおおみかみ》を主祭神とする神社であり、大宝律の注釈書において唯一の「大社」と位置づけられたように、八世紀以来、至高の地位にある社として皇室に重んじられてきた。現在でも、正式名称が「神宮」とされていることがそれを物語っている。すなわち皇室や神社界において単に「神宮」と称するときは伊勢神宮を意味するのである。伊勢神宮は『延喜式《えんぎしき》』によれば、大きく分けて度会《わたらい》郡宇治郷の五十鈴川《いすずがわ》のほとりに鎮座する大神宮（皇大神宮、内宮《ないくう》）と度会郡沼木郷山田原に鎮座する度会宮（外宮《げくう》）からなり、大神宮には天照大神と相殿神《あいどのしん》二座が祭られ、度会宮には御饌都神《みけつかみ》である豊受大神《とようけのおおかみ》と相殿神三座が祭られる。大神宮には天照大神の荒魂《あらみたま》を祭った荒祭宮《あらまつりのみや》と伊佐奈伎宮《いざなぎのみや》・月読宮《つきよみのみや》・滝原宮《たきはらのみや》・滝原並宮《たきはらならびのみや》・伊雑宮《いざわのみや》という別宮が付属し、度会宮には豊受大神の荒魂を祭った多賀《たかの》宮《みや》が付属する。また大神宮には摂社二四座、度会宮には摂社一六座がさらに存在した。さらにこの他に官社に列していない摂社や斎宮司所管の神社、さらには内宮や外宮の境内などに

伊勢神宮内宮正殿への石段と板垣南御門　神宮司庁提供

存在する宮廻神などがある。広い意味ではこれらを含めた神社群が伊勢神宮であるとも言える。滝原宮・滝原並宮は伊勢国と志摩国の境に鎮座し、伊雑宮は志摩国答志《とうし》郡に鎮座するなど、これら神社は内宮・外宮の社域に限られずかなり広範囲に分布していた。この伊勢神宮について、まずは記紀の創祀伝承を追ってみることにしたい。

『古事記』には崇神《すじん》天皇皇女トヨスキイリヒメ、垂仁《すいにん》天皇皇女ヤマトヒメが伊勢大神の宮を拝祭したことが見えるが、創始の過程については明確に記されていない。一方、『日本書紀』では崇神天皇六年にそれまで天皇の大殿の内に祭られていた天照大神をその神威を畏れてヤマトの笠縫邑《かさぬいむら》に移しトヨスキイリヒメに祭らせるようにしたこと、垂仁天皇二十五年三月にトヨスキイリヒメに代えてヤマトヒメに託したところ、ヤマトヒメは鎮座させる地を求めて近江や美濃を経て伊勢国に到り、神託によって五十鈴川のほとりに「斎宮《さいくう》」を建てたとする。垂仁紀には異伝として、丁巳《ひのとのみ》年に度会に遷したてまつったとも記される。これ以降、ヤマトタケルが蝦夷《えみし》征討に向かう際に伊勢神宮に立ち寄って拝するなど、記紀には伊勢神宮に関する記事が散見するようになる。

こうした創祀伝承に対し、研究者間では、ヤマト王権が東伊勢を版図におさめた三世紀後半から四世紀前半の創祀を想定する説、五世紀後半の雄略《ゆうりやく》朝を想定する説から新しくは推古《すいこ》朝や斉明《さいめい》朝・持統《じとう》朝などを想定する説まで様々な仮説が提出され、また伊勢神宮創祀以前には地方神が祭られていたと想定する説などもある。今、ここでそれら諸説を詳細に紹介、検討する余裕はないが、留意すべきは何をもって伊勢神宮の成立と見なすかという点であろう。天照大神という神格の確定や二〇年に一度の式年遷宮《しきねんせんぐう》の開始、内宮・外宮体制の確立などといった点を重視すれば、その「成立」は新しくなる。しかし王権による日の神祭祀という点を重視するならば、創祀が推古朝をさかのぼることは確実と見てよい。先述したように三輪山祭祀との関係で、ある時期に王権を守護する太陽神として東方の伊勢の地に祭られることになったと考えておきたい。

その後、孝徳朝に太神宮司が設けられ（『皇太神宮儀式帳』）、さらに壬申《じんしん》の乱の最中、大海人皇子《おおあまのみこ》（天武天皇）は伊勢国朝明《あさけ》郡の迹太《とお》川のあたりにて天照大神を遥拝したという（『日本書紀』）。『万葉集』にも壬申の乱の際に伊勢神宮の加護があったことが歌われている（一九九番　高市皇子に対する柿本人麻呂挽歌）。乱後には斎宮制度や式年遷宮等の整備が進められた。こうして文武《もんむ》朝までにはほぼ制度の大枠が定まり、「大社」としての地位が確立したと考えられる。

神の朝庭

大宝神祇令の規定では、伊勢神宮独自の祭祀として神衣祭《かんみそさい》・神嘗祭が規定されていたことが知られる程度であるが、『延喜式』では全五〇巻のうちの第四巻が伊勢大神宮式、第五巻が斎宮式とされており、またそれ以前、延暦《えんりゃく》二十三年（八〇四）に伊勢神宮側より神祇官に上進された『皇太神宮儀式帳』『止由気宮《とゆけぐう》儀式帳』によっても詳細を知ることができる。それらによって以下、伊勢神宮の構造を概観する。

まず神職組織について見ると、内宮は在地豪族である荒木田神主氏《あらきだのかんぬしうじ》から、外宮は度会神主氏から選ばれた禰宜《ねぎ》をそれぞれ筆頭とし、大内人《おおうちびと》、小内人、物忌《ものいみ》およびその父が置かれた。大内人は禰宜を補佐する役で、小内人には祭祀用の物品を製作するものと祈禱や祓《はらえ》などに従事するものがいた。物忌は卜食によって選ばれた童男・童女で、神饌供進や諸準備等に従事し、その親族が父として補佐する。大内人以下は内宮の宇治大内人が宇治土公《つちぎみ》磯部氏から選ばれる他、伊雑宮を除いて度会郡の荒木田神主氏・度会神主氏・磯部氏から《とこ》選ばれる。以上、総勢では『延喜式』段階で約八〇名におよび、さらに実際の神事やその準備にあたっては、神職を出している戸も奉仕することになっていた。この他に諸摂社には祝部《はふり》が置かれる。

経済的負担を支えるものとして、度会・多気・飯野の三神郡のほか飯高郡等伊勢国内の諸郡に神戸《かんべ》が置かれ、さらに大和国・伊賀国・志摩国・尾張国・三河国・遠江国《とおとうみ》にもそれぞれ数十戸程度の神戸が置かれていた。これらの租庸調《そようちょう》は神宮のために用いられる。なお、志摩国の神戸から伊雑宮の内人・物忌およびその父が選ばれることになっていたように、神戸は経済的意義のみならず広く神宮の祭祀運営を下支えする役割も持っていた。

以上とは別に神宮および神郡に関する行政事務を管掌する官司である太神宮司が置かれていた。太神宮司は八世紀段階では朝廷の出先機関程度の意味合いでしかなかったが、九世紀以降、権限が強化されていく。また九世紀初頭に、神祇官人である五位以上の中臣《なかとみ》氏が祭主という職に任じられるようになった。祭主は当初、天皇の祭祀に奉仕し、叡慮《えいりょ》を神宮へ伝えることを職掌とし、祈年祭・月次祭・神嘗祭の幣帛使を勤仕したが、時代が下るにつれ、神宮の行政権も獲得するようになっていった。なお斎王《さいおう》および斎宮寮《さいくうりょう》については後述する。

現代の神嘗祭（内宮）奉幣の儀　神宮司庁提供

次に、伊勢神宮の主な恒例祭祀について略述すると、まず元日には禰宜以下が参集してそれぞれ内宮・外宮等の諸神を拝する。白散《びやくさん》の御酒《みき》（白散と呼ばれる散薬を浸した酒。新年に際し、無病息災を祈る）の供進等も行われ、大神を天皇になぞらえた儀と言える。二月には朝廷より祈年祭の幣帛使が差遣されて大神に奉幣がなされ、また神田の御田種蒔下始め（耕作開始にあたっての予祝行事）が行われる。四月・九月には天照大神に神服部氏と神麻績《おみ》氏が織つた神衣《かんみそ》を奉献する神衣祭があり、六月・十二月には月次祭が行われる。月次祭は九月に行われる神嘗祭とともに三節祭と呼ばれ、神宮祭祀の中で特に重視されており、朝廷からの奉幣のみならず、由貴大御饌《みけ》供進の儀が行われた。これは宮中祭祀における月次祭と神今食との関係に類似していることが指摘されている。九月神嘗祭は新嘗祭と同じ収穫祭であるが、神嘗祭はその年最初に収穫された稲を用いて行われるものであり、いわば最初の収穫にあたって天皇が天照大神に謝するという意味合いを持っている。以上、伊勢神宮の祭祀は宮中祭祀・宮中行事と多く連動しており、皇祖神天照大神を祀る社として特殊な地位にあったことが確認される。『古事記』景行《けいこう》天皇段ではヤマトタケルが神宮を参拝したことについて「神の朝庭《みかど》を拝み」と記されているのは、まさにそうした宮中との連動性に基づいてのことであろう。

なお、伊勢神宮には二〇年に一度、社殿を造替する式年遷宮の制も定められていた。式年遷宮が定められている神社は他にも存在するが、史料上最初に確認されるのは伊勢神宮であり、おそらくそれを例として他の有力神社にも広がっていったと見られる。

ところで内宮と外宮の関係をめぐっては、『止由気宮儀式帳』に雄略天皇の夢に天照大神が現れ、丹波国の比治の真奈井に鎮座する豊受大神を御饌都神《みけつかみ》として遷座させることを求めたため、それにより朝夕の大御饌供進を掌ることになったという伝承が記されている。これを疑って外宮および度会氏が元来は中心であったとする見解もあるが、少なくとも八～九世紀段階では外宮および度会氏に対する内宮・荒木田氏の優位が確立しており、御饌都神としての外宮豊受大神の位置づけを否定することは難しいであろう。

神に捧げられた皇女

伊勢神宮を特徴づける制度としてもう一つ、斎宮《さいくう》（斎王《さいおう》）がある。天皇の近親で未婚の内親王（皇女ないし姉妹。適任者がいない場合は女王）が天照大神の御杖代《みつえしろ》として神宮の祭祀に奉仕する制度であり、伝承上では崇神朝のトヨスキイリヒメもしくは垂仁朝のヤマトヒメが起源とされる。ただし『日本書紀』の記述の上でも舒明《じょめい》天皇より天智天皇までの間、断絶が見られ、制度的に整備されたのは天武朝と言える。それ以降、後醍醐《ごだいご》朝に廃絶するまで、およそ六六〇年間にわたり六十数名の斎宮が任じられた。

『延喜式』によれば、天皇が即位するとまもなく卜定《ぼくじょう》が行われ斎宮が決定する。それより宮城内に初斎院《しょさいいん》を設けて約一年間の潔斎《けっさい》が行われ、続いて都の郊外に野宮を設けやはり一年間の潔斎が行われる。卜定後三年目の九月を迎えると、伊勢に群行することになる。出発の日には大極殿《だいごくでん》にて天皇に別れを告げる。『小右記《しょうゆうき》』等によれば、このとき天皇は自ら斎宮の額に櫛を挿し、「都の方に赴きたもうな」と勅するという。それより直ちに斎宮は監送使数百人を従え途中たびたび禊《みそぎ》を行いながら六日前後の日数をかけて伊勢に向かい、多気郡に設けられた斎宮寮内の宮に入る。この斎宮寮は伊勢神宮とは一〇キロ以上離れており、斎宮は普段は宮内で潔斎を続け、三節祭（月次祭と神嘗祭）のときのみ外宮、ついで内宮に向かい、それぞれ参拝し太玉串を立てる。重要な祭事のみ執り行うという点は宮中祭祀における天皇の役割と共通するものである。斎宮は、天皇の代替わりや親の死去、本人の不祥事などがあったときに退任し、帰京することになる。九世紀後半以降、吉事による帰京と凶事による帰京とで通るルートは異なっていたが、いずれも難波《なにわ》で禊を行った後、山城国の河陽宮《かやのみや》で一ヵ月滞在してから入京することになっていた（『江家次第』）。

斎宮のために置かれた官司が斎宮寮である。『続日本紀』神亀《じんき》四年（七二七）八月壬戌《みずのえいぬ》（二十三日）条に斎宮寮官人一二一人を任じたことが見えており、『延喜式』では一二七人とされている。同式では他に命婦《みょうぶ》・乳母・女孺《にょじゅ》らが四三人、宮主《みやじ》・仕丁《しちょう》・女丁らが三五〇人と記されており、総数では五〇〇人を超えていた。長官である斎宮頭は伊勢国司を兼任することが多かった。斎宮寮には主神司および舎人司《とねりのつかさ》・蔵部《くらべ》司・膳部《かしわで》司・炊部《かしき》司・酒部《さかべ》司・水部《もいとり》司・殿部《とのもり》司・采部《うねめ》司・掃部《かにもり》司・薬部《くすりべ》司・門部《かどべ》司・馬部《めぶ》司が置かれ、寮内の諸事を掌った。奈良時代後期には約一二〇メートル四方の区画が東西七列、南北四列に並ぶ方格地割が設けられていたことが発掘によって判明している。

現代的感覚から捉えるならば、たった年に三回、太玉串を神に捧げるためだけに、皇女が厳重な潔斎を経て数百人も引き連れ伊勢まで下向するとは摩訶不思議なことのように感じられる。この点についてこれまでの研究で充分に明らかにされたとは言い難いが、少なくとも神祭りの軽重が祭祀の関与度合いによって単純に判断されるものではないこと、また伊勢神宮祭祀が古代国家にとってかなりの重みを持っていたということは理解されよう。

なお、九世紀に入り、皇城鎮護のため、賀茂御祖《かもみおや》（下鴨）神社と賀茂別雷《かもわけいかずち》（上賀茂）神社に対し、伊勢神宮にならって皇女を斎王として差遣するようになった。伊勢の斎王を「斎宮」と呼ぶのに対し、賀茂の斎王は「斎院」と呼ばれる。その契機については明確でないが、『一代要記』によれば平城《へいぜい》上皇との対立に際し嵯峨《さが》天皇が祈願したことによるものであるという。以後、後鳥羽《ごとば》天皇の代までおよそ四〇〇年間にわたり置かれた。賀茂斎院は伊勢斎宮と異なり、必ずしも天皇の代替わりごとに交替することはなかった。この点について丸山裕美子氏は、伊勢の場合は個々の天皇がその祖先神を祀る宗廟とも言うべき伊勢神宮と繋がっているのに対し、賀茂の場合は「天皇」という存在と皇城を鎮護する土地神である賀茂大神とが斎王を介して繫がるという相違があったためではないかと推測している。賀茂斎院に対しては斎院司が設けられた。

この他、九世紀半ばには藤原氏の氏神である春日《かすが》神社と大原野《おおはらの》神社に対して藤原氏の女性を斎女とすることが行われたが、長くは続かず消滅した。

5　神社制度の変化

誰が神の咎を受けるべきか

八世紀後半の宝亀《ほうき》三年（七七二）十二月、太政官より神祇官に一つの官符が下された。

神社に幣帛《へいはく》を奉るべきことについて

武蔵国が去る（神護景雲《じんごけいうん》三）年九月二十五日に提出した解《げ》によると、「今月十七日に入間郡の正倉四軒に火がつき一万五一三石が焼け、火を消そうとした者一〇人が重病となり二人死にました。そこで占ったところ、郡家の西北隅の神である出雲伊波比神《いわいのかみ》の祟りで、『われは朝廷の幣帛を受ける神であったのに、最近、受けていない。そこで郡家内外の雷神を率いてこの火災を起こしたのだ』ということでありました。よって（同社の）祝部《はふり》に問いただしたところ、『確かに朝廷の幣帛をいただいている神です。けれども最近は賜わっていません』との回答でした。そこで先例を調べましたところ、去る天平勝宝《てんぴょうしょうほう》七年〔歳〕十一月二日の太政官符に『武蔵国　幣帛に預かる神社四所　多磨郡小野社、加美郡今城青八尺稲実社、横見郡高負比古乃社、入間郡出雲伊波比社』と見えていました。官符は明白でありますのに、時々の幣帛頒布からは漏れておりました」という。そこで右大臣が天皇にうかがったところ、例通りに施行しなさい、ということであった。（下略）

これはこの時期に坂東諸国で頻発した正倉神火《じんか》事件の史料としても著名なものである。神火事件は郡司職をめぐる争いや官物《かんもつ》の横領などの不正を背景にして起こったものと見られており、その史料上の初見は『続日本紀』天平宝字《ほうじ》七年（七六三）九月庚子《かのえね》朔条になる。同条では神火（雷による火災）によって官物が損失をこうむるのは国司・郡司が国神に礼をつくさないためであるとして、今後そのようなことが起こった場合には更迭するという勅が下されている。すなわち地方で起こった神火事件の真相を解明することは中央政府にとっては容易なことではなく、「国神」を持ち出すことにより、国郡司の職務怠慢として無条件にその責任を問うことにしたものであろう。ところが、それに対し在地側から持ち出されたのが、班《はん》幣《へい》帛の漏落という論理であった。先に述べたように、律令国家は地方神を祭る手段として班幣という制度を生み出したが、それは多分に理念的な枠組みであって、実効性を持ったものとは言い難かった。そこをついて国郡司側は朝廷に責任を転嫁したのである。そしてその言い分は朝廷側も認めざるを得なかった。

この宝亀官符が引き金となったのか、これ以降、班幣制度に実効性を持たせようという方向に政策が転換していく。宝亀六年（七七五）にいたり、官社の祝部が班幣の日に神祇官に参集しない場合の罰則規定が設けられた。さらに延暦《えんりゃく》十七年（七九八）には官幣国幣社制が導入され、班幣制度に大きな変更が図られる。これまで全国官社はすべて神祇官に参集することになっていたが、畿外官社を官幣社と国幣社とに分け、畿内の官社と畿外の一部の有力官社のみ神祇官に参集させ、畿外の残りの官社はそれぞれの国ごとに班幣を行うことに改めたのである。これは班幣制度の徹底を図るだけでなく、天皇の国土支配理念の貫徹＝畿外官社の拡大という意味合いも持っていた。九世紀前半の時期にはかなりの数の官社が増大したと見られる。しかしこれですべてが解決したわけではもちろんなかった。その後も祝部の神祇官参集の徹底を促す官符がたびたび出されている。弘仁《こうにん》八年（八一七）の官符によれば、受け取りにこなかった幣帛が一四二座分であったという。少なく見積もっても官幣社の二割は参集していなかったのである。斉衡《さいこう》二年（八五五）にいたって、武蔵・若狭・丹後・播磨等の遠方諸国については大帳使等が帰国する際に付すことになった。こうして班幣制度の形骸化が進展していく。寛平《かんぴょう》五年（八九三）に出された官符では、神祇官に参集した祝部たちは幣帛をつかみ取っていく有り様で、「供神の実」がないと歎かれており、延喜《えんぎ》十四年（九一四）に提出された三善清行《みよしのきよゆき》の奏上では、幣帛を受け取った祝部の様子について、絹は懐中に差しはさみ、神酒は自ら飲んでしまっていると形容されている。後者については多少オーバーな表現がなされている可能性もあるが、この頃にはほとんど実質的な意味を持たなくなっていたと言って良いであろう。

位を授けられる神

班幣制度と入れ替わるようにして地方神社行政の中心となったのが神階社制《しんかい》であった。八世紀前半より神に位階《いかい》を授けることが行われるようになる。当初は人間に対するのと同様、食封《じきふ》や位田《いでん》の給与がともなっていたためにそれほど広く授与されることはなかったようであるが、やがてそれがなくなり、精神的・栄誉的色彩を強めたこともあって、八世紀後半以降、徐々に活発に行われるようになっていく。特に九世紀の天長《てんちょう》・承和《じょうわ》年間（八二四〜八四八）には中央における祭祀体制の転換（後述）にともない、中央に直結した神社に対する神階授与が盛んに行われた。なお、例外として皇祖神である伊勢神宮および準皇祖神的扱いを受けた紀伊国日前《ひのくま》・国懸《くにかかす》神社に対しては神階を授けられることはなかった。

このような神階授与において大きな転換点となったのが、嘉祥《かしょう》三年（八五〇）から翌年にかけての同時叙位である。この年三月、文徳《もんとく》天皇が践祚《せんそ》し、四月に即位式が執り行われたが、それ以降、多くの神社に神階が授けられたり、あるいはこれまでに与えられた神階を昇叙させることが行われた。これは承和の変（承和九年〔八四二〕）で恒貞《つねさだ》親王に代わり皇太子の地位につき、即位後まもなくの十一月には第一皇子惟喬《これたか》親王らをおいて右大臣藤原良房《ふじわらのよしふさ》女明子《あきらけいこ》の所生で生後九ヵ月の第四皇子惟仁《これひと》親王を皇太子に立てるということが行われる中で、天皇の即位をことほぎ、諸神の加護を祈るという目的があったのであろうが、十二月にいたり、「特に思うところあるにより、天下大小の諸神」すべてに神階が授けられることになった。具体的には今まで無位であった神々の場合、名神（名神祭に預かる神）や大社（ここでは官社の格で大とされた神社）は従五位下《じゅごいのげ》を、それ以外の神は六位（翌年正月の官符で正六位上と定められる）を与えられ、すでに神階を持っている神々の場合には一階ずつ昇叙させることにしたものである。むろん「天下大小の諸神」といっても国内に存在したすべての神々に授けられたわけではなく、当時の朝廷に「神」と認定されていた神社に限られるのであるが、少なくともこの時点で朝廷に把握されていた神社は（伊勢神宮と日前・国懸神社を除き）すべて神階を持つことになったのである。これまでの神階授与の申請は、天皇もしくは中央貴族とつながりのある一部神社を除けば、国司を通じて個別に行われていたため、新たに勢力を伸ばした神社が高い神階を得る一方、以前から官社である神社が無位のままということもあった。そうした不整合を是正するために、嘉祥の同時叙位が行われたのである。

これ以降、神階は非官社をも含む制度として、神社行政の上で官社制度に代わって実質的な役割を果たすようになる。斉衡三年（八五六）には三位《さんみ》以上の神階を持つ神社の禰宜《ねぎ》・祝部《はふり》らには把笏《はしゃく》（儀式等の場において笏を持つこと）が許されるようになり、さらに貞観《じょうがん》十年（八六八）には六位以上の神社については官社・非官社を問わず祝部氏人帳が作成されるようになった。こうした神階社制の展開によって国司の神社行政の範囲は拡大することになったが、それは任国支配安定のために宗教的国内秩序を必要とした国司側と、国司と結びついて国内における自己の政治的地位を高めようとする首長層・富豪層側との思惑が一致した結果、生まれたものであった。このような動きに対し、中央政府はその初めこそ全国レベルの秩序維持を目指すという努力を見せたものの、やがてそれを放棄し、神階社制は各国ごとの秩序を示すものとなっていく。神階社制の展開は一面では国家の在地社会への関心の減退を物語るものでもあったのである。七〜八世紀の段階に存在した天皇が全国の荒ぶる神々を統御するという理念は、九世紀段階には変質を遂げていた。

班幣から奉幣へ

神祇令では伊勢神宮を別格とすると、神社個別の祭祀に朝廷が関わるのは大神社《おおみわ》（およびその関係社）と広瀬社・龍田《たつた》社程度に限られていたが、やがて神社の祭祀に対して勅使を差遣し幣帛《へいはく》を奉ることが行われるようになる。その最も早い例は奈良時代称徳《しょうとく》朝の春日祭であり、平安時代に入ると、平野《ひらの》社の平野祭、宮中に祭られている園神と韓神の園韓神祭《そのからかみまつり》、賀茂《かも》御祖《みおや》神社・賀茂別雷《かもわけいかずち》神社の賀茂祭、松尾社の松尾祭、梅宮社の梅宮祭と徐々に拡大していき、九世紀末までに一四の祭祀が公的祭祀として扱われるようになる。これらは平安京遷都にともない皇城鎮護の神となった賀茂社と松尾社、平安京宮内省の地に遷都以前より鎮座し、遷都後もそのまま祭られることになったという園神・韓神、大和の古社として特に加えられたかと見られる大神社を除くと、いずれも天皇の外戚父母の氏族の奉斎神にあたる。たとえば平野社は桓武《かんむ》天皇の生母高野新笠《たかののにいがさ》に関わる神である。これらの祭祀には、神祇官より公卿《くぎょう》や内蔵寮《くらりょう》官人などが積極的に関わったことが指摘されている。従来の官社制などと比較すれば、天皇のミウチ的色彩の濃い祭祀ということができよう。

　平安期に入ると、官社の中から特定の名社が名神として選ばれ、祈雨や年穀等祈願のための奉幣の対象となる名神奉幣が行われるようになり、やがてその中からさらに数が絞られて近国の数社を対象とする奉幣がしばしばなされるようになる。そして九世紀末には伊勢・石《いわ》清水《しみず》・賀茂・松尾・平野・稲荷・春日・大原野・大神・石上《いそのかみ》・大和・広瀬・龍田・住吉・丹《に》生《う》・貴布禰《きふね》の一六社を対象とする十六社奉幣の制が成立した。これらは天皇守護神（伊勢・石清水・賀茂・平野）、王城鎮護神（賀茂・松尾・平野・稲荷）、対外関係守護神（住吉）、藤原氏氏神（春日・大原野）、大和の名社（大神・石上・大和・広瀬・龍田）、祈雨神（丹生・貴布禰）であり、当時の皇室にとって最重要にあたる神々であった。十六社奉幣はこの後、正暦《しょうりゃく》二年（九九一）に吉田・北野・広田が、正暦五年に梅宮が、長徳《ちょうとく》二年（九九六）に祇園が加わって二十一社奉幣となり、さらに長暦《ちょうりゃく》三年（一〇三九）に日吉社が加わり、最終的に二十二社奉幣として固定した。二十二社に対しては二月と七月の年二回、祈年穀奉幣が行われた。この祈年穀奉幣は形骸化した祈年祭に代わり、天皇が自ら五穀の豊穣を祈願して奉幣を行う祭祀である。

このように、神祇官に祝部を集めて幣帛を頒つという班幣を主体とした令制祭祀とは異なり、平安期以降の祭祀は、使いを差遣して神々に幣帛を奉る奉幣《ほうべい》を主体として展開していった。それは、奉幣の対象社数からも明らかなように、全国土すべてを対象としたものではなく極めて限定的な祭祀であったが、その一方で天皇との結びつきという点では強化されていた（なお本シリーズ第三巻も参照）。

神社への行幸と宸筆宣命

平安期における新たな朝廷祭祀のもう一つの特徴として、天皇の「御願《ごがん》」が強く打ち出される傾向にあるという点が挙げられる。たとえば伊勢公卿勅使の制は特別な天皇の御願がある際に公卿が勅使として王以下の令制奉幣使を率いて参向するもので、宇多《うだ》朝に創始された。賀茂・石清水等の臨時祭も同様である。臨時祭はやがて毎年の行事として恒例化していくが、それでも毎年新たに天皇「御願」の意思に発して始められるという主旨に変わりはなく、時に臨んで行われる臨時という意味合いが強く意識されていたため、「臨時祭」と称され続けたという。

さらに朱雀《すざく》朝以降、神社行幸が実施されるようになった。神社行幸とは臨時祭の形式をと

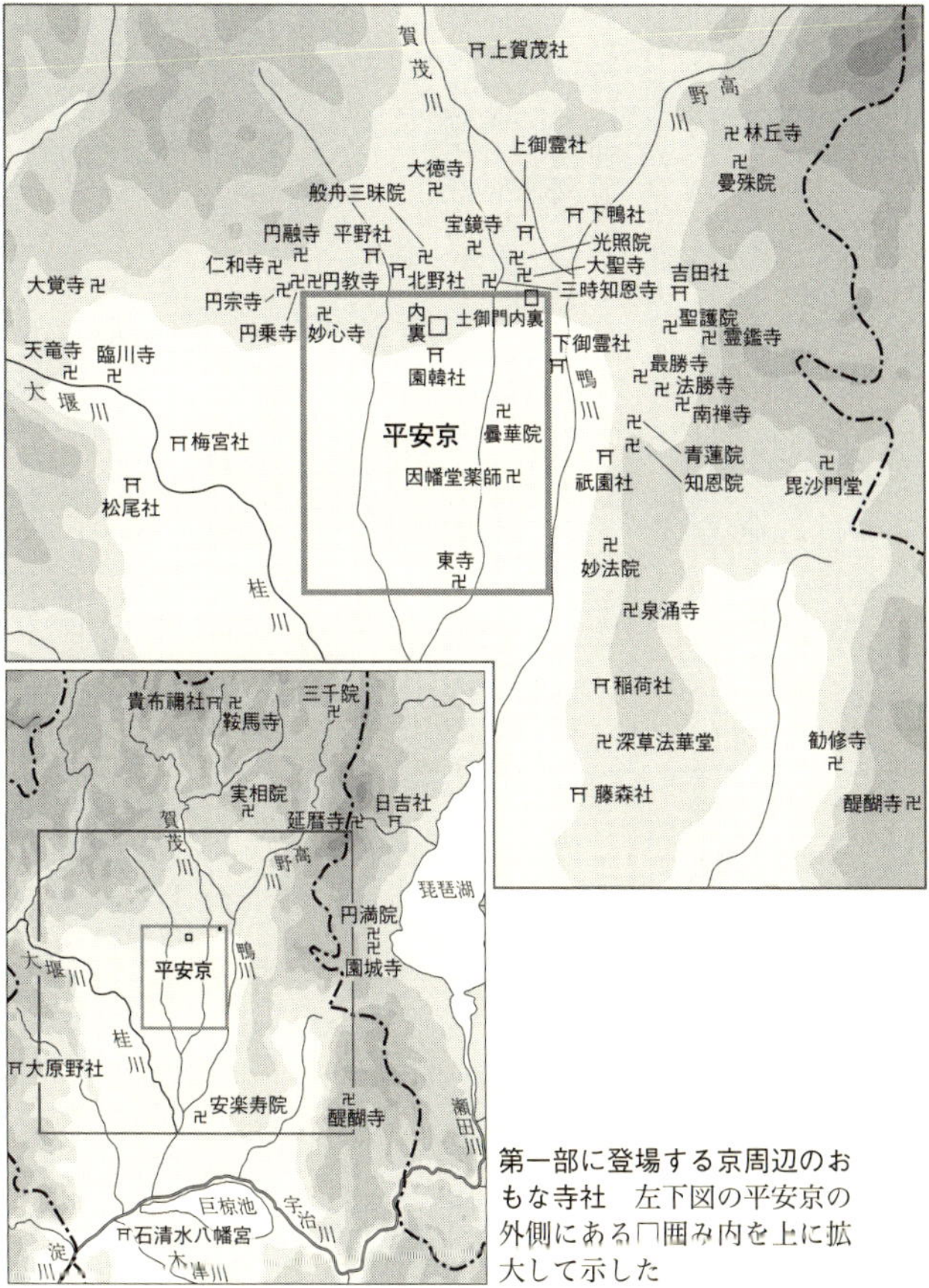

第一部に登場する京周辺のおもな寺社　左下図の平安京の外側にある□囲み内を上に拡大して示した

りながら、天皇自身が上卿《しょうけい》の祭使とともに社頭まで参向するというもので、社頭の御在所にて天皇が御禊《ごけい》の儀を行ってから勅使を神前まで発遣し、戻ってきた勅使より奏上を受ける。その確実な初見は承平《じょうへい》・天慶《てんぎょう》の乱終結の報賽《ほうさい》として実施された天慶五年（九四二）四月二十九日の賀茂行幸とされている。その後、円融《えんゆう》朝に石清水・賀茂・平野行幸が行われ、一条《いちじょう》朝には大原野・松尾・北野も含め、計一一回の神社行幸が行われて、神社行幸の形式が定着する。後三条朝には日吉《ひえ》・稲荷・祇園《ぎおん》も加わり、鎌倉時代に入るまで歴代天皇は活発に神社行幸を行った。

神社行幸は天皇の私的側面がかなり強く現れた祭祀形態であったが、それにもかかわらず、社頭まで行幸しながら神への直接の御拝はなかったという点は注目される。この点について、岡田莊司氏は、あくまでも勅使差遣の祭祀が天皇による天神地祇祭祀の原則であり、天照大神以外の個々の神社への天皇親祭はあり得ないという根本観念が存在して貫かれていたと説明する。太上《だいじょう》天皇の場合は、天皇よりもさらに自由に神社御幸をすることができ、さらに直接神前に詣でることも可能であった。そのこともあり、院政期以降は神社行幸よりも神社御幸が活発化していくことになった。

天皇個人のためというわけではないが、天皇の意思を強く表現したものとして、一条天皇に始まる宸筆宣命《しんぴつせんみょう》がある。宸筆宣命とは重事に際し天皇自ら筆をとって（幼帝の場合は摂政《せっしょう》代筆）伊勢神宮に奉る宣命のことで、寛弘《かんこう》二年（一〇〇五）十一月の内裏《だいり》焼亡による内侍所《ないしどころ》神鏡焼損奉告の際に用いたのが初例である。これ以降、公卿勅使差遣時にたびたび用いられた。

このように天皇の祭祀にも「個」が打ち出されるようになっていったことは、それ以前の国家祭祀と比較して大きな相違点であり、以後の天皇と宗教との関係を考える上で無視できない特徴と言えよう。この点については仏教について取り上げる第二章でも再説する。

6　宮中祭祀の諸相

天皇自ら神饌を献る祭り

一口に古代の国家祭祀と言っても、その形態は、新嘗祭《にいなめさい》のように天皇自ら親祭《しんさい》するものから祈年祭《きねんさい》のように祭祀の場自体には出御しないもの、あるいは御体御卜《おおみまのみうら》のように天皇のために神祇官が行うものなど、様々である。ここではまず親祭の代表例として六月十一日に行われる神今食《じんこんじき》の儀を十世紀に成立した『清涼記』の逸文等によって紹介しよう。

月次祭《つきなみさい》が終わった後、戌刻（二〇時頃）天皇は腰輿《たごし》にて中和院《ちゅうかいん》内の神嘉殿《しんかでん》に行幸する。西隔殿にて御湯を召した後、祭服に着替える。それより神座（御畳・寝具等）・神膳等の搬入がなされ、亥一刻（二二時頃）より天皇は神座のそばの座につき、お手水の後、陪膳《はいぜん》の采女《うねめ》の介助のもと神に御飯・御肴（鮮物・干物八種）・菓子・羹《あつもの》・汁物等の神饌《しんせん》を手ずから順に箸をもって枚手《ひらで》（柏の葉で作った皿）に盛って奉り、また清酒を献げる。その後、天皇は拍手・称唯《いしょう》して食事をする。終了後、膳は撤され、天皇はお手水の後、寝所に還御《かんぎょ》する。以上が夕の儀である。丑刻（二時頃、寅刻〔四時頃〕とする史料もある）、再び天皇は同様に供饌《ぐせん》を行い（暁の儀）、終了後は着替えた後、本宮に還御する。

神に対し、最高の礼をもってもてなすのが、この祭祀の眼目であった。このような天皇が手ずから神に神饌を献る祭祀は、神今食の他には新嘗祭（大嘗祭）に限られており、宮中祭祀全体の中のごく一部でしかない。だがそれは天皇の祭祀への関与が薄かったことを物語るものではない。神を敬うがゆえに、また神威を畏れるがために、自ら神を祭る行為は最小限に抑えられたのである。

石灰壇と毎朝の御拝

とはいえ、拝礼ということであれば、それは毎日行われた。毎朝御拝《まいちょうごはい》である。『宇多《うだ》天皇御記《ぎょき》』仁和《にんな》四年（八八八）十月十九日条逸文によれば、この日、辰刻（八時頃）、宇多天皇は、四方大中小天神地祇敬拝の事を初めて行ったという。通説ではこれが毎朝御拝の初例と解されているが、清水潔氏が論じたように、宇多天皇は大嘗祭を一ヵ月後にひかえて以前からの慣例にしたがって毎朝御拝を開始したのであり、いつまでさかのぼるか判然としないが、毎朝御拝自体は宇多天皇以前の天皇も行っていたという可能性も考えられるであろう。

この毎朝御拝は『中右記《ちゅうゆうき》』天仁《てんにん》元年（一一〇八）十月四日条によれば、石灰壇《いしばいのだん》にて行われ

清涼殿東廂に設けられた石灰壇　京都御所

ることになっていた。石灰壇とは天皇の御在所である内裏《だいり》清涼殿《せいりょうでん》の東廂《ひがしびさし》の南二間、あるいは仁寿殿《じじゅうでん》南廂東隅間などに設けられた壇で、地面から土を床の高さまで版築《はんちく》で盛り上げてその表面を漆喰で塗り固めたものである。壇の東南隅には蓋で覆われた円形の壺穴があり、地炉または塵壺と称され、火がおこされたり、料理がなされることもあった。この石灰壇を地面に見立て、地面に降り立つ代わりとしたのである。

浴湯、御《お》引直衣《ひきのうし》着御《ちゃくぎょ》、お手水の後、石灰壇にて円座に着し、神宮が存在する東南の方角を向いて御拝は行われた。祈請の対象について、『禁《きん》秘抄《びしょう》』には「神宮・内侍所已下に御祈禱。寛平御記《かんぴょうぎょき》に社々多く御祈禱の由所見あり。八幡・賀茂等殊なる神なり」と記されており、室町期の例によれば、他に春日・日吉・北野社と北斗《ほくと》が含まれている。この点は、『建武年中行事』には神宮の他は「御心にまかすべし」とされており、天皇により異同があったようでもある。祈請の内容についても明確でないが、『殿暦《でんりゃく》』天仁元年十月十八日条には、御在位・天下太平および上皇の長久を祈るものであったと記されている。ちなみに御拝に際しては内侍の奉仕があった。

女官による神鏡祭祀

女官によって執り行われる宮中祭祀も存在する。内侍所《ないしどころ》の祭祀である。宮中の内侍所に三種の神器の一つである神鏡（八咫鏡《やたのかがみ》）が祭られていたことはよく知られているが、いつから祭られていたかについては実のところ明確でない。記紀の諸伝承を整合的に解釈するならば、神鏡は天照大神の御形であり、伊勢神宮に祭られているのであって、それとは別に神璽《しんじ》として鏡が存在するということになる。この点について、『古語拾遺』は崇神朝に天照大神を別殿で祭ることにした際に、斎部《いんべ》（忌部）氏に命じて新たに鏡を鋳造せしめ、それを護りの御璽《ぎょじ》としたと合理的解釈を施している。ともかくも令の規定では践祚《せんそ》の日に忌部が神璽の鏡・剣を献じることになっており、また普段は後宮の蔵司が神璽を管理することとされていた。こうしたところから、令制当初は内侍が神鏡を祭るという形にはなっていなかったことが判明する。平安宮内裏の温明殿《うんめいでん》内に設置された内侍所に神鏡が祭られていることを明確に記す史料は十世紀まで下るが、『年中行事御障子文《おしょうじぶみ》』には毎月の行事として朔日《さくじつ》内侍所御供事が挙げられており、『師光年中行事』にはそれが寛平年中に始まったと記されていることから、寛平年間もしくはそれ以前のことと見て良いであろう。先に触れた践祚時における忌部の神璽奉上はその後、大嘗祭辰日に移行したが、『北山抄《ほくざんしょう》』によれば、天長《てんちょう》の時（天長十年〔八三三〕）にたやすく「重物」を給わるは危うきことなきにあらずとして奉上を廃したという。これらのことから考えれば、九世紀の間に神鏡の神聖化が進み、寛平頃には内侍所にて神鏡が女官により祭られるようになっていたと推測される。この後、神鏡は「伊勢の御代官」(『禁秘抄』)として「内侍所」また「賢所《かしこどころ》(恐所・畏所などとも)」とも称されるようになる。神鏡はその後、数度の火災を経て損傷し(本シリーズ第三巻参照)、長暦《ちょうりゃく》四年(一〇四〇)には「玉のごとき金の物」「金玉」数粒となってしまったが、俗銅を混ぜるべきではないという考えからそのままの形で伝えられることになった。なお、長保《ちょうほう》四年(一〇〇二)には神霊を慰めるため、大嘗祭の際の清暑堂御神楽《せいしょどうみかぐら》にならって内侍所の前庭にて御神楽が行われ、やがて恒例神事とされるようになった。

ところで神鏡が神聖化する以前にも、宮中祭祀に奉仕する女性は存在した。御巫《みかんなぎ》である。御巫は神祇官の西院に鎮座する天皇の身体を守護する神々や宮中門・国土守護神などを祭る職員であり、八世紀初頭には五人が定員とされていた。御巫は九世紀にもその存在が確認できるが、おそらく内侍所祭祀の成立と入れ替わるようにして御巫祭祀は衰え、内侍がその職掌を引き継ぐことになったのではないだろうか。

第二章　鎮護国家と玉体安穏

1　新たなイデオロギーの導入

「蕃神」の渡来

『日本書紀』によれば、欽明《きんめい》天皇十三年十月、百済《くだら》の聖明王《せいめいおう》が使いを遣わして釈迦《しやか》金銅仏一体と幡蓋《ばんがい》（幢幡《どうばん》と天蓋）・経論《きようろん》を天皇に献上した。天皇は喜び、群臣に仏を礼拝すべきか否か意見を聴取したところ、蘇我稲目《そがのいなめ》は「西の国々は皆礼拝しているのですから、日本もそうすべきです」と主張したのに対し、物部尾輿《もののべのおこし》と中臣鎌子《なかとみのかまこ》は「わが国の王はつねに天地社稷《しやしよく》の群神を春夏秋冬祭ってきたのであり、今、改めて蕃神《ばんしん》（よその国の神）を拝んだら、国神が怒ることでしょう」と反対した。そこでまず稲目に試しに礼拝させたところ、疫病が流行した。そこで尾輿と鎌子は仏像を投棄することを奏上し、それにしたがって仏像を難波の堀江に流し、寺を焼かせたが、たちまち宮殿が火災となった。

このいわゆる「仏教公伝」記事をめぐっては年次を異にする別史料の存在があり、また「公伝」以降の崇仏論争記事も含めて後の潤色が加えられていることが明らかにされている。ただ、百済はこの時期、南朝の梁《りよう》に遣使するなど仏教の受容を熱心に進めており、六世紀半ばの欽明朝に百済王より外交的に仏教が伝えられたという点は認めてよいであろう。『隋書《ずいしょ》』倭国伝に「仏法を敬い、百済に求めて仏経を得、始めて文字有り」とあるところを参考にして、仏教導入にあたって倭国側の主体性を重視する説もある。倭国の仏教導入は当時の国際情勢の中できわめて政治的に行われたのである。

ともかくもこの仏教公伝伝承の中で問題となるのは、仏教を受容するに際して大王および支配者層はそれをどのように受け止めたのか、という点である。果たして欽明天皇十三年条に見える「蕃神」を拝むことに対する嫌悪感は存在したのであろうか。

まず仏教が「蕃神」と認識されたのかどうか、というところから考えていくと、「仏教公伝」記事の潤色に用いられた資料として『梁高僧伝』竺仏図澄《じくぶつとちょう》伝などが挙げられており、そこでは「外国之神」「戎神」との表現が用いられている。これを翻案して「蕃神」としたものであろう。きらぎらしい仏像といい、仏教はそれまでの神祇信仰とは大きく異なったものではあったろうが、礼拝という点においては共通しており、仏を新たな神と捉えたこと（というよりそう捉えざるを得なかったこと）は充分に考えられる。

しかしそのように考えた場合、「国神が怒る」として反対する考えがあったというところが説明がつかない。神祇信仰の神々は、自ら祭られることを求めて祟ることはあっても、他の神を祭っているからという理由で祟るということはあり得ず、それは渡来神に対しても同様であったからである。もし本当に国神が怒ったのであれば（怒ると考えられていたのであれば）、それは当初より仏教を神祇信仰とは表面上のみならず本質的に異質なものとして認定していたということになる。

当初から仏教は本質的に神祇信仰とは異なるものとして認識されていたのか、それともやはり神の一種として認識されていたのか。難しい問題であるが、その他の七〜八世紀の史料を見る限り、仏を神の一種と見るのが一般的な感覚であったことは確かと思われる。仏教への理解なくして神祇信仰との異質性を把握することは難しい。「仏教公伝」記事は仏教側の視点から脚色されたものであり、仏教受容をめぐって受難の歴史があったとする伝承を移植する上で国神の「怒り」も創られたと考えておきたい。あるいは仏教の異質性が直感的に把握されたために導入にあたっての異論が存在したと見るべきであろうか。その場合でも、やはり、国神の「怒り」を理由に挙げた点には後世の脚色があると考えるべきであろう。なお、欽明天皇が蘇我稲目に仏像を託して礼拝させたことに対し、大王がしかるべき氏族に神々を祭らせるというそれ以前からの伝統的祭祀形態との類似性を指摘する三橋正氏の見解もある。

欽明天皇十五年二月には前年に交替派遣を依頼したことにより、新たな五経博士や僧侶・易博士・暦博士・医博士等が百済より遣わされ、敏達《びだつ》天皇六年十一月には経論、また律師・禅師・比丘尼《びくに》・呪禁師・造仏工・造寺工が遣わされた。

このような経緯を経て、推古《すいこ》朝には法興寺《ほうこうじ》（飛鳥寺《あすかでら》）が完成し、また仏教外交として遣隋使が差遣されるようになるのである。

仏教による護国

当初は「蕃神」と考えられていたものの、導入の進展とともに、支配者層の間では仏教に対する理解も深まっていった。当時の東アジア世界における仏教の占める位置についての理解も進み、広く仏教を受容する方向で合意が形成されていったと見られる。

なお、推古朝から天智朝にかけての宗教政策について、仏教優位で進められ、在来の神祇信仰の衰退を想定する説がある。確かにこの時期、国家的な仏教興隆が進められたことは間違いない。ただ一方で仏教の影響も受けつつ神祇制度の整備も進められており（第一章第3節参照）、仏教が完全に神祇信仰に取って代わろうとしていたかのように考えることはできないであろう。そもそも個別的に神々を祭るそれまでの神祇信仰と国際的な世界観を持つ仏教とでは思想的に大きな段差があり、二者択一をするような関係にはなかったのである。

この点に関して注目されるのが、『日本書紀』推古天皇二年（五九四）二月丙寅《ひのえとら》朔条に「皇太子（厩戸《うまやど》皇子）および大臣（蘇我馬子《そがのうまこ》）に詔《みことのり》して、三宝を興し隆《さか》えしむ。是の時に、諸臣連《しょしんむらじ》等、おのおの君親の恩《みめぐみ》のために競いて仏舎を造る」と見えていることである。厩戸皇子を「皇太子」と記していることからも明らかなように、この三宝興隆の詔には後の脚色が含まれているが、「君親の恩のため」とある点については、少なくとも『日本書紀』編纂時点の作文とは考えがたく、おそらく推古朝の記録を反映した記事と見て良い。つまり仏教は、まずは「君親の恩のため」、すなわち天皇および父母・祖先に対する報恩・追善を第一の目的として支配者層に受容されたのであった。仏教は神祇信仰一般ではなく従来の祖先祭祀に代わるものとして登場したのである。五～六世紀の朝鮮三国では高句麗《こうくり》の定陵寺《ていりょうじ》《チョンルン》や百済の陵山里《りょうざんり》《ヌンサンニ》寺址に見られるように、陵墓と寺院が一体となっていたが、そうしたことが倭国の仏教受容にあたっても影響を及ぼしたと思われる。推古天皇十四年には諸寺において四月八日の灌仏会《かんぶつえ》と七月十五日の盂蘭盆会《うらぼんえ》が毎年催されることとなった。なお、江戸時代の考証学者藤貞幹《とうていかん》《さだもと》は、仁平六年の奥書を持つ古写経を見たこと、日本の年号の仁平《にんぴょう》（一一五一～五四）には六年はなく、それが新羅の年号と考えられることを書き残している。新羅の年号とすれば仁平《にんぺい》六年は西暦六三九年、倭国では舒明《じょめい》天皇十一年にあたる。その経巻が倭国に伝来した時期についてはもちろん定かでないが、七世紀前半期の倭国が百済のみならず新羅から多く仏教を受容していたことは、『日本書紀』の記事からも裏づけられるので、新羅で書写されてからまもなく倭国にもたらされたという可能性も考えられるであろう。

やがて仏教は、天皇を中心とする国家体制の護持に大きな役割を果たすことが求められるようになる。大化《たいか》元年（六四五）八月には孝徳《こうとく》天皇が詔を出し、十師を任じて仏教興隆を推進すること、諸豪族の造寺活動を援助することが宣言された。白雉《はくち》二年（六五一）十二月には味経《あじふ》宮に二一〇〇人以上の僧尼を集め、一切経《いっさいきょう》を読誦《どくじゅ》させたという。さらに斉明《さいめい》天皇六年（六六〇）五月には天皇の命により、一〇〇の高座と一〇〇の衲袈裟《のうげさ》が造られ、仁王般若会《にんおうはんにゃえ》（仁王会）が実施される。仁王会とは鳩摩羅什《くまらじゅう》訳の仏説仁王般若波羅蜜経《はらみっきょう》に基づいて行われた法会《ほうえ》である。同経護国品《ごこくほん》には、国土が乱れ、賊が来て国を破ろうとした時、一〇〇の仏像・菩薩《ぼさつ》像・羅漢《らかん》像を請い、一〇〇の高座を設けて一〇〇人の僧侶をして仁王経を講説させると、鬼神が国土を護ると記されており、国家的危機に対応して行われるものであることが知られる。『日本書紀』には同月戊申《つちのえさる》（八日）に高句麗の使者が難波に到着したことが記されており、中林隆之氏はこの使者が高句麗と連携していた百済と唐・新羅との戦争の最新状況を伝え、倭国に対し切迫する百済の危機に対処することを要請したものであったと推測している。すなわちこの仁王会は国際的緊張が高まったなかで、軍事的・外交的に百済を救援するという政策判断のもとに実施されたものであった。このような国家体制護持を目的とする法会や講説は、これ以降、たびたび催され、八世紀に至る。奈良時代、聖武《しょうむ》朝に進められた国分寺・国分尼寺の建立や東大寺大仏の造立は、まさにこうした仏教による護国体制を如実に示すものであった。その有り様は本シリーズ第二巻において詳しく述べられているが、ここではそうした護国体制の背後に存在したイデオロギーについて簡単に説明しておきたい。

仁王経の他にも護国を主題とする経典は大般若経・金剛般若経・金光明経《こんこうみょうきょう》などがあり、天武《てんむ》朝以降、しばしば読経・講説が行われた。特に金光明経は諸国で毎年正月に読経を行うこととされ（『日本書紀』持統天皇八年〔六九四〕五月癸巳《みずのとのみ》条）、また宮中での読経のため、毎年十二月晦日に一〇名を出家させることとされた（同天皇十年十二月己巳《つちのとのみ》朔条）。神亀《じんき》五年（七二八）には最新の訳となる義浄《ぎじょう》訳一〇巻本金光明最勝王経《さいしょうおうきょう》を新たに諸国に頒布している（『続日本紀』同年十二月己丑条）。さらに天平十三年（七四一）には諸国に金光明最勝王経および妙法蓮華経《みょうほうれんげきょう》を書写せしめ、別に金字《きんじ》金光明最勝王経を書写して頒布し新たに造立を命じた国分寺の七重塔に安置させること、国分寺・国分尼寺では毎月八日に金光明最勝王経を転読することなどが命じられた（『続日本紀』同年三月乙巳条、『類聚三代格』所収同年二月十四日勅）。ちなみに国分寺の正式名称は「金光明四天王護国之寺」である。金光明最勝王経では王が常に諸天の加護を受けていること、王が同経を恭敬供養すれば四天王が国王および国土・人民を護ること、一方で王が正法を遵奉しない場合には災横厄難をこうむることが述べられている。まさに天皇の国土統治の正統性を支える内容であった。

東大寺大仏は華厳経《けごんきょう》教主である盧舎那仏《るしゃなぶつ》である。天平《てんぴょう》十二年（七四〇）二月、聖武天皇は難波宮《なにわのみや》行幸の際に河内国大県郡の智識寺《ちしきじ》に立ち寄り同寺の盧舎那仏を拝み、それがきっかけとなって盧舎那仏の造立を思い立ったという（『続日本紀』天平勝宝《しょうほう》元年十二月丁亥条）。これ以前、平城京の東、春日山西麓には六〇巻本大方広仏《だいほうこうぶつ》華厳経に説かれる金鍾《こんしゅ》（転輪聖王が太子の灌頂《かんじょう》に用いた黄金の瓶）に由来すると見られる金鍾寺が創建されており、同じ天平十二年から良弁《ろうべん》が新羅にて華厳教学を学んだ審祥《しんしょう》を請じて大方広仏華厳経の講読を開始している。三年後の天平十五年、華厳教学に基づく蓮華蔵《れんげぞう》世界の具現を目指して、聖武天皇は大仏造立詔を発布した。当初は紫香楽宮《しがらきのみや》に造立の予定であったが、その後計画が変更され、最終的には東大寺（金鍾寺の後身）に造立される。天平勝宝四年（七五二）四月に開眼供養会が行われた後、銅座蓮弁の鋳造と蓮華蔵世界の毛彫図刻入がなされ、聖武天皇崩御の翌年、大仏は完成を見た。

大仏の蓮弁毛彫図については、その基本が梵網経《ぼんもうきょう》の蓮華台蔵《たいぞう》世界によっているという説が有力であったが、既に指摘されているように、便法として梵網経等他の経典が合わせ用いられたのであり、華厳経の世界観が中心であったと考えるべきであろう。仏教がもたらした新たな世界観は、八世紀半ばに至り、それが具現化されるまでの段階に達したのである。ただしこの聖武天皇の華厳経信仰はその深遠な教学の理解によるものというよりは、同経が盧舎那仏をあらゆる神仏や国土を思いのままにあやつる強力な仏として描いている点にあったとする指摘があるように、民間に流布させることを意図したものではなかった。

ところでこの盧舎那仏に対し、聖武天皇は「三宝《ほとけ》の奴」と自称して拝礼し陸奥《むつ》より黄金が産出したことを奏上した（『続日本紀』天平勝宝元年四月朔条）が、大平聡氏は、そこに文配層を代表して神を祭る最高の司祭者という神祇祭祀における天皇の姿と同質性が見出せることを指摘している。必ずしも天皇の信仰が神祇から仏教へ転換したことを物語るものではない点、注意しておきたい。

天皇を護る仏教

これまで仏教の護国的側面について述べてきたが、それとは異なる役割も仏教には期待されていた。天皇の護持である。『日本書紀』用明《ようめい》天皇二年四月丙午《ひのえうま》（二日）条には病に倒れた天皇が仏教に帰依《きえ》することを考え、天皇の弟が豊国法師《とよくにのほうし》を連れて内裏《だいり》に入ったところ、物部守屋《もののべのもりや》が怒ったことが記されている。この伝承を信じ、かつ豊国法師は天皇の治病祈願のために呼ばれたと考えるならば、仏教が伝来してまもなくの早い段階から個人としての天皇を護持することも行われたということになる。しかし法隆寺金堂《こんどう》釈迦三尊像光背銘《こうはい》に厩戸皇子とその后の病気治癒を願って釈迦像の造立が発願されたことが見え、また推古二十二年（六一四）に大臣《おおおみ》蘇我馬子が病に臥せったため、一〇〇〇人が出家したことが見えているにもかかわらず、『日本書紀』で仏教による天皇の治病祈願記事が見えるようになるのは天武朝以降であることからすれば、個人としての天皇を仏教の力によって護持するという思想は七世紀後半以降に打ち出されてくると見た方が良いように思われる。孝徳朝以降、宮中に仏教施設が設けられたようであるが、あるいはそれと関連づけられる可能性もある。天武天皇九年（六八〇）十一月に皇后と天皇が不予《ふよ》におちいった際にはそれぞれ一〇〇人を度す（出家させる）ことが行われ、朱鳥《しゅちょう》元年（六八六）の天皇不予の際には薬師経読経や度者などが行われた。

天武紀には僧尼を宮中に安居《あんご》（修行）させたこと（十二年七月庚寅条、朱鳥元年五月癸亥条）や僧正・僧都らが宮中で悔過《けか》（罪過を懺悔し福徳招来を祈願する仏教行事）したこと（朱鳥元年七月庚子条）などが見えるが、日常的に僧侶が天皇の護身にあたっていたことが明確となる史料は、『続日本紀』まで下る。同書神亀四年（七二七）十二月丁丑（十日）条には僧正義淵《ぎえん》が先帝すなわち元正《げんしょう》天皇の代より内裏に供奉《ぐぶ》していたことが記されている。義淵には天智《てんじ》天皇が草壁《くさかべ》皇子とともに岡宮にて養育したとの伝承があり（『扶桑略記《ふそうりゃっき》』大宝三年三月乙酉条、『東大寺要録』巻一等）、義淵の奉仕は元正天皇より前にさかのぼる可能性も考えられる。

天平九年（七三七）には内道場に供奉していた僧正玄昉《げんぼう》が、聖武天皇誕生以来「幽憂に沈み久しく人事を廃」していた皇太夫人藤原宮子《ふじわらのみやこ》を全快させたという（『続日本紀』同年十二月丙寅条等）。聖武天皇には天平勝宝八歳（七五六）五月の崩御時点で一二六人にものぼる看病禅師が供奉していた（同月丁丑条）。このうち少僧都良弁と華厳講師慈訓《じくん》は太上天皇《だいじょうてんのう》が不予のときに心力を尽くし昼夜労勤したとされている。孝謙《こうけん》太上天皇が天平宝字五年（七六一）より保良宮《ほらのみや》に幸《みゆき》した際には道鏡《どうきょう》が供奉し、翌年四月に太上天皇が病気になったときには宿曜《すくよう》の秘法をもって勤修《ごんしゅ》し、御悩を平復させた（『続日本紀』宝亀三年四月丁巳条、『宿曜占文抄』）。

以上、宮中での僧侶の供奉を中心に紹介したが、たとえば春日大社の南方に位置する新薬師寺（香山薬師寺）は聖武天皇の不予に際し、光明子《こうみょうし》が天平十九年三月にその病気平癒を祈願して建立したと伝えられる（『東大寺要録』巻一）。天皇や太上天皇・皇后等のために写経がなされ、さらに諸寺院において読経や悔過《けか》が行われた事例は、八世紀を通じてしばしば見出すことができる。国家体制の護持と天皇・皇族の護持が渾然一体となって進められていたのが、この時期の天皇による仏教受容の特徴であった。

2　王法と仏法

護国法会の展開

国制史的側面からは、九世紀に入り、天皇と公卿との国家機構内部における機能分担、機関化が進んだことが指摘されている。いわば天皇が国家であった時代から、統治機構の整備が進み、天皇が国家の一機関へと変化したのである。また嵯峨《さが》太上天皇の時代以降、国政には関与しないものの「家父長的権威」を持つ太上天皇が社会権力として存在するようになり、それとともに在位中の天皇も私的領域が肥大するようになった（本シリーズ第二巻参照）。このような流れの中で、天皇と仏教との関係はどのように変化していったのであろうか。まずは宮中護国法会の中から御斎会《ごさいえ》について見てみることにしたい（なお、第二巻・第三巻も参照）。

御斎会は毎年正月八日から十四日までの七日間、高僧を宮中の大極殿《だいごくでん》に招いて金光明最勝王経《こんこうみょうさいしょうおうきょう》講説、また吉祥天悔過《きっしょうてんけか》を行う法会《ほうえ》で、古代・中世を通じて最も盛大に行われた恒例仏教儀礼である。もともと正月に中央および諸国で行われていた金光明王経の斎会（僧尼に食事をふるまう法会）や諸寺で実施されていた正月悔過を宮中を頂点に再構成し、天下太平・五穀成熟・不祥消除・国家保安などを目的として神護《じんご》景雲《けいうん》元年（七六七）に創始されたものと考えられている。きっかけとしては仏教重視政策がとられた称徳《しょうとく》朝であることを第一に挙げるべきであろうが、以後も廃止されることなく継続したことを思えば、仏教受容の進展にともなう仏教儀礼の恒例化・年中行事化として捉えられるべきであろう。

この御斎会は、九世紀以降、教学研究と結びついた形で展開していく。まず延暦《えんりゃく》二十一年（八〇二）には三論《さんろん》と法相《ほっそう》の二宗に限らず広く六宗の僧侶を請じることとされ、弘仁《こうにん》四年（八一三）からは法会の最終日に僧侶を内裏に招き、天皇や公卿《くぎょう》が列座する前で論義（問答）を行う内論義《うちろんぎ》が設けられることとなる（この点については、元来御斎会に出席していた天皇が、通常は欠席するようになったことと関連するとの見解がある）。承和《じょうわ》六年（八三九）には興福寺《こうふくじ》維摩会《ゆいまえ》で講師を勤めた僧侶が翌年の御斎会講師を勤めることとなり、九世紀後半には維摩会と御斎会、それに天長《てんちょう》七年（八三〇）に創始された薬師寺最勝会の三会の講師を勤めた者が僧綱《そうごう》（仏教界を統轄する僧官）に任じられるようになった。すなわち御斎会に代表される国家的法会が僧侶の昇進ルートとリンクするようになったのであった。それまで「正月斎会」「宮中最勝会」などと呼ばれていたこの法会が「御斎会」という名称で呼ばれるようになるのも、そのころからである。以後、最重要の国家的法会として位置づけられていく。しかしその一方で、天皇個人との関わりという点では稀薄化していった。

このような御斎会の展開は仏教界における教学研究の進展を背景としたものであったが、先に述べたような天皇と国家との関係の変化を踏まえるならば、そこには護国思想そのものの変化が反映していると見るべきであろう。すなわち天皇という存在と国家とが分離していくなかで、御斎会は機関としての天皇ではなく、それを包み含む国家全体の鎮護を担うようになっていったのである。そこにおける鎮護国家とは、実際に生じた国家的危機への対処というよりは、抽象化された概念としての鎮護国家であった。

御斎会とならぶ国家的法会として季御読経《きのみどきょう》が挙げられる。季御読経とは春秋二季に紫宸殿《ししんでん》もしくは大極殿・清涼殿《せいりょうでん》などに一〇〇名程度の僧侶を請じて三日ないし四日、大般若経を転読する法会で、国家的仏事としては清和《せいわ》天皇の貞観《じょうがん》元年（八五九）に創始された。当初は年四回実施されたが、陽成《ようぜい》天皇以降、春秋二季に定まったという。十世紀以降は天皇御前での仁王経転読も行われるようになる。この法会は天皇や皇族の安穏のほか天災地夭《ちよう》の消除などを目的としていたが、巻数《かんじゅ》（読誦の報告書）が内侍所《ないしどころ》に付されたこと（『西宮記』等）から知られるように、御斎会と比較すると相対的に天皇の身体に近い部分を護持していたとも言える。ただ十世紀以降、引茶《ひきちゃ》の儀や饗宴の存在に示されるように、芸能性や娯楽性が高まっていく。それは季御読経のみならず顕教《けんきょう》法会一般に言えることではあったが、そのような点から見れば、季御読経の第一の意義は国家的儀礼という点にあり、天皇の身体そのものよりは機関としての天皇を支えることに主眼があったと言えよう。

摂関《せっかん》期の地方統治が受領国司《ずりょうこくし》に委ねられるところが大きかったことはよく知られている。その結果として、いきおい国政上の重要な課題は国家的宗教政策に収斂していかざるを得ないことになる。国家財政が悪化していくなか、天暦《てんりゃく》六年（九五二）には正蔵率分《しょうぞうりつぶん》制（調庸等の国司が中央に納入する税のうち一〇分の一〔その後一〇分の二〕を別納して重要な公用に充てる制度）が定められ、伊勢神宮の幣料《へいりょう》等の神事や仏事などに充てられるようになる。ついで天禄《てんろく》元年（九七〇）には残りの調庸の年料のうち一部分を御斎会や季御読経等の料として指定して納入させる永宣旨《えいせんじ》料物制が開始された（その後、仁王会料も加わる）。長保《ちょうほう》元年（九九九）七月に発布された一条天皇の新制では、全一一ヵ条のうち、第一条が神事違例を慎むべきこと、第二条が重ねて神社の破損を禁制すべきこと、第三条が重ねて仏事の違例を禁制すべきこと、第四条がたしかに定額諸寺の堂舎破損に修理を加えるべきことと定され、冒頭に神事・仏事、神社・寺院に関する規定が置かれ、以後の新制に受け継がれていくことになる。神事と仏事を第一とする国家的姿勢がこのころ定まっていった。

私的仏事の年中行事化

護国法会とは別に、平安期には天皇個人あるいは皇族個人のための宮中仏教行事が次々と生まれ、年中行事化していった。本シリーズ第三巻では灌仏会《かんぶつえ》と仏名会・最勝講《さいしょうこう》が紹介されている。ここでは法華八講《ほっけはっこう》について紹介することにしたい。

法華八講とは、法華経（妙法蓮華経）八巻を八座に分け（開経と結経を加えて十講とする場合もある）、朝夕に一巻ずつ四日間にわたって経義を講説し、法華経の功徳によって亡者の成仏などを期する法会である。故人に対する追善供養は平安期に入るとそれまでの写経・読誦《どくじゅ》を中心としたものから講説を中心としたものへと移行し、さらに十世紀後半になると、論義を主体とする法会が出現するようになった。宮中における法華経の亡者追善講経の早い例としては承和《じょうわ》十四年（八四七）に仁明《にんみょう》天皇が父嵯峨天皇の国忌《こき》に際して僧侶を清涼殿に請じて法華経を講説させた事例があり、以後、天皇の他に皇后や母后・臣下などが先帝のために法華経講説を行う例がしばしば見られる。一周忌に行う周忌法会が当初の法華八講の姿であったが、天暦九年（九五五）に村上《むらかみ》天皇が母后藤原穏子《やすこ》の周忌として内裏の弘徽殿《こきでん》で宸筆《しんぴつ》八講を行い、以後は法性寺《ほっしょうじ》にて毎年忌に八講を行うことを定めてより、菩提寺における毎年の忌日八講が定着する。円融《えんゆう》天皇の追善は円融寺八講、一条天皇の追善は円教寺《えんきょうじ》八講として、それぞれの菩提寺にて行われた。このような法華八講への参会は故人あるいは願主への奉仕という意味を持っており、私的側面が強いとはいえ、天皇に関わることであれば当然のことながら公的性格も帯びることとなる。また論義の場は僧侶の晴れの舞台でもあった。平安中期以降、天皇との私的関係が宮廷社会の構成原理となっていくことが指摘されているが、仏教行事からもそうした側面を読み取ることができる。

一条朝には清涼殿にて金光明最勝王経を講説する最勝講が開始された。最勝講には天下泰平から玉体安穏《ぎょくたいあんのん》まで幅広い御願が込められていたが、やがて十二世紀には仙洞《せんとう》最勝講・法勝寺御八講とともに三講と呼ばれ、三会とともに学僧の昇進ルートに位置づけられるようになる。本巻では説明を省略するが、十世紀以降、天皇だけでなく摂関家、また各寺院内においても様々な法会が次々と生まれる一方で、それらが連関し、全体として国家護持に連なっていくという複雑な秩序がかたちづくられていく。

このような動きは王法仏法相依論《おうほうぶっぽうそういろん》の誕生とも関わっていた。王法仏法相依論とは、たとえば天喜《てんぎ》元年（一〇五三）七月の東大寺領美濃国茜部荘司住人等解《みののくにあかなべのしょうじじゅうにんとうのげ》に「方今、王法・仏法相双ぶこと、譬《たと》えば車の二輪、鳥の二翼の如し」と見えているように、王権と仏教とは互いに支え合う関係にあるという考え方である。上島享氏によれば、十世紀後半以降、社会全体が国家の直接的な統制から切り離されるなかで、有力寺院は自ら必要とする僧侶の養成にあたる一方、経済的基盤を確保するために、王法仏法相依論を語って擁護を求め、そのためにも積極的な王法の護持にあたったのであり、逆に王権側も自らを正当化する論理として利用していったという。こうした観念のもとに、当該期の天皇と寺院との関係は推移していった。

天皇の身体の護持

天皇の身体の護持という点においては、九世紀以降、どのように変化していったのであろうか。大きな役割を果たすようになったのが密教《みっきょう》である。密教自体はよく知られているように日本には八世紀に既に伝来し広まっていたが、画期を成したのは最澄《さいちょう》と空海《くうかい》の入唐《にっとう》であった。延暦二十四年（八〇五）、病に臥せっていた桓武《かんむ》天皇は、帰朝した最澄に対し真言《しんごん》の秘教を日本に伝えた点を高く評価し（叡山大師伝）、天皇に近侍していた僧侶らに自分の身代わりとして伝法灌頂《でんぽうかんじょう》を受けさせるとともに最澄に五仏頂法や毘《び》盧《る》遮那《しゃな》法を修させたりした。やがて正統密教を請来した空海が嵯峨天皇の信任を得て十禅師《じゅうぜんじ》に任じられ、弘仁《こうにん》七年（八一六）十月には天皇の不予に際して修法を行い、その七年後には東寺《とうじ》が与えられるまでに至る。こうして真言密教が普及していったのだが、玉体護持のための修法という点では天台の円仁《えんにん》がまず注目される。円仁は嘉祥《かしょう》二年（八四九）に「聖朝の奉為に灌頂法を修し」て宝算《ほうさん》

（天皇の年齢）を延ばすことを祈念し、翌三年には仁明《にんみょう》天皇の崩御をうけて新たに文徳《もんとく》天皇が即位したことにより、唐の内道場等の例にならって天皇の宝祚《ほうそ》（天皇の在位が長く続くこと）を祈るため、護摩壇を建立して熾盛光法《しじょうこうぼう》を修すべきことを奏上し、延暦寺に御本命院として惣持院《そうじいん》が建立されることが認められた。熾盛光法は熾盛光仏頂を本尊として天皇の本命星である北極星を祈念する修法で、以後、天台の大法とされる。

ちょうどそれと同じころには幼少時より日夜天皇（の候補者）に近侍して身体を護持する僧侶が置かれるようになる。史料上、確認されるのは嘉祥三年（八五〇）三月誕生の清和《せいわ》天皇以降であるが、承和二年（八三五）には空海の申請により仁明天皇の降誕日に年分度者《ねんぶんどしゃ》を賜うことが行われるようになっていることから推測しても、おそらく仁明朝（一代前の淳和《じゅんな》朝からと想定する説もある）以降、そうしたことが行われるようになったと考えてよいのではないか。その背景には密教に代表される呪術への関心が高まったことが挙げられる。特に清和天皇（惟仁《これひと》親王）は生まれてわずか九ヵ月で皇太子に立てられたこともあり、その護持が重要課題となったことは想像に難くない。実際、異母兄惟喬《これたか》親王との間に皇位継承をめぐり護持する僧侶間での争いがあったとする伝説が伝えられている。こうして修法によって天皇の身体を護持するという考え方が九世紀半ば以降、広まっていった。ちなみにこのような天皇を護持する僧侶は十一世紀前半までには護持僧《ごじそう》という名称で呼ばれるようになっていく。そのころには護持僧は清涼殿二間に夜居して二十一社を勧請するようになり、また如意《にょい》輪法《りんぽう》（延暦寺）・普賢《ふげん》延命法（東寺）・不動法（三井寺）の三種を組み合わせた三壇御修法《みしほ》も行われ、十一世紀後半の後三条朝に制度的確立をみることとなる。なお、十世紀前半の醍醐朝には、内裏仁寿殿《じじゅうでん》で玉体安穏を祈願して毎月十八日に行われる観音供が開始された。これはのちに清涼殿の二間にて行われるようになる。

天皇や皇后などのために祈願や追善を行う御願寺《ごがんじ》が建立されるようになるのも、やはり九世紀のことであった。御願寺には様々なタイプがあり、一概には言えないが、天皇個人の護持や追善に関わるものとしては、父仁明天皇の崩御後まもなく、文徳天皇がその冥福を祈るために仁明天皇陵の側に嘉祥寺《かしょう》を建立し、また皇子清和天皇の加護のため、仁寿二年（八五二）に嘉祥寺の西院（のちの貞観寺）を建立しているのが早い例である。

このような流れの中、護国修法も変容していく。護国修法として最も名高い後七日御修法《ごしちにちのみしほ》は、空海が承和元年（八三四）十二月、宮中真言院を創立して真言法により国家護持と五穀成熟を祈念することを奏上し認められたことにより、翌年より御斎会に付加される形で開始された修法である。この後七日御修法は当初は鎮護国家を目的としたものであったが、十世紀末頃より玉体安穏という役割が真言僧から主張され、やがて院政期にはそれが前面に打ち出されるようになってくるという。常暁《じょうぎょう》によってもたらされた護国修法である大元帥法《たいげんのほう》も、十世紀後半には玉体を護持するものとして理解されるようになっていた。

九世紀前半以降、それまで同等であった天皇と太上天皇の地位が変化し、それによって太上天皇の崩御は「天皇の崩御」と同等には扱われないようになっていく。それは権力構造が分裂する可能性を排除するための方策であったが、また来世のために出家することが求められるようになったためでもある。結果として天皇という地位の神聖化が進行するようになり、やがて在位のまま崩御しても新天皇が皇位継承するまで生きているがごとく扱われる「如在之儀《にょざいのぎ》」がとられ、天皇は形式上「不死」の存在になっていった。それにともない、天皇は抽象化・神聖化された権威・機関としての側面と生身の人間としての側面とに分裂することになる。平安時代、玉体護持に対する観念が高まったことの背景には密教の受容やケガレ忌避観念の高まりなど様々な要因が考えられるが、また天皇という地位が抽象化したことの反作用としての意味合いも加えられるであろう。さらに、平安初期、平城《へいぜい》・嵯峨《さが》・淳和《じゅんな》の歴代天皇は、儒教的合理主義をとったが、それ以降は呪術的迷信的思想が重視されるようになっていく。この点に関し、密教が霊的・超自然的存在をすべて呪縛可能としたことが、かえって人間の生活空間における霊的・超自然的存在の跳梁跋扈《ちょうりょうばっこ》を生じさせたという興味深い推測が谷口美樹氏によってなされている。

3　天皇と出家

皇子の出家

仏教伝来後、初めて出家した皇族は舒明《じょめい》天皇皇子である古人大兄皇子《ふるひとのおおえのみこ》である。『日本書紀』によれば、皇極《こうぎょく》天皇四年（六四五）六月の乙巳《いっし》の変後、古人大兄は皇位継承の有力候補者であったために、皇極天皇が中大兄《なかのおおえ》の意を受けて軽皇子《かるのみこ》に位を譲ろうとした際、自ら髪とひげを剃って仏道修行の道に入ることを宣言し、吉野に入ったという。やや唐突な感のある伝承であるが、『日本書紀』欽明《きんめい》天皇十六年八月条には、百済《くだら》の聖明王《せいめいおう》の王子余昌（威徳王《いとくおう》）が亡き父王のために出家しようとしたのに対し、諸臣が国の「宗《まつり》」を維持するためには出家すべきではなく、代わりに国民を得度せしめるよう進言し、余昌はそれに従って、一〇〇人を度者とし、幡蓋《ばんがい》を造って功徳《くどく》としたという記事が見えている。この記事は百済系史料に基づいたものであったと考えられ、王位継承者が出家すると、国家の祭祀を維持できなくなる（すなわち出家者は王になれない）という考えが百済に存したことが知られる。古人大兄の出家もこうした考え方を承けてのものであったと見られる。しかし出家した古人大兄は、結局、それから三ヵ月後（五ヵ月後とする異説も伝えられる）、謀反の容疑で討たれることとなった。

次に出家した皇族は大海人皇子《おおあまのみこ》であった。『日本書紀』天智天皇十年（六七一）十月庚辰（十七日）条によれば、病が重くなった天智天皇は大海人皇子を召し、後事を託した。これに対し、大海人皇子は天皇のために出家することを願い出、天皇の許しを得てひげと髪を剃り、翌々日吉野に入ったという。天武天皇即位前紀でも同様のことが語られるが、そこでは天智天皇に陰謀があるのではないかと疑って、天皇の言葉に回答したとされる。この後、壬申《じんしん》の乱を経て、大海人皇子は天皇の位につく（天武天皇）わけであるが、いつ還俗《げんぞく》したかについては記録が残されていない。ともかくもこの当時の観念としては、出家者は皇位につけないが、還俗すれば皇位継承は可能であったということになろう。

こうした観念は八世紀にも受け継がれる。桓武天皇の同母弟である早良《さわら》親王は、親王となる以前、一一歳にて出家し、父光仁《こうにん》天皇が即位した後は親王禅師《しんのうぜんじ》として東大寺の経営に深く関与した。天応《てんおう》元年（七八一）四月には桓武天皇の皇太子となっているので、その直前に還俗したのであろう。ただ早良親王は延暦四年（七八五）の藤原種継《たねつぐ》暗殺事件に関与したとの疑いで皇太子の地位を廃され、淡路国に移送される途中、飲食を絶たれ薨去《こうきょ》した。没後は御《ご》霊《りょう》として畏怖され、崇道《すどう》天皇の称が贈られることになる。

親王が出家した初例は、平城天皇皇子高丘《たかおか》親王である。高丘親王は嵯峨天皇の皇太子に立てられたが、大同《だいどう》五年（八一〇）九月のいわゆる薬子《くすこ》の変により廃太子され、弘仁《こうにん》十三年（八二二）四月、おそらくは父平城上皇とともに空海の灌頂を受け、初め真忠《しんちゅう》、のち真如《しんにょ》と号した。その後、東寺に住して真言密教を学び、東大寺大仏の修理にも携わる。大仏の修理が完成した貞観《じょうがん》三年（八六一）、上表して入唐のことを奏請し、翌年渡海した。その後、長安にて皇帝に奏聞した後、さらに西天竺をめざしたが、途中、羅越《らえつ》国（マレー半島南端）にて遷化《せんげ》（死去）したという。

早良親王・高丘親王の出家は直接には政治的事由を持たないものであり、九世紀以降はそうした形による皇子女や后妃の出家が数多く見られるようになる。

天皇・太上天皇の出家

天皇の位についた人物が出家するのは聖武天皇を初例とする。この聖武天皇の出家については、『続日本紀』天平感宝《てんぴょうかんぽう》元年（七四九）七月甲午《きのえうま》（二日　同日天平勝宝に改元）条に孝《こう》謙《けん》天皇への譲位が記される一方、それより前の同年閏五月癸丑《みずのとのうし》（二十日）の段階で「太上《だいじょう》天皇沙弥勝満《てんのうしゃみしょうまん》」と自称しており、また同年正月に行基《ぎょうき》より菩薩戒《ぼさつかい》を受けたことなどが『扶桑《ふそう》略記《りゃっき》』『東大寺要録』に記されていることから、譲位と出家の前後関係やその解釈については様々な説が提出されている。史実を明らかにすることは難しいが、少なくとも聖武天皇の意識としては、出家することは天皇位を退くことであると理解していたと見るべきであろう。聖武天皇の出家が天皇と仏教との関係に画期をもたらしたこと自体は事実であろうが、天平勝宝八歳（七五六）に聖武太上天皇が沙弥勝満として崩御した際にも、出家して仏に帰したことによりこれまで崩御後の天皇に贈られていた諡号《しごう》を贈らないとされたように、天皇位と出家との関係はそれ以前と同様であった。

これが転換するのが孝謙太上天皇の時期である。孝謙天皇は皇位を退いた後、淳仁《じゅんにん》天皇とともに近江国の保良宮《ほらのみや》に滞在していたが、そこで病になった際、道鏡の看病によって治癒し、道鏡を重用するようになる。それを淳仁天皇が批判したため、孝謙太上天皇は天平宝字《ほうじ》六年（七六二）六月に以下の内容の宣命《せんみょう》を発する。

朕《わ》が御祖太皇后《みおやおおきさき》の御命《おおみこと》以《もち》て朕《われ》に告《の》りたまいしに、岡宮《おかのみや》に御宇《あめのしたしらしめ》しし天皇《すめらみこと》の日継《ひつぎ》は、かくて絶えなむとす。女子《おみなこ》の継《つぎ》には在《あ》れども嗣《つ》がしめむと宣《の》りたまいて、此《こ》の政《まつりごと》行い給いき。かく為《し》て今の帝と立ててすまひ(い)くる間に、うやうやしく相従《あいしたが》う事は无《な》くして、とひとの仇《あた》の在る言《こと》のごとく、言うましじき辞《こと》も言いぬ、為《す》ましじき行《わざ》も為《し》ぬ。凡《おおよ》そかくいは《(わ)》るべき朕《われ》には在らず。別宮《ことみや》に御坐坐《おおましま》さむ時、しかえ言わめや。此《こ》は朕《わ》が劣《おじな》きに依《よ》りてし、かく言うらしと念《おもお》し召《め》せば、愧《はずか》しみいとほ《(お)》しみなも念す。また一つには朕が菩提《ぼだいの》心《こころ》発《おこ》すべき縁《よし》に在るらしとなも念す。是《ここ》を以《もち》て出家《いえで》して仏の弟子と成りぬ。但し政事《まつりごと》は、常の祀《まつり》小事《いささけきこと》は今の帝行い給《たま》へ《(え)》。国家《みかど》の大事《おおきこと》賞罰二つの柄《もと》は朕行わむ。

（私は、岡宮御宇天皇〔草壁皇子〕の皇統が絶えようとしているので、女子の身ながらお前に継がせようとするのだという母皇太后の命を承けて、即位したのである。ところが今の天皇は恭順の意なく仇敵のような態度で言うべきでないことを言い、すべきでない行いをした。そのようなことを言われる覚えはないが、私の不徳のいたすところで恥ずかしい限りである。これを機に菩提心をおこすべきであろうと思い、出家して仏弟子となることとした。ただし政事については常の祀りと小事は今の天皇が行え。国家の大事と賞罰は私が行う）

国政に関与すること自体は奈良時代の太上天皇としては当たり前のことであるが、出家しつつも国政の最高権限は掌握するというそれまでにない形がとられるようになったのである。この翌々年、藤原仲麻呂《なかまろ》の乱鎮圧の直後に孝謙太上天皇は淳仁天皇を廃し、再び天皇の位につく。ここにおいて、出家者は天皇にはならないという慣行が否定されることとなった。称徳朝においては道鏡を「出家した大臣」として大臣禅師、さらに法王につけたのみならず、御斎会《ごさいえ》が開始され、国分寺制度の整備も進められた（本シリーズ第二巻参照）。
なお、孝謙天皇の出家は出家戒を受けたものではなく菩薩戒のみであって、僧尼となったわけではないとの見解もあるが、剃髪して袈裟《けさ》を着してもおり、当人の認識としては「出家」であったと考えるべきであろう。

道鏡の優遇は否定されたものの、称徳朝にとられた仏教政策は大部分、その後も継続して進められていった。桓武天皇が最澄の帰朝に期待し近侍の僧侶に自分の身代わりとして伝法《でんぼう》灌頂《かんじょう》を受けさせたこと、また嵯峨天皇が空海を重用したことなどは先述したが、弘仁十三年（八二二）には東大寺に灌頂道場が設けられ、平城上皇およびその皇子高丘親王が空海より灌頂を受けた。さらにその翌年には嵯峨天皇が天皇として初めて同じく空海より灌頂を受けた。

皇位についたまま出家した天皇として仁明天皇が存在する。天皇は嘉祥《かしょう》三年（八五〇）正月六日より病に臥した。当初は踏歌節会《とうかのせちえ》に際し御簾《みす》を垂らして踏歌を見たり、内宴において御簾を垂らして舞妓を見たりしたというからそれほど重くはなかったのであろうが、二月一日には皇太子や公卿がことごとく側に候じたといい、五日には皇太子や大臣以下を召して遺言を伝えるまでにいたる。それから諸寺院における誦経、名神への御馬の奉納、鷹狩り用の犬や飼っていた鳥の放生《ほうじょう》、さらに日をおいて衆僧の加持《かじ》や桓武天皇陵への奉告、紫宸殿での大般若経転読、仁寿殿での文殊八字《もんじゅはちじ》法《ほう》その他さまざまな延命祈願が行われた。しかしそれらの効はなく、三月十九日、天皇は落飾入道する。そしてその二日後、崩じたのであった。こ

宇多法皇像　仁和寺蔵

れは臨終前に出家する臨終出家の確実な初例でもある。ただ『本朝《ほんちょう》皇胤紹《こういんじょう》運録《うんろく》』によればこれ以前、承和《じょうわ》七年（八四〇）に淳和《じゅんな》上皇が崩じた際、「先ず御出家」したとされ、これが先例とされた可能性も指摘されている。ともかくもこの時期、来世を仏教に託すという思想が皇室で生まれ、また出家した天皇としては称徳天皇の先例があるとはいえ、天皇の位についたまま出家するという事例が開かれたことは注目に値する。臨終出家の風習はこの後、広く貴族社会に広まっていったが、一方、在位中の出家はこの後、村《むら》上《かみ》天皇・後《ご》一条《いちじょう》天皇の例があるだけであり、醍醐《だいご》天皇や一条天皇等、病に際し譲位してから出家するのが通例となった。

宇多《うだ》天皇は幼少時より仏教に帰依し、父光孝《こうこう》天皇の即位前には出家を考えていたというが、譲位二年後の昌泰《しょうたい》二年（八九九）十月に菩提のため、自らが先帝光孝天皇の供養のために創建した仁和寺にて権大僧都益信《やくしん》を戒師として落髪入道し、翌月に東大寺にて受戒、延喜《えんぎ》元年（九〇一）十二月には東寺灌頂院にて僧正益信より密教の奥義を授かる伝法灌頂を、延喜十年九月には延暦寺にて座主《ざす》増命《ぞうみょう》より三部大法灌頂を受けた。この間、延喜四年には仁和寺内に御所（御室《おむろ》）を造営し、移御した。なお、出家に際して太上天皇の尊号を辞したため、以後、法皇あるいは院などと呼ばれるようになった。出家した太上天皇を法皇と呼ぶのはこれに始まる。法皇は皇子斉世《ときよ》親王（真寂）や寛空《かんくう》等に付法したが、寛空より法皇の孫（敦実《あつみ》親王王子）寛朝《かんちょう》に伝えられ、寛朝によって益信を流祖とする東密（東寺系の真言密教）広沢流が形成されることになる。御室は敦実親王が仏閣（観音院）に改め、以後、寛朝へと継承されたという。

仁和寺の周囲には天皇や皇族の御願として多くの子院が建立されたが、なかでも円融《えんゆう》天皇御願による円融寺、一条天皇御願による円教寺《えんきょうじ》、後朱雀《ごすざく》天皇御願による円乗寺《えんじょうじ》、後三条《ごさんじょう》天皇御願による円宗寺《えんそうじ》は四円寺として威容を誇った。

僧体の親王

九世紀以降、皇族の出家が多く見られるようになったことを先に述べたが、その大部分は世俗における不遇・不運、あるいは病気などをきっかけとして出家したものであった。しかし三条天皇皇子である性信《しょうしん》と白河《しらかわ》天皇皇子である覚行《かくぎょう》の事例を境に新たなタイプの出家が見られるようになる。

性信は俗名を師明《もろあきら》といい、寛弘《かんこう》二年（一〇〇五）に生まれ、父三条天皇の即位後まもない寛弘八年に親王宣下《せんげ》をこうむっている。師明親王は十一、二歳頃には元服が予定されていたが、三条天皇が長和《ちょうわ》五年（一〇一六）に一条天皇の皇子敦成《あつひら》親王（後一条天皇）に譲位、ついでその翌年に崩御し、兄敦明《あつあきら》親王が皇太子を辞退すると、仁和寺別当済信《さいしん》《せいじん》（寛朝の付法《ふほう》）のもとで出家し、のち伝法灌頂を受けた。性信はその修法能力が高く評価され、永保《えいほう》三年（一〇八三）二月には七九歳にて二品《にほん》に叙された。出家前に品位《ほんい》を授かっていても出家後には無品とみなされるのが常例であり、出家後に品位を授かるのはまさにこれが初例であったと考えられるが、この点について、皇子覚行を仁和寺に入寺させ性信から法脈を継がせようとした白河法皇の意図があったのではないかとする説がある。

守覚法親王像　仁和寺蔵

覚行（初名覚念）は承保《じょうほう》二年（一〇七五）、白河天皇の皇子として生まれた。九歳にて仁和寺に入り、二年後の応徳《おうとく》二年（一〇八五）に出家、性信より受戒（性信はこの年九月に入滅）、寛治《かんじ》六年（一〇九二）には性信の弟子でかつ性信の兄敦明親王の孫でもある寛意《かんい》より伝法灌頂を受けた。それより七年後の康和《こうわ》元年（一〇九九）正月には親王宣下をこうむることになる。ここに僧侶である親王すなわち「法親王《ほっしんのう》」の例が開かれたのである（これ以前、早良親王の事例が存したが、これが先例とされることはなかった）。これ以降、法親王は院権力の一翼を担い、国家や皇室の諸仏事を領導するとともに貴種として寺院統制の役割を果たしていくようになる。なかでも仁和寺御室は真言宗寺院の頂点として東寺以下の諸寺院を統制下に置き、原則として治天《ちてん》の君たる院や天皇の皇子が継承していった。後白河《ごしらかわ》天皇の皇子であった守覚《しゅかく》《しゅうかく》法親王は仁和寺御室として法会や修法・故実の集大成を図り、代々の御室によって伝えられた広沢流に加え、それに並ぶ東密の二大流派の一つである小野流も相承し、御流として大成した。このほかの寺院では、堀河《ほりかわ》天皇皇子最雲《さいうん》法親王の三千院（梶井）（山門）、鳥羽天皇皇子道恵《どうえ》法親王の円満院（寺門）、同天皇皇子覚快《かくかい》法親王の青蓮院《しょうれんいん》（山門）などが、法親王の早い例として挙げられるが、特に後白河天皇は仁和寺のみならず比叡山や園《おん》城寺《じょうじ》にも皇子を入寺させ、影響力を行使した。鎌倉時代にも皇子の入寺は引き続き行われ、なかには慈道《じどう》法親王（亀山天皇皇子）など広く皇室の護持に力を尽くす法親王も現れた。

なお、出家後に親王となった事例の他、次第に出家後にも引き続き親王待遇を得た元親王についても「法親王」と称されるようになっていく。また「法親王」に類似の語として出家した元親王のことを称した「入道親王」という語もある。

第三章　「神事優先」と「神仏隔離」の論理

1　「神事優先」の伝統

東アジアの神祇信仰

神祇《じんぎ》信仰は、日本独自なものであるかのように誤解されがちである。確かに律令国家では日本独自の官司として神祇官が太政官と並列する形で置かれたし、養老令の公的注釈書である『令義解《りようのぎげ》』でも「神祇」という語について「天神を神と曰い、地神を祇と曰う」と、「天神地祇《てんじんちぎ》」という語について「天神は伊勢、山城の鴨、住吉、出雲国造斎《いつ》く神等の類これなり。地祇は大神《おおみわ》、大倭《おおやまと》、葛木鴨《かつらぎかも》、出雲大汝神《おおなむち》等の類これなり」と説明しており、神祇信仰とは天神地祇すなわち日本の神々を祭る信仰であるかのように受け取れる。しかし一方で『令義解』が記すような「天神」と「地祇」の区別は古代日本では実際には意味を持ったものではなかったことが指摘されている。そもそも「神祇」という言葉自体、日本で生まれた言葉ではなく、『尚書《しようしよ》』など古代中国の書籍に見出せるものであり、上述の天神と地祇の区別も中国の用例に基づくものであった。さらには『三国史記』新羅《しらぎ》本紀に「先ず神祇および川谷の神を祀り、しかる後に血をすする」（文武王《ぶんぶおう》五年〔六六五〕八月）、百済《くだら》本紀に「天地神祇を祭る」（近肖古王《きんしょうこおう》二年正月）と見えるように、古代朝鮮にも神祇信仰は存在していたのである。

表現上の類似だけではない。記紀や風土記などには、朝鮮半島からの渡来人が神を祭ったり神社を立てたという説話がいくらでも見出せるし、延喜神名式には宮中の韓神《からかみ》社を初めとして渡来系と思われる官社の名を多く見つけることができる。また例えば平安京に所在し二十二社の一つでもある平野《ひらの》社の主祭神今木《いまき》大神は百済系の渡来氏族である和《やまと》氏の祖先が渡来以来祭っていた朝鮮半島由来の神であることが明らかにされている。これらは言うまでもないことであるが、渡来人が日本の習俗に同化して新しく神を祭ったということではなく、もともと保持していた信仰が日本において社・神社と認定されたのである。『日本書紀』欽明《きんめい》天皇十六年二月条には、百済が新羅の攻撃を受け存亡の危機におちいった際に、「蘇我《そが》卿」（蘇我稲目《いなめ》）が近年百済で祭られなくなった「邦《くに》を建てし神」を祭るよう教唆したという記事が見える。「邦を建てし神」とは天地が分かれ草木が言葉をかわした時代に天より降って「国家」を造った神であるというが、この「邦を建てし神」は百済の神と考えられ、当時の倭国支配者層の認識としても、百済と倭国の間とでは共通の素地を有する神祇信仰が存在していたのである。実際、第一章でも触れたように、韓国では日本と共通する祭祀遺物を持つ祭祀遺跡が発見されてもいる。このように見てくれば、神祇信仰とは古代東アジアに広く分布していた神祭り信仰の一形態であることが明らかになろう。

なお近年では、かつては日本独特の宗教現象とみなされていた神仏習合も、実際には中国に見出せるものであって、中国仏教の思想を受容して日本の神仏習合が生み出されたことが明らかにされていることも付け加えておきたい。

まずは神に

さて、そのことを踏まえた上で、日本の神祇信仰に見られる神事優先の伝統について考えてみたい。序で触れたように、日本では『日本書紀』の時代から神事優先とする思想を見出すことができた。それでは古代朝鮮や中国においてはどうであったのだろうか。

先に掲げた『三国史記』新羅本紀の記事では、新羅の文武王が唐の使者らとともに白馬を犠牲としてその血をすすり会盟を行うその前に「神祇および川谷の神」を祀っている。また景明王《けいめいおう》五年（九二一）正月には、真平王《しんぺいおう》（六〜七世紀に在位）が身につけ、その後、代々伝えられてきた宝帯を景明王が見ようとして南庫を開かせたが、見ることができず、斎戒《さいかい》祭礼の後に見ることができたという記事があり、まず祭祀を先に行うべきであるとの思想を見出すことができる。百済本紀で第一三代近肖古王二年正月に「天地の神祇を祭る」、第一七代阿《あ》莘王《しんおう》二年正月に「東明廟に謁し、また天地を南壇に祭る」などとあるのは即位儀礼としての祭祀を記したものと見られる。中国唐代の皇帝祭祀については『大唐開元礼《だいとうかいげんれい》』に詳しいが、親征や巡狩の前には祭祀が行われることになっており、実際、『三国史記』高句麗《こうくり》本紀を見ると、嬰陽王《えいようおう》二十三年（六一二）に隋《ずい》の煬帝《ようだい》が高句麗に遠征した際には社（社稷）と上《じょう》帝《てい》・馬祖《まそ》を祭ったことが見えている（『隋書』礼儀志にも記事がある）。このような例を挙げるまでもなく、世界的に広く分布するアニミズム的信仰において、何か事を実施する前に祭祀を行って神に理解を得るという行為はよく見られることである。であるならば、日本の神祇信仰における神事優先の起源もそこに置くことができるのではないだろうか。そう推測した上で八世紀以前の史料を見れば、それらに見られる「神事優先」とは「祭祀優先」であり、政事に対するものであった（『日本書紀』大化元年七月庚辰条等）。すなわち政事を行う前にまず神祭りを行うというのが本来の形であったのである。

　それでは、なぜ古代日本においては祭祀の優先が特に強く打ち出されることになったのであろうか。その理由としては、律令制導入期の七世紀段階では社会への影響力という点でももともと神祇信仰の占める割合が大きかったこと、それにより律令制導入にあたって神祇信仰を国家的宗教体制の柱に据えようと構想されたのではないかと想定される。その過程で祭祀優先という特徴がクローズアップされ、原則化されることになったのであろう。

　なお、このような祭祀優先は朝廷内だけにとどまったものではなかった。『常陸国風土記《ひたちのくにふどき》』には、伝駅使らが常陸国に入るときにはまず口と手を洗い、東を向いて鹿島大神を拝んでから入国するということが記されている。時代は下るが、平時範《たいらのときのり》という官人が承徳《じょうとく》三年（一〇九九）に国守として因幡国に下向した際のことを記録した自身の日記『時範記』には、入国して総社や一宮等国府近辺の神社に神拝を行った後、政始を行ったことが記されている。おそらく国司の下向に際しての神拝は、かなり早い時期から行われていたのではないかと推測される。

拡大する「神事優先」

この神事優先の原則は徐々に拡大していく。延喜太政官式には、弁官《べんかん》が太政官に勘申《かんじん》する諸官司の庶務の勘申順について、官司の順によるが官司の中では神事に関係する事柄を先にすべきことを定めている。この規定は『弘仁式《こうにんしき》』にも存在したと見られ、九世紀前半までには定まっていたらしい。そのころには、祭祀そのものだけでなく祭祀に関わる事柄も「神事」と見なされるようになったのである。

また、同じ頃より仏事に対する神事優先が見られるようになる。これは後述する神仏隔離の問題ともからむものであるが、貞観《じょうがん》元年（八五九）には宮中の御燈《ごとう》（北極星を祭る行事）が大嘗祭《だいじょうさい》を理由に停止されており、またそれまで平野祭などの祭祀と同日になっても中止されなかった灌仏会《かんぶつえ》が、貞観十六年（八七四）以降、祭祀と重なったことを理由に停止されるようになっていった。さらに陽成《ようぜい》天皇が清和《せいわ》天皇の譲りを受けて貞観十八年十一月二十九日に践祚《せんそ》した翌月二十日には、受禅《じゅぜん》の後にはまず神事を先に行うべきであるとの理由から、仏名会が止められている。この「神事」とは、同月十七日に発遣された伊勢神宮への即位奉告の奉幣《ほうべい》であり、二十日にはいまだ使が神宮に到着せず奉幣が済んでいないため、仏事である仏名会が停止されたと考えられる。

神祇令には宮廷祭祀に関わる斎《いみ》について規定がなされているが、そこでは大祀は一ヵ月、中祀は三日、小祀は一日（祭日当日のみ）とされ、斎の間は弔問や問病（病気見舞い）、肉食、刑罰執行、音楽などを行わないこととされた。大祀・中祀・小祀が具体的にどの祭祀であるのかは明記されず、また僧尼排除も規定されていない。ところが貞観八年（八六六）、『貞観式』編纂に関連して神祇官から、六月・十一月・十二月には神事前の僧尼の内裏《だいり》への参入を、その他の月の祭祀は斎の間のみ忌むよう勘申がなされる。『延喜式《えんぎしき》』を見てみると、大嘗祭（十一月）は一ヵ月、祈年祭《きねんさい》（二月）・賀茂祭（四月）・月次祭《つきなみさい》（六月・十二月）・神嘗祭《かんなめさい》（十月）・新嘗祭《にいなめさい》（十一月）は三日間、父母の喪に服している者の他、僧尼の内裏参入が禁じられている。『貞観式』の段階では月次祭と新嘗祭のみそれと同様の規定が適用されたらしい。『貞観式』『延喜式』の規定と貞観八年神祇官勘申状とでは、ずれがあるが、神祇官勘申状が完全に顧みられなかったわけではなく、十世紀以降、これに基づいて判断が下されることもあったらしい。ともかくもここでは貞観年間より月次祭・新嘗祭という天皇が親祭《しんさい》する祭祀からの僧尼の排除が明確に意識されるようになったことを確認しておきたい。神事優先・仏法忌避の観念は、時代が下るにつれ、宮廷祭祀全般、さらに宮廷外にも拡大し、肥大化していった。

　その一例として御《お》祈始《いのりはじめ》を挙げておこう。御祈始とは、皇子女が誕生した際にその息災を祈って父にあたる天皇・上皇等が行う祓《はらえ》や修法等の行事であり、史料上は十一世紀後半頃よりその実施が確認される。この御祈始で行われるのは七ヵ所の瀬において陰陽師《おんみょうじ》《おんようじ》が祓を修する七瀬祓《ななせのはらえ》を除けば、仁王講や不動法・如意輪法《にょいりんほう》など仏事が中心であり、鎌倉時代には神馬奉献などが確認されるものの、平安時代に神祇祭祀が行われた事例は確認されていない。それにもかかわらず、神事と仏事という対比から、陰陽道祭祀である七瀬祓が神事に准じるものと見なされて、諸修法よりも七瀬祓を先に行おうとしたり、少なくとも同日に行おうという努力がなされたのである。

貴族の日記の一つである『帥記《そちき》』永保《えいほう》元年（一〇八一）五月二十四日条を見ると、権大納《ごんだいな》言《ごん》に任じられて以後、まだ「神事」（祭祀関係の行事）に携わっていないから、臨時仁王会の行事を勤めるべきではないのではないだろうかと質問されたことに対し、記者源経信は、俗習では神事の後に他事を行うことになっているようであるけれども、仰せがあればかまわないのではと回答し、また奉幣使《ほうべいし》を定める儀式に携わった左大弁が重ねて仁王会の僧名を定める儀に携わることには憚りがあるかとの質問には、そのようなことは上古は必ずしも忌避することはなかったと回答している。しかしそれにもかかわらず、結局、関白は共に神事優先、仏教忌避の判断を下した。このようにして、必ずしも「伝統」ではないことが理解されつつも、「神事優先」は拡大していったのである。

2 「神仏隔離」の成立

神宮の忌詞

九世紀初頭に伊勢神宮の内宮《ないくう》において編纂された『皇太神宮儀式帳』には、垂仁《すいにん》朝に大神を伊勢に奉祀した倭姫《やまとひめ》が定めた忌詞《いみことば》として、一四の言葉が挙げられている。忌詞とはその言葉を口にするのを忌み、別の言葉で表現するというものである。この一四の語の中には打つ（なぐる）こと（「撫づ」と言い換える）や泣くこと（「塩垂る」と言い換える）、血（「あせ」と言い換える）、死（「なおる」と言い換える）、獣肉（「菌《たけ》」と言い換える）、墓（「土むら」と言い換える）、病（「やすみ」と言い換える）も含まれているが、仏教関係の言葉が七つを占めている。すなわち仏を「中子《なかご》」、経を「しめかみ（染紙）」、塔を「あららぎ」、法師を「髪長」、優婆塞《うばそく》（在家の男性仏教信者）を「角《つの》はず」、寺を「瓦葺」、斎食（僧尼の食事。一日に午前中一回のみ）を「片食《いい》」と言い換えるというのである。「中子」というのは仏像が堂の中央に安置されることによるものであり、「しめかみ」というのは写経料紙に染紙を用いるのが一般的であったことによるものである。「あららぎ」というのはアララギ（野蒜《のびる》の古名）の頭部の姿が塔の九輪《くりん》に似ていたことより、「髪長」は僧が剃髪していることに因んでその逆の表現を用いたものであるという。これらは延喜斎宮《さいくう》式にも受け継がれ、さらに仏教関係の語を内七言、それ以外を外七言として整理された形で記されている。ただ興味深いのは、同じような忌詞が延喜践祚《せんそ》大嘗祭式や同斎院式にも規定されていながら、そこでは仏教関係の語を除いた七語となっていることである。すなわち仏教関係の語を忌むのは元来は伊勢の斎宮に限られていた（ただし大嘗祭に関しては、貞観年間には仏斎清食を忌避していたことが確認される）。

もちろん実際に、垂仁天皇の時代にこれらの忌詞が存在していたわけではない（その時期には仏教は伝来していなかったはずであるから）。神祇令には神事における斎の間について食肉忌避等の規定はあっても仏教忌避の規定はなかったことを先述した。『令集解《りようのしゆうげ》』に記される諸明法家《みようぼうか》の説においても、平安前期に記された「穴記《あなき》」が、避けるべき「穢悪の事」の中に仏法が含まれるという世俗の意見を紹介する程度であり、その「穴記」自身も法意としてはそれを否定している。したがって斎宮の忌詞に仏教関係語が含まれるようになったのも、それほど古い時期のことではないであろう。八世紀以降のことと考えてよさそうである。

それではなぜその時期に伊勢神宮において仏教が忌避されるようになったのであろうか。

称徳天皇の勅

神仏隔離の問題が取り上げられるときに必ず触れられる史料がある。それは『続日本紀《しよくにほんぎ》』天平神護《てんぴようじんご》元年(七六五)十一月庚辰《かのえたつ》(二十三日)条に記される称徳《しようとく》天皇の勅である。いったん譲位し出家した身でありながら淳仁《じゆんにん》天皇を廃して復位した称徳天皇は、復位にともなう大嘗祭《だいじようさい》を実施し、その直会《なおらい》(祭事の最後に神饌と同様の品を祭祀奉仕者が共食する儀礼)としての豊明節会《とよのあかりのせちえ》に際して以下のように述べた。

神たちをば三宝《ほとけ》より離《さ》けて触れぬ物ぞとなも人の念《おも》いてある。しかれども経を見まつれば仏の御法《みのり》を護りまつり尊びまつるは諸《もろもろ》の神たちにいましけり。故、是を以て、出家《いえで》せし人も白衣も相雑わりて供奉《つかえまつ》るにあに障ることはあらじと念いてなも、本忌みしが如くは忌まずして、この大嘗は聞《きこ》しめすと宣《の》りたまう御命《おおみこと》を、諸聞きたまえと宣る。

（これまで神々を仏から遠ざけて触れないものと人は思っていたが、経典をひもとけば仏法を守護し尊ぶのはもろもろの神々でおられる。よって出家者も俗人も混じって供奉することには何の差し障りもないと思われる。そこで以前忌んでいたようには忌まず、この大嘗祭の直会は行う）

従来、この勅をもって神事に仏教を忌避する考え方が存在する証左とされてきた。「本忌みしが如くは忌まずして」と言っているのだから、これ以前よりそうした考え方があったことは間違いない。しかしここで注意しなければならないのは、遠ざけるべきであると考えられていたのは神々の方であって、仏法ではないという点である。このことはこれまであまり注目されず、それに気づいた研究者も、出家した天皇が述べているのだから仏教中心に述べていても不思議ではない、あるいは仏教政治の現れであると捉えるのがこれまでの理解であったと思われる。だが、この点にこそ、「神仏隔離」の出発点が隠されていると私は考える。すなわち神仏隔離の考え方はそもそも仏教側の発想に由来するのではないだろうか。

仏教自体は本来、土俗信仰の否定の上に成り立っているものではなく、先に触れたように、それは中国や朝鮮においても同様であった。しかし仏法を広めるにあたって、在来の神祇信仰との違いを打ち出すことが僧侶たちには必要とされたであろうし、また俗世との区別をつけることも求められたであろう。八世紀前半に活躍した僧侶である道慈《どうじ》は、「緇《し》（僧侶）と素《そ》（俗人）とは杳然《ようぜん》にして別れ（はるかに隔たりがあり）、金と漆とは諒《まこと》に同じくすること難し」「僧は既に方外（世俗の外）の士」と詩を詠んでいる（『懐風藻《かいふうそう》』）。これに対し、朝廷を含めた俗社会はそれほど僧俗の別を重視していなかったようである。大海人皇子《おおあまのみこ》が出家後、いつのまにか還俗《げんぞく》して皇位についたことは第二章で述べたが、七世紀末から九世紀にかけては技術才能を持った僧侶を登用するために還俗させた事例を多く見出すことができる。『日本書紀』持統《じとう》天皇六年（六九二）十月壬申（十一日）条には、山田御方《やまだのみかた》が以前、僧として新羅に留学した経験のあることが記され、これ以前に還俗させられていたことが知られる。この後、御方は文章の師範として皇太子（のちの聖武天皇）に侍すことになる。『続日本紀』和銅《わどう》七年（七一四）三月丁酉（十日）条では占術を用いるためという理由で、沙門《しやもん》義法《ぎほう》が還俗させられて大津連《おおつのむらじ》意毗登《おびと》という名を与えられ、従五位下《じゆごいのげ》を授かっている。承和《じようわ》三年（八三六）閏五月には大安寺《だいあんじ》の僧恵霊《えりよう》が還俗、正六位上を授けられ遣唐訳語《おさ》（遣唐使の通訳）に任じられている（『続日本後紀』）。もちろん僧俗の違いを理解していたからこそ還俗させたわけであるが、その区別は容易に乗り越えられるものであった。一般に仏法忌避の遠因として僧尼の異形性（剃髪、黒衣）に対する俗世間の違和感・嫌悪感の存在などが推測されているが、そうではなく当初はむしろ「正しい」仏法を広めようとする僧侶の側が差別化を図ることに積極的であったと考えるべきであろう。称徳天皇は出家の身でありながら大嘗祭を実施したことに対する弁明を、寺院社会さらには仏に対して行ったのである。

光仁朝における神仏隔離

ところで、伊勢神宮には神宮寺（神社に付属して置かれた寺院）が置かれた時期があった。その始まりは文武《もんむ》天皇二年（六九八）のこととする説もかつて存在したが、その根拠となった『続日本紀』の本文解釈に問題があり、使いを遣わして丈六《じょうろく》の仏像を伊勢大神宮寺に造ったという天平神護《てんぴょうじんご》二年（七六六）七月の記事を確実な初見とするのが通説である。この伊勢大神宮寺は内外宮が存在する度会郡《わたらいぐん》内に置かれた。しかしその後、宝亀《ほうき》三年（七七二）八月にいたり飯高郡度瀬山房に移され、さらに同十一年（七八〇）二月にはまだ祟りが止まないとしてさらにそれより遠方に移転させられることになった。光仁《こうにん》朝に伊勢神郡（度会・多気《たき》郡。後に飯野郡が加わる）からの神宮寺排除、また神域化が進められたのである。これ以前の仏教側を主体とする動きとは異なる新たな神仏分離の展開であった。

このような動きについては、これまで称徳朝の仏教政治に対する反発と説明されてきた。高取正男氏によれば、称徳朝の道鏡政治に対して一般貴族は違和感や反発を覚え、その反動として光仁朝では仏教色の排除が行われ、それが「神道」への自覚へつながったという。宝亀年間に始まる仏教忌避が称徳朝の反動的側面を持っていたことはおそらく事実であろう。ただ仏教忌避は宮中すべてで実施されたわけではなく、少なくともその当初は伊勢神宮およびその周辺を主としたものでしかなかった。だとすれば、さらに別の理由を考える必要がある。

伊勢神宮というところに着目するならば、やはり皇位との関係で考えざるを得ないであろう。自分の血を引く皇嗣を持たない称徳天皇は一時、道鏡《どうきよう》への皇位継承を考えたが、それは朝廷を支える貴族層の意思として拒否された。ここにおいて皇位は皇緒《こうちよ》(皇統の血筋)が継ぐべきであることが再確認され、仏教を庇護する者が王者にふさわしいとする仏教的論理による皇位継承は否定されたのである。そのことを踏まえて、光仁朝にいたり、皇祖神を祭る伊勢神宮より仏教色が排除されることになったのではないか。

とはいえもとよりそれが朝廷および伊勢神宮の総意として捉えられていたかどうかは疑わしい。延暦《えんりやく》二十二年(八〇三)には桓武《かんむ》天皇が伝領していた多気・飯野両郡に存在する田が東寺に勅施入《ちよくせにゆう》されているし(承和十二年九月十日民部省符案等)、弘仁七年(八一六)六月には伊勢神宮の祭祀行政を管轄する伊勢大神宮司の大中臣清持《おおなかとみのきよもち》が犯穢および仏事を行ったことを理由に大祓《おおはらえ》を科され解任されている。それでも徐々に伊勢神宮の仏教忌避は浸透していき、さらに「神事優先」の思想も影響を与えて、その範囲は拡大していった。こうして「神仏隔離」の概念が成立していったのである。

3　神祇から仏教へ

神祇信仰と仏教

ここで皇室における神祇信仰と仏教信仰との関係について整理しておきたい。これまで述べてきたように、神祇信仰に由来する朝廷祭祀は、皇祖神に対する祭祀と支配領域に存在していた神々に対する祭祀からなっていた。前者は皇孫としての支配の正統性を裏づけるものとして、後者は国土を統治する首長として、ともに必要不可欠なものであった。一方、仏教は六～七世紀の東アジア世界における共通の思想基盤として導入され、当初は従来の祖先祭祀に代わるものとして受容されたが、やがて天皇の統治を支える役割を果たすようになり、神祇信仰の役割の一部を侵食していく。称徳朝を経て光仁朝に皇位は皇孫が受け継ぐべきことが再確認されたことにより、皇祖神祭祀における神仏隔離が成立し、ついで九世紀半ばには、仏教に対する神事優先も進められていった。しかしその時期、地方行政の国司への委任が進み、中央政府の在地社会への関心は減退していく。それを踏まえて朝廷祭祀も天皇守護神と王城鎮護神・藤原氏氏神・祈雨神に一部の名社を加えたごく少数の神社を重点的に祭る方向へと移行していった。仏教が天皇の身体の護持も掌るようになったことは、天皇と全国の神々とを密接に連関したものとして捉える思想の減退にもつながったと推測される。全体としては仏教の比重が高まっていく一方、仏教によって神祇を解釈したり、逆に神祇によって仏教を解釈することも進められていった。

天皇の即位儀礼においても、八世紀末以降、神器が伝授される践祚《せんそ》の儀と即位した旨を天下に告知する即位の儀が分離するようになり、さらに従来からの大嘗祭に加えて仏教行事として一代一度《いちだいいちど》仁王会《にんのうえ》が加わるようになる。一代一度仁王会とは通常大嘗祭の翌年に、大極殿等の宮中および諸官司、近京諸寺、諸国国分寺に一〇〇の高座を設けて、朝夕仁王経を講じる仏事であり、おそらく嵯峨朝以降、定例化したのではないかと見られている。

大嘗祭については、それまで践祚即位儀で行われていた中臣《なかとみ》の寿詞《よごと》奏上《そうじょう》と忌部《いんべ》の鏡剣《きょうけん》奉《ほう》上《じょう》が大嘗祭辰日の儀で行われるようになり、皇位継承儀礼の一環としての意味合いを強めた。神祇関係では清和《せいわ》天皇の貞観《じょうがん》元年（八五九）に賀茂等の一五社に神宝《しんぽう》奉献が行われ、やがて宇多朝にいたり、全国五十余社（伊勢神宮は除かれる）に対して大神宝使の発遣がなされるようになる。また同じ頃より大神宝使発遣後、同じ神社を対象として仏舎利を奉献することも行われるようになった。こうして神事と仏事を交えた皇位継承儀礼の荘厳化が進められていったのである。

即位灌頂の成立

即位式の密教化を端的に表しているのが即位灌頂《かんじょう》である。即位灌頂とは即位礼にあたって行われる灌頂（密教儀礼）であり、具体的には印明《いんみょう》（秘印と真言〈真実のことばの意。呪文の一種〉）が伝授され、即位礼において高御《たかみ》座《くら》に登壇の際、真言を唱え印契《いんげい》を結ぶ行為を指し、さらにその思想的背景となった即位法そのものをも指すことがある。印契とは十指を用いて思想や教義、また宇宙を表現するものである。

即位灌頂の次第については様々なヴァリエーションが存在するが、今、三千院所蔵の文明《ぶんめい》頃のものとされる『天子即位灌頂』によって説明すると、先ず五種印（五眼各別印〈四方の国土を象徴する五種類の印〉）を授け、手を交叉しそれより三輪形（「宝珠に似たり」と形容される）を作り、次に智拳印《ちけんいん》（金剛界大日如来《こんごうかいだいにちにょらい》の印）を授け、金剛界・胎蔵《たいぞう》界の真言としてそれぞれ「ダ・キ・ニ・バサラ・ダッ・バン」「ダ・キ・ニ・ア・ビラ・ウン・ケン」と唱える。次に四《し》海領掌印《かいりようしよういん》（七道を象徴する印）を授け、十善戒（不殺・不盗など一〇種類の悪を犯さないようにする戒律）を保たしめる。さらに法華経の方便・安楽行・寿量・普門の四要品（全二八品の内の特に重視される四章）の要文と印を習い合す伝を加える。これらは帝王が即位して大極殿の高御座に着御《ちやくぎよ》の際に摂籙《せつろく》の臣（摂関）が帝に授ける印明であるとされ、天台座主《てんだいざす》尭胤《ぎよういん》法親王（伏見宮貞常親王王子）が師である前座主公承《こうしよう》より授かったものであった。東寺観智院《かんちいん》金剛蔵聖教の南北朝頃の写本『即位印』もほぼ同内容であり、それは藤《ふじ》原忠通《わらのただみち》が白河院と父藤原忠実《ただざね》より授かったものであると伝えられている。

伏見天皇像　「天子摂関御影」より　宮内庁三の丸尚蔵館蔵

即位灌頂が行われた確実な初見は、鎌倉時代の伏見《ふしみ》天皇である。弘安《こうあん》十一年（一二八八）三月十五日に即位礼を行った伏見天皇は、その二日前に関白二条師忠《にじようもろただ》より「即位の時の秘印の事」の伝授を受けたこと、当日には「後房より正庁に入るの間、印を結び真言を誦」したことを自らの日記に記しており、『公衡《きんひら》公記』はそれから数日後、師忠の兄である天台座主道玄が師忠と語らって天皇に授けたのだという前摂政一条家経の談話を伝えている。

しかしこれ以前、後三条《ごさんじょう》天皇が即位灌頂を行った最初の天皇であるとの説がある。大江匡《おおえのまさ》房《ふさ》が治暦《じりゃく》四年（一〇六八）の後三条天皇の即位について記した『後三条院御即位記』には、天皇の出御《しゅつぎょ》に関して、三条院の即位の時には小安殿より笏《しゃく》をただして歩行したとの源師《みなもとのもろ》房《ふさ》の説を伝えた後、今回はそうではなく、天皇はこの間、大日如来の如く手（智拳印）を結んでいたと見え、また先に言及した『公衡公記』では、成尊《じょうそん》《せいそん》法印より後三条天皇に授けられたものであり、その後、時々このことがあったとの家経の談話を記している。

この後三条天皇の即位灌頂創始説については疑問視する見方もあるが、笏を持たなかったのであれば印を結んでいた可能性が高く、また成尊の孫弟子にあたる定海《じょうかい》が天承《てんしょう》元年（一一三一）に記した『護持僧作法』には、後三条天皇が東宮《とうぐう》であった時の護持僧が成尊であり、即位時に成尊が「四海を掌に奉、万民を撫育すべき御本」すなわち四海領掌印を授け奉ったことが伝えられていることからすれば、事実と見てよいであろう。成尊は康平《こうへい》三年（一〇六〇）に皇太子尊仁《たかひと》親王（のちの後三条天皇）に『真言付法纂要抄』を撰進しているが、そこで成尊は、大日如来の化身である威光菩薩《いこうぼさつ》が日宮（太陽）に住み、阿修羅《あしゅら》の難を除いたように、空海《くうかい》が日域（日本）にて金輪聖王（天皇）の福を増しているのであり、日本の神号が「天照尊（天照大神）」であり、国名が「大日本国」であるのは自然の理であると述べている。そこから天皇が即位時に大日如来の印を結んで一体化するという儀礼が生み出されたと考えられる。こうした思想は王法仏法相依論によって創始されたものと見られるが、その後、鎌倉時代に至るまでの間は、果たしてどの程度、実修されていたか、定かでなく、「真言の秘事」とされていたようである。

これに対し、伏見天皇が行った即位灌頂は、先に述べたように二条師忠より授けられたものであった。この点について、師忠の父良実《よしざね》（二条家の祖）がその父九条道家《みちいえ》と不和で家記や家領を譲られなかったため、摂関が参仕すべき大嘗会神膳供進の儀についての知識が二条家には伝わらず、その代替として二条家のみに伝わった故実として即位灌頂を持ち出したのではないかと推測されている。元亨《げんこう》四年（一三二四）、後醍醐《ごだいご》天皇より即位秘印のことが摂関家の伝なのか僧家の伝なのか尋ねられた二条道平《みちひら》は、両様あるのであり、摂関家は上古は僧家の説を受けなかったが、近来はしばしば相談するようになり、自分は慈道法親王《じどうほっしんのう》より受けた旨を答えている。即位灌頂はこのようなものであったため、二条家の人物が摂関についていないときには実修がなく、花園《はなぞの》天皇の場合は、退位が近づいた文保《ぶんぽう》元年（一三一七）に、伏見院の勧めにより内々に三井寺の僧増基《ぞうき》から受けている。やがて光明《こうみょう》天皇以降、即位時に即位灌頂を受けるのが例となった。後円融《ごえんゆう》天皇以降は大嘗祭でも真言を唱えるようになったという。

即位灌頂はこの後も継続し（大嘗祭での灌頂はその中絶とともに途絶えた）、やがて二条家がもっぱら伝授することが認められ、幕末の孝明《こうめい》天皇まで継続する。即位儀礼全体という観点から見れば即位灌頂の占める割合は小さなものであり、その理解も朝廷内ですら広く広がっていたとは言えず、宗教儀礼としての比重も軽いものであったが、天皇の地位を密教によって裏づけたという点、またそれまで神事優先と神仏隔離を基調としていた皇室祭祀の中にまで入り込んだという点において、無視できない意味を持っていた。

第四章　天皇の倫理——象徴天皇制の原像

1　内省する天皇

中世において仏教界に大きな変化があったことはよく知られている事実であるが、この動きの中で、皇室はそれらにどのように関わったのであろうか。それを簡潔にまとめているのが、北畠親房《きたばたけちかふさ》の『神皇正統記《じんのうしょうとうき》』である。幼帝後村上《ごむらかみ》天皇のためにまとめたとされるこの書のなかで、北畠親房は諸宗・諸宗教に対して公平な態度をとるべきであることを述べている。

真言ヲモテ諸宗ノ第一トス

凡《およそ》本朝流布ノ宗、今ハ七宗也。（中略）君トシテハイヅレノ宗ヲモ大概シロシメシテ捨ラレザランコトゾ、国家攘災ノ御ハカリコトナルベキ。菩薩大士モツカサドル宗アリ。我朝ノ神明モトリワキ擁護シ給教アリ。一宗ニ志アル人余宗ヲソシリイヤシム、大ナルアヤマリ也。

且《かつ》ハ仏教ニカギラズ、儒・道ノ二教乃至《ないし》モロ、、ノ道、イヤシキ芸マデモオコシモチキルヲ聖代ト云ベキ也。

国ノ主トモナリ、輔政ノ人トモナリナバ、諸教ヲステズ、機ヲモラサズシテ得益ノヒロカランコトヲ思給ベキ也。

しかしその一方で、親房は、真言宗について以下のように述べている。

此宗《このしゅう》ヲ神通乗《じんつうじょう》ト云《いう》。如来果上ノ法門ニシテ諸教ニコエタル極秘密トオモヘリ。就中《なかんずく》、我国ハ神代ヨリノ縁起、此宗ノ所説ニ符合セリ。コノユヘニヤ唐朝ニ流布セシハシバラクノコトニテ、則《すなわち》、日本ニトヾマリヌ。又相応ノ宗ナリト云モコトハリニヤ。三流ノ真言イヅレト云ベキナラネド、真言ヲモテ諸宗ノ第一トスルコトモムネト東寺ニヨレリ。

すなわち、諸宗を重んじるといっても、真言宗またそれより派生した両部神道を第一とした上でのことであった。

実際、皇室が密教を重視する傾向は鎌倉後期には一層強まっていった。正安《しょうあん》二年（一三〇〇）に後深草《ごふかくさ》上皇が伝法灌頂《でんぽうかんじょう》を受けたのをはじめ、鎌倉後期には亀山《かめやま》上皇・後宇多《ごうだ》上皇・後《ご》醍醐《だいご》天皇が伝法灌頂を受けている。後宇多上皇は宇多法皇を先例としつつ、聖俗両界に君臨する「輪王」たることをめざし、仁和寺《にんなじ》や醍醐寺に分派した真言密教の法流を共に相承一揆して大覚寺《だいかくじ》を再興し、後宇多天皇独自の「御法流」を創出しようとしたことが明らかにされている。その背景には持明院《じみょういん》統と大覚寺統の迭立《てつりつ》という王権の分裂が存在した。後醍醐天皇となると、さらに在位中に伝法灌頂を受け、自ら護摩を修し、また幕府調伏《ちょうぶく》のための祈禱も行っている。

禅宗への帰依

これに加えて、新たに皇室に影響を及ぼすようになったのが禅宗であった。寛元《かんげん》三年（一二四五）、東福寺《とうふくじ》の円爾《えんに》が宋《そう》の永明延寿《えいめいえんじゅ》の著した『宗鏡録《すぎょうろく》』を後嵯峨《ごさが》天皇に奏進して以来、禅宗は皇室と関係を持つようになり、後嵯峨上皇・後深草上皇・亀山天皇はともに円爾より受戒し、亀山天皇はさらに円爾の寂後、その法嗣無関玄悟《むかんげんご》に帰依して離宮禅林寺殿を改めた禅寺に請じ、その開山となした。しかし同年のうちに無関が寂したため、その推薦により規《き》庵祖《あんそ》円《えん》が入寺、伽藍《がらん》の造営にあたった。やがて瑞竜山《ずいりゅうざん》太平興国南禅禅寺《たいへいこうこくなんぜんぜんじ》と称されることになる。亀山法皇は永仁《えいにん》七年（一二九九）に起願文を起草し、寺領を寄進するとともに、住持《じゅうじ》は法流を問わず器量卓抜才智兼全の者を選んで補任すべきこと（いわゆる十方住持制《じっぽうじゅうじせい》）を定めた。徳治二年（一三〇七）には、後宇多法皇が南禅寺をもって鎌倉の五山に准じることとし、その後、後醍醐天皇も南禅寺を五山第一、大徳寺をそれと同格と位置づけた。大徳寺の開山は宗峰妙超《しゅうほうみょうちょう》で、花園《はなぞの》上皇および後醍醐天皇が帰依している。このほか、亀山法皇の離宮であった川端殿は、後醍醐天皇皇子世良《よよし》親王に伝領されたが、薨去後、親王の遺命により禅寺となり、さらに後醍醐天皇が寺号を臨川寺《りんせんじ》と改め、夢窓疎石《むそうそせき》を開山とした。夢窓疎石は後醍醐天皇崩御後、その冥福を祈るため足利尊氏《あしかがたかうじ》に禅寺創建を勧めており、光厳《こうごん》上皇の院宣を受けて建立されることとなった。これが天竜寺《てんりゅうじ》である。光厳天皇以降の歴代も禅に帰依すること深く、皇室仏教の中で禅宗は真言宗・天台宗と並ぶ位置を占めるようになる。

なお、この時期、思索的傾向を強めたのは仏教だけではなく、神道においても同様であった。中世神道というと一般に荒唐無稽《こうとうむけい》といったイメージで捉えられがちであるが、それだけでなく神を祭ることの意味や神を祭る人のあり方への反省を通じて生み出されたものであり、正直・慈悲・智恵の三徳、なかでも正直が重視されたことが指摘されている。

このような内省を重視する方向への宗教の変化は、皇統の分裂という危機を迎えた皇室内部にも大きな影響を与えた。そのなかで象徴的存在と言えるのが花園天皇である。

才無くんば位に処るべからず

花園天皇は諱《いみな》を富仁《とみひと》といい、伏見《ふしみ》天皇の第四皇子で、後伏見天皇の異母弟にあたる。この時期、皇統は持明院《じみょういん》統と大覚寺《だいかくじ》統とに分かれていたが、持明院統の後伏見天皇が正安三年（一三〇一）に大覚寺統の後二条《ごにじょう》天皇に譲位した際にまだ後伏見天皇の皇子が誕生していなかったため、当時五歳であった第四皇子が親王宣下《せんげ》をこうむって富仁親王となり、後伏見上皇の猶子《ゆうし》として皇太子に立てられることとなった。このとき、伏見上皇は後伏見上皇に対して富仁親王の子孫には皇位を継がせないこと、将来生まれるであろう後伏見上皇の皇子を補佐させることを誓約している。徳治《とくじ》三年（一三〇八）八月、後二条天皇が病により崩御したため、皇太子富仁親王が践祚《せんそ》した。ときに一二歳。新しい皇太子には、大覚寺統より後宇多上皇の意向で二一歳の同院第二皇子尊治《たかはる》親王が立てられた。

花園天皇の治世は文保《ぶんぽう》二年（一三一八）二月までの一〇年間であった。この間は父伏見上皇、ついで兄後伏見上皇が院政を行っており、花園天皇が主体的に政治的役割を果たしたと言えるほどの事績はない。また天皇はどちらかと言えば病弱でもあった。治世中の正和《しょうわ》二年（一三一三）七月には後伏見上皇に第一皇子が生まれる。この皇子は翌月に親王宣下をこうむって量仁《かずひと》親王となり、持明院統の次の皇太子候補者とされた。持明院統の中核であった伏見上皇が文保元年（一三一七）九月に崩じると、大覚寺統からの譲位への圧力がますます強まり、翌年二月二十六日、二二歳で尊治親王（後醍醐天皇）へ譲位することとなった。新しい皇太子には大覚寺統の正嫡である後二条天皇皇子邦良《くによし》親王が立てられた。

このように花園天皇は中継ぎの天皇であったこともあって政治的にはほとんど実権をふるうことがなく、そうした点においては影の薄い天皇であったとも言える。しかし、というよりむしろだからこそ、花園天皇は与えられた環境の中で勉学に励み、皇統の行く末についても深く思いをめぐらした。自ら記すところによれば、

花園天皇像　「天子摂関御影」より
宮内庁三の丸尚蔵館蔵

幼年時は学を好まなかったが、十四、五歳以来、日々努力を重ね、二〇歳の頃よりは毎日、漢籍二巻と日記一巻を欠かさず見ることを日課にしたという。天皇の成長過程や性格については、岩佐美代子氏の分析がある。氏は、日記の記述から、感受性が強く過敏な体質・気質がうかがわれ、聡明で道義感の強い、神経質な一青年の日記、揺れ動く魂の記録として読むことができ、そこに花園天皇という人物の魅力があると述べている。花園天皇の内面を理解するには、この指摘を踏まえる必要があろう。

花園天皇の学問の特徴は、博聞強記や風月よりも道・道義を重んじた点にあった。文保元年三月、幕府の使者が上洛して譲位への風聞が立ったとき、天皇は「不徳の質、在位すでに十年に及ぶ。新院（後伏見上皇）・後二条院共に十年に及ばず、愚身をもってすでにこの両院に過ぐるの条、誠に過分の事なり、何ぞ歎くべけんや」「関東万人、大略春宮《とうぐう》（尊治親王）の方人たるか、これまた人の帰するところ、定めて天の与うるところか。春宮は和漢の才を兼ね、年歯父の如し。誠に道理然るべし。しかれども朕も随分稽古し、学至らずといえども、心を励まして徳に勤しみ仁を施せり。もしくはこの一得、纔《わず》かに天意に叶うか。すでに十年位に在り、天道神慮悦ぶべし、悦ぶべし。今かくの如き沙汰に及ぶ、また天の然らしむるなり。更に天を怨《うら》まず、人を咎《とが》めざるものなり」と日記に記している。現実を見据えつつ、君徳涵養を重視する天皇の考え方がよく表れている。

量仁親王が七歳に達すると、後伏見上皇の要請を受けて花園上皇はその輔導教育にあたることとなる。正中《しょうちゅう》三年（一三二六）三月、皇太子邦良親王が病により薨去した後、量仁親王は同年七月に立太子が認められ、元徳《げんとく》元年（一三二九）十二月には一七歳で元服した。その翌年二月、花園上皇は量仁親王に訓誡『誡太子書』（太子を誡《いま》しむるの書）を与える。それは、わが国は外国とは異なり皇胤《こういん》一統であって、君主は徳が薄くとも、政治が乱れても、宗廟《そうびょう》社稷《しゃしょく》の助けがあるので心配はいらないというような「諂諛《てんゆ》の愚人」の説を否定し、事が現れる前にはしかるべき理由があること、皇威が衰えた今時はいまだ大乱に及ばなくとも乱の兆しが見えつつあり、聖主・賢主でなければ治めることは難しいこと、一旦、乱が起きてしまえば賢主であっても短時日には収束できないこと、恐らくは皇太子が位につくとき、まさにこの衰乱の時運にあたるであろうこと、だから学の研鑽《けんさん》を勧めるのであり、学問をするにしてもただ広く学ぶだけでは意味がなく、経書に精通し、日々省みることが必要であることなどを、近年流行の宋学の問題点も指摘しつつ説いたものであった。

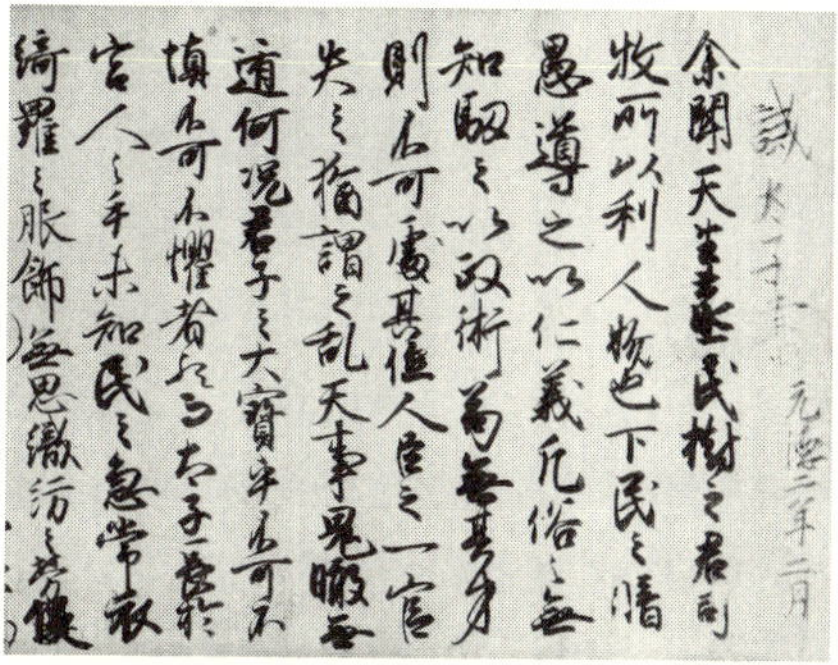
『誡太子書』冒頭　花園上皇が量仁親王（のちの光厳天皇）に与えた訓誡の書。宮内庁書陵部蔵

　下民の暗愚なる、これを導くに仁義を以てし、凡俗の無知なる、これを馭するに政術を以てす。いやしくもその才無くんば、すなわち其の位に処《お》る

べからず。人臣の一官これを失うも、なおこれを天事を乱ると謂う。鬼瞰《きかん》（鬼神が罰を下すこと）遁《のが》るる無し、何ぞいわんや君子の大宝をや。

天皇に徳を求め、また天皇がそれを実践することは、これ以前にも多く例を挙げることができる。近くは、たとえば天皇の父伏見天皇も、天変や災害の頻発を我身の不徳の致すところとして内侍所《ないしどころ》に祈りを捧げている（『伏見天皇宸記』弘安十一年二月二十八日条）。しかし仁義・政術の才なくんば皇位についていているべきではないという『誡太子書』の冒頭部分に記された花園天皇の皇位に対する姿勢は、皇統の危機（それは単に持明院統の危機にとどまらない）が迫ったなかで、天皇とは何であるのかという問題を真摯に考え抜いたところから生み出された一つの解答であった。このような天皇としての倫理を重視する考え方は、君臣名分論に拠り至高なる天皇を目指した後醍醐天皇の存在からもわかるように、必ずしもすべての天皇に共有されたわけではなかったが、これ以降、実質的な権力から遠ざかっていくこととなった歴代天皇の間には、徐々に浸透していった。自らの存在意義を問い、内省することなしに皇室は存続し得なくなったのである。この意味において、天皇の歴史上、鎌倉末期から南北朝期にかけては大きな転換点であったと言え、花園天皇の登場はまさにそれを象徴するものであった。

花園天皇の宗教生活

ここで花園天皇の信仰について具体的に見てみることにしたい。神祇については元服後の延慶《えんきょう》四年（一三一一）四月十三日に初めて内侍所に参拝してよりしばしば参拝のことがあり、内侍所御神楽《みかぐら》もたびたび行っている。正和《しょうわ》二年（一三一三）六月には霖雨《りんう》により絶句の詩を作って内侍所に祈願した。その詩の内容は、民のためならば、わが命を棄ててもかまわない旨を詠じたものであったという。なお、応長《おうちょう》二年（一三一二）二月には神璽《しんじ》の筥《はこ》の朽損した御搦《おからみ》を大治・元暦・永仁等の例により改めている。先に掲げた『誡太子書』では、「余、性拙く智浅しといえどもほぼ典籍を学び、徳義を成して王道を興さんと欲するは、ただ宗廟の祀を絶たざらんがためなり」と述べており、花園天皇は皇位の根源は天照大神の祭祀にあると認識していた。

仏教についても関心が高く、一六歳の頃より帰依し、神事や病気のほかは毎日念誦を欠かさなかった（のちに読経に改める）と自ら記しており（『花園天皇宸記』正和二年正月六日条、同年十月二十九日条、元亨《げんこう》二年三月十七日条等）、たびたび僧より受戒している。正和三年二月には近日火災繁多により、仁王般若経を読んで天下泰平を祈り、文保《ぶんぽう》元年（一三一七）五月には炎旱により、般若心経を誦して祈請したというようなこともあった。教義に関してもはじめは真言・天台宗、ついで浄土宗、さらに禅宗と年齢を重ねるにつれて関心を広め、大徳寺の宗峰妙超《しゅうほうみょうちょう》より印可（悟りを得たことを証明認可すること）を得た。建武四年（一三三七）に宗峰妙超が寂した後は、その推挙により美濃より関山慧玄《かんざんえげん》を請じて花園の御所跡を賜い、妙心寺《みょうしんじ》を草創せしめている。天皇は譲位後早くより出家の志があったが、この間の建武二年十一月に落飾、法名を遍行と号した。天皇には天台本覚思想に基づいた『七箇法門口決』『法華品釈』といった著述があり、また絵画に巧みであったことから、仏事に際して普賢菩薩《ふげんぼさつ》像など仏像を自ら描くこともあった。

天皇の日記元亨三年（一三二三）六月二十六日条では、仏事の停止に関係して、治国養民こそが仏教の道理であって、王法のほかに仏事を修するのは近代の弊であり、中古以来造寺が本となり、仏寺を美麗にすることが流行っているが、それは大いに仏法に背くことであると記している。天皇としての倫理を重視する姿勢はここにも現れていると言えよう。

なお付け加えれば、花園天皇の関心は往生にもあった。たびたび極楽往生の夢を見たことが日記に記されている。

2　皇室宗教行事の変容

国の力の衰微を思うゆえに

鎌倉後期以降、南北朝の動乱、応仁《おうにん》・文明《ぶんめい》の乱と続く混乱のなかで、皇室の宗教行事は多く中絶していった。

神祇関係では早く賀茂斎院が承久《じょうきゅう》の乱後に廃絶している。これは後鳥羽上皇方に上賀茂社の神職が積極的に参加したことが関わっているのかも知れない。伊勢斎宮《さいくう》も財源の確保が難しくなって途絶えがちとなり、持明院統の天皇のときは選ばれることはなかった。伊勢に向かったのは亀山天皇の斎宮愷子《やすこ》内親王（後嵯峨天皇皇女）が文永《ぶんえい》元年（一二六四）に群行、同九年に父上皇崩御により退下したのが最後であり、その後、後二条天皇・後醍醐天皇の斎宮が卜定《ぼくじよう》されるが、最終的に建武の新政が崩壊したことにより群行することがないまま後醍醐天皇皇女祥子《さちこ》内親王が最後の斎宮となった。

最も大きな変化をもたらしたのは、やはり応仁・文明の乱である。伊勢神宮に差遣される神嘗祭例幣使《かんなめさいれいへいし》は文正《ぶんしよう》元年（一四六六）を最後に中絶し、祈年祭《きねんさい》・月次《つきなみ》祭も合戦により中絶されることとなった。神祇官も焼失し、以後は奉幣《ほうべい》を行う際には跡地に臨時に仮屋を設けて実施されることとなる。新嘗祭《にいなめさい》は乱以前の寛正《かんしよう》四年（一四六三）を最後に中絶した。

伊勢神宮の式年遷宮《しきねんせんぐう》は、室町幕府による造営料の徴収が次第に滞るようになり、たびたび禰宜《ねぎ》らの上訴がなされたが、結局、内宮《ないくう》が寛正《かんしよう》三年（一四六二）に実施された後、天正《てんしよう》十三年（一五八五）まで、外宮《げくう》が永享《えいきよう》六年（一四三四）に実施された後、永禄《えいろく》六年（一五六三）まで途絶えた。このほか二十二社奉幣は宝徳《ほうとく》元年（一四四九）八月に二年ぶりの祈年穀奉幣が行われた後、やはり近世まで中絶した。神社行幸は後醍醐天皇が建武元年（一三三四）に石清水《いわしみず》・賀茂に行幸した後、幕末まで行われなくなる。

大嘗祭《だいじようさい》は南北朝期においてはおそらく南朝では実施されなかったと見られる。鎌倉時代に費用を段銭《たんせん》・段米《たんまい》でまかなう方式が生み出され、室町幕府はこれを継承していたが、後土御《ごつちみ》門《かど》天皇の大嘗祭が践祚翌々年の文正《ぶんしよう》元年（一四六六）に実施された後はやはり近世まで断絶することになる。これは財源の確保が困難になったためであり、後土御門天皇は明応《めいおう》九年

（一五〇〇）九月の崩御後、葬儀の実施も困難を極め、次代後柏原《ごかしわばら》天皇の践祚は一ヵ月後となった。さらに即位段銭の進納も進まず、即位礼の実施は二一年後の大永《だいえい》元年（一五二一）三月になって幕府の献金によりようやく実施されることとなったほどである。その次の後奈《ごな》良《ら》天皇は大内義隆《おおうちよしたか》ら諸国の大名より献金を受けることによって、践祚後一〇年たった天文《てんぶん》五年（一五三六）二月に即位礼を挙げることができた。

後奈良天皇は天文十四年八月、伊勢神宮に践祚後二〇年を経ながらいまだに大嘗祭を行うことができないでいることを謝した宸筆宣命《しんぴつせんみょう》を奉った。

　大嘗会悠紀《ゆき》・主紀《すき》の神殿に自神供を備えること其節を遂げず、敢て怠れるにあらず、国の力の衰微を思《おもう》 故也《ゆえなり》、

大嘗祭を実施できないのは自分の怠慢ではなく、国力の衰微を思ってのことであること、今は下克上の世の中となり、諸国からの貢納が滞っているのみならず、武士が押領《おうりょう》し諸社の神事も退転して宝位や累代の仕途も危ういことを述べ、神明の加護により聖運の延長、上下の和睦、民戸の豊饒などを祈っている。大嘗祭実施が天皇にとって重要な皇祖神祭祀であることを認識しつつ、実施できる状況にない現実を国力の衰微という言葉を用いて天照大神に説明し許しを請うたものであった。しかしその解決策として、実質的権力を失い、その回復を思い浮かべることすら難しくなった天皇にできることは、大神の加護を祈ることだけであ

った。

これ以前、元旦の行事である四《し》方拝《ほうはい》は、やはり応仁・文明の乱により一時中断したものの、後土御門天皇の強い意志もあり、文明七年（一四七五）には再興されることとなる。この他、内侍所の祭祀や伊勢神宮への臨時奉幣、京近辺の神社への勅使差遣などが戦国期皇室祭祀の基本となった。内侍所に関しては、白川家に一〇〇度ないし一〇〇〇度の祓詞《はらえことば》を読誦せしむる百度祓・千度祓や、吉田家に内侍所前庭にて清祓《きよはらえ》を修せしむる内侍所清祓が、文明頃より確認される。また楽を奏したり和歌を詠進して神慮を慰める内侍所法楽御《ほうらくおん》楽《がく》・内侍所法楽和歌もやはり室町期より始まる。神仏に和歌を奉納することは平安時代より見られ、鎌倉期より法楽和歌の形をとるようになったが、それが内侍所に対しても行われるようになったものである。なお、伊勢神宮や賀茂社の奏事事項を年初に奏上する儀式である神宮奏事始・賀茂奏事始が十五世紀後半ないし十六世紀初頭より確認されるが、こ

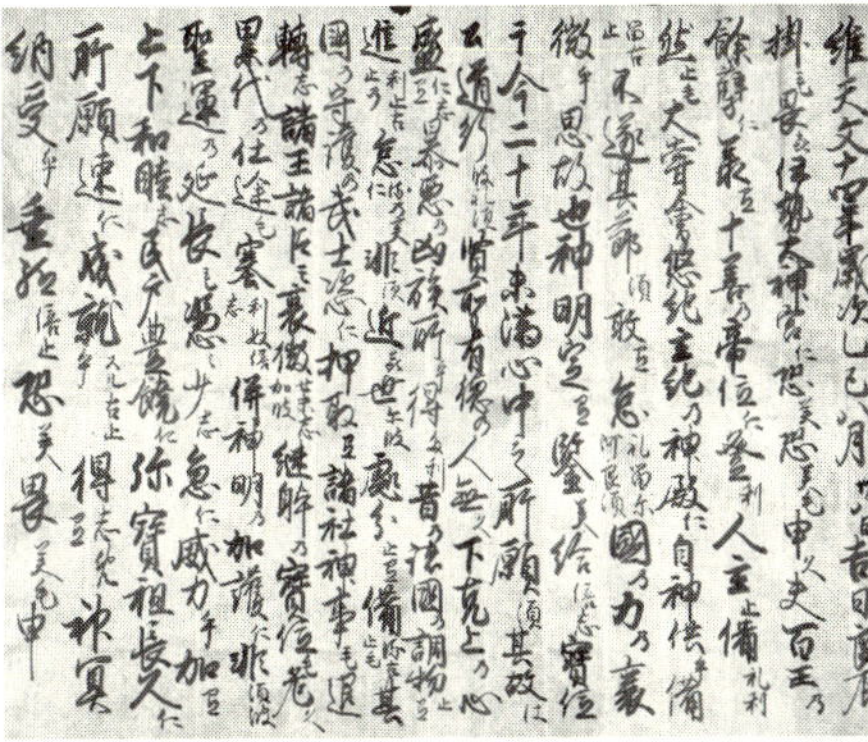

後奈良天皇宸筆宣命案　践祚後20年を経ても大嘗祭を行うことができずにいることを謝している。東山御文庫　御物

れは南北朝期の光厳《こうごん》院政下に成立した奏事始が、伊勢神宮と賀茂社を重視する朝廷内の位置づけにより十五世紀前半頃までに変化したものではないかと推測されている。また戦国期には、御代拝・御代参として女房や廷臣を清荒神《きよしこうじん》（護浄院《ごじょういん》）や北野社・因幡堂《いなばどう》薬師・鞍馬寺《くらまでら》等の社寺に遣わすことが行われるようになった。吉田兼倶《よしだかねとも》が唯一宗源《ゆいつそうげん》神道を提唱し、大元宮《だいげんぐう》を設置、後土御門天皇に『日本書紀』の講書を行ったのも、この頃である。

仏教行事と信仰の変転

仏教行事においても大きな変化があった。御斎会《ごさいえ》・季御読経《きのみどきょう》・最勝講《さいしょうこう》・灌仏会《かんぶつえ》・仏名会《ぶつみょうえ》といった大規模な行事は南北朝から十五世紀初頭の間にほとんど断絶し、後七日御修法《ごしちにちのみしほ》も後土御門朝以降、中絶する。大元帥法《たいげんのほう》のみ規模を縮小しつつ小御所《こごしょ》もしくは醍醐寺理性院にて護《ご》摩《ま》のみ行う形で存続する。

室町期に広く行われた宮廷仏事は、宮中御八講《おはっこう》と御懺法講《おせんぼうこう》である。法華経八巻を八座に講説する御八講は平安時代以来、回忌法会としてしばしば実施された（宸筆法華経を用いる場合もあり、そのときは宸筆御八講と称される）が、応安《おうあん》三年（一三七〇）に清涼殿を道場としたことから、以後、清涼殿で開催されるようになる。御懺法講はやはり法華経《ほけきょう》を読誦し、六根《ろっこん》（眼・耳・鼻・舌・身・意）を懺悔して罪障を消滅し九品往生《くほんおうじょう》を祈る行事で宮中では後白河院が保元《ほうげん》二年（一一五七）に行って以来、しばしば行われるようになるが、応安元年（一三六八）三月に後伏見天皇三十三回忌として後光厳天皇自ら行道して以来、歴代天皇の回忌に宮中御懺法講が、また菩提所寺院にて御八講や御経供養などが催されるようになった。この他、回忌には曼荼羅供《まんだらく》が行われたこともある。なお、宮中御八講と御懺法講では、規模や費用の面で差があり、後柏原《ごかしわばら》朝以降は財政的理由から御懺法講が主となっていった。

この時期の天皇の仏教信仰を特徴づけるものに般若心経《はんにゃしんぎょう》の書写が挙げられる。古く弘仁《こうにん》九年（八一八）天下大疫の際に嵯峨天皇が自ら般若心経を書写し空海に供養せしめたという伝承があり、鎌倉時代、後嵯峨上皇、ついで伏見天皇がそれにならって書写を行っているが、その後、後光厳天皇（二度）・後花園天皇・後柏原天皇・後奈良天皇（三度）・正親町《おおぎまち》天皇が、疫癘《えきれい》飢饉等の際に紺紙金字《こんしきんじ》（後花園天皇は銀字）般若心経の書写奉納を行った（この他、紺紙金字ではないが、光厳天皇宸筆の般若心経も現存している）。なかでも後奈良天皇の三度目は、国中静謐豊年を祈願して全国二五ヵ国の大名等に一宮《いちのみや》（周防国は国分寺）への奉納を命じるという規模の大きなものであった。権力を持たない天皇が天下を憂いて自ら仏典を書写し、諸国の有力者（皇室との関係強化を望む人物）に奉納の伝達を命じるという手順は、まさにこの時期の天皇の特性をよく物語っている。

南北朝以降、従来からの南都および真言・天台・臨済《りんざい》宗に対する信仰に加え、新たな宗派に対しても関心や信仰、あるいは政治的・文化的関係が生じるようになっていった。

浄土宗については、早く後嵯峨天皇が法然《ほうねん》の高弟証空《しょうくう》をしばしば召し、その門弟証慧《しょうえ》にも帰依《きえ》したと伝えられ、また先述したように花園天皇も関心を持っていたが、その後、後小松《ごこまつ》天皇は摂津大念仏寺の僧良鎮の奏請に応じて融通念仏《ゆうずうねんぶつ》を諸国に勧進《かんじん》するための融通念仏勧進帳を宸筆にて記している。応永三十二年（一四二五）、称光《しょうこう》天皇危篤の際には年来浄土宗御信仰により僧任等熙《とうき》（清《しょう》 浄華院《じょうけいん》一〇世、金戒光明寺一〇世）が召され参内した（『薩戒記』、『兼宣公記』）。等熙には後花園天皇の寛正三年（一四六二）に国師号が勅諡《ちょくし》されている。その翌年には百万遍知恩寺《ちおんじ》が勅願所とされ、文明二年（一四七〇）、後花園天皇崩御の際には同寺の法誉聖然が参入して念仏を申したてまつった（『親長卿記』）。後土御門天皇は特に浄土宗への信仰が厚かったとされ、興福寺大乗院門跡尋尊《じんそん》の日記『大乗院寺社雑事記』に「禁裏ニハ悉く以て念仏也、善道〔導〕・一遍等の影共之を懸らる」と記されるほどであった（文明十年三月二十六日条）。文明年間には毎年正月・五月・九月の十六日に禁中において恒例百万遍念仏が行われており、また西教寺の真盛《しんせい》（天台宗ではあるが称名念仏で知られていた）をたびたび召し、『往生要集』を聴聞している。後土御門天皇が帰依した浄土宗の僧侶はその他にも多く、たとえば二尊院善空を伏見の般舟三昧院《はんじゆざんまいいん》の開山住持に請じている。後柏原天皇は後土御門天皇追善のために金字阿弥陀経《あみだきょう》を書写し、また三福寺格翁桂逸《かくおうけいいつ》に『選択本願念仏集《せんじゃくほんがんねんぶつしゅう》』を講ぜしめるなどした。宸筆による証空の法語『鎮勧用心』が廬山寺《ろざんじ》に伝存している。後奈良天皇も先帝後柏原天皇三回忌に阿弥陀経の書写を行い知恩院に賜わっており、また四十八願と戒についての講釈を書き写した『法門講釈御留書』が今に残されている。

日蓮宗は、護良《もりよし》親王が元弘《げんこう》三年（一三三三）に令旨《りょうじ》を妙顕寺《みょうけんじ》に下して後醍醐天皇の還幸に際し衆徒の加勢を命じたのが機縁となって翌年には勅願寺の綸旨《りんじ》が下された。これは日蓮宗の公認を意味するものであったという。その後、北朝からも御祈願所となす院宣《いんぜん》が下され、さらに延文《えんぶん》二年（一三五七）には後光厳天皇が三千万部法華経如説読誦の綸旨を給わっている。やがて庭田《にわた》重有《しげあり》の男日応など公家の子弟より日蓮宗の僧侶が出たことにより、皇室との関係も徐々に深まった。後柏原天皇は践祚以前に妙蓮寺《みょうれんじ》参詣のことがあり、文亀《ぶんき》三年（一五〇三）には本隆寺の日真がその著書『天台三大部科文』を天覧に供したことに対し、宸筆外題色紙を下賜した。しかし後奈良天皇は日蓮宗を好まなかったようであり、やがて天文法華《てんぶんほっけ》の乱が起きたこともあり、日蓮宗と皇室との関係は衰えることになる。

浄土真宗においてはやはり護良親王が元弘三年に本願寺と久遠寺《くおんじ》を御祈禱所になす旨の令旨を下しており、延文二年には北朝より勅願寺となしたともいう。その後、延徳《えんとく》二年（一四九〇）には青蓮院《しょうれんいん》入道《にゅうどう》尊伝《そんでん》親王の執奏により本願寺八世蓮如《れんにょ》に香衣がゆるされ、永正《えいしょう》十三年（一五一六）には代々の例にまかせて勅願寺たるべき旨の綸旨が下された。天文五年（一五三六）以降には本願寺一〇世証如《しょうにょ》が勅願寺としての年始の御礼物を献上していることが確認され、同七年には本堂に今上御寿牌と先帝後柏原天皇の位牌が安置された。後奈良天皇は同八年に『伏見天皇宸翰歌集』（広沢切《ひろさわぎれ》）一巻を証如に、証如の母慶寿院に『栄花物語』一五帖を下賜している。さらに天文十七年には証如に貸していた尊円親王筆の詩歌書巻（『鷹手本』）を下賜し、翌年には『三十六人家集』を下賜した。一一世顕如《けんにょ》の永禄《えいろく》二年（一五五九）には、ついに門跡に列することが勅許された。

室町・戦国期にしばしば行われたこととして、勅願寺の認定や国師・禅師・大師・上人号などの勅許、紫衣《しえ》・香衣の勅許、大明神号等の神号《しんごう》の付与など、寺社・僧侶・神職に対する格式・称号の授与が挙げられる。これは天皇や取り次ぎの公家・官人にとっては、官位の叙任と同様に収入源としての意味合いを持っていた（たとえば国師号の場合は天皇に対して五〇〇〇疋《びき》が献上された）が、授与される側にとっては名誉や権威づけとなり、そこから宗教的権威・文化的権威としての天皇の存在が強調されることとなった。宸筆の下賜や奉納もその延長線上に捉えることができるであろう。さらには寺院間の和睦の仲介など、天皇が宗教行政的な機能も果たしていたことが指摘されている。

宮中に流入する民間行事

ここで室町・戦国期に宮中で行われていた宗教行事について触れておきたい。正月に行われる新春芸能である千秋万歳《せんずまんざい》については、早く『明月記』建仁《けんにん》四年（一二〇四）正月三日条に、千秋万歳の者らが内裏《だいり》に参入したことが見えており、『花園天皇宸記』にも千秋万歳法師が花園上皇の御所に参入し乱舞したことなどが記されている（文保三年正月一日条等）。時代が下り永享《えいきょう》年間になると、声聞師《しょうもじ》が内裏に参入して松拍《まつばやし》（松をかざして言祝《ことほ》ぐ祝福芸能。さらに散楽《さんがく》や雑芸を行ったという）を勤め散楽を演じたことが見えており（『看聞日記』）、応仁・文明の乱以後は、声聞師大黒による千秋万歳が正月四日、北畠や桜町といった別の声聞師集団による千秋万歳が正月五日に行われるようになる。彼らは正月二日の毘沙門経唱誦、また十八日の大三毬打《さぎちょう》（紫宸殿南庭にて竹を骨組みにして作った柴山を数十本置き、火をつけて燃やす行事。十五日に清涼殿東庭にて行われる小三毬打より大規模に行われた）などにも関わり、さらには重陽《ちょうよう》の節供前日の準備など、御庭者《おにわもの》として禁裏の庭作業にもあたっていた。なお大三毬打や御懺法講・御八講などの行事は民衆に対しても開放され、見物人が多く内裏に押し寄せた。

この他の年中行事では十一月に大黒天を祭る祭りである子祭《ねまつり》などを行っていたことが『後奈良天皇宸記』等によって確認される。七月十五日の盂蘭盆会《うらぼんえ》の行事は古代より確認されるものであるが、この時期になると、工夫をこらした風流灯籠の献上、蓮葉飯《はすのは》（蓮の葉で包んだ飯）の供進などが行われている。

また、文明九年（一四七七）には後土御門天皇の誕生日に内侍所への洗米の供進や御読経・御祝盃が行われていることが確認され、この頃には誕生日に祈禱やお祝いを行うことが慣例となっていたようである。史料的制約から、戦国期以前の誕生日行事については明確でないが、伏見宮家や公家の事例から推せば、それ以前より、宮中でも行われていた可能性が考えられる。

なお、室町期以前は内侍所に廷臣が参拝するのは伊勢公卿《くぎょう》勅使に限られていたようであるが、応永二十七年（一四二〇）九月に足利義持《よしもち》の病気本復を祈るために臨時御神楽《みかぐら》を行ったのを早い例として、以後、同様な事例が見られ、また元日など廷臣の参拝なども許されるようになった。さらに内侍所御神楽の際には、大三毬打等と同様、貴賤の見物人が群集した（『親長卿記』文明六年正月二十五日条）。

第五章　神武天皇の末孫として

1　宮中祭祀と京の神社

「朝廷復古」をめざして

後土御門《ごつちみかど》天皇以来、戦乱と皇室の窮乏により、久しく譲位が行われることがなかったが、豊臣秀吉《とよとみのひでよし》が関白となった翌天正《てんしょう》十四年（一五八六）には、正親町《おおぎまち》天皇が七〇歳を迎え、その皇儲誠仁親王《こうちょさねひと》が三十代半ばになったこともあって、ようやく譲位の準備が進められることとなった。ところがその矢先の七月、誠仁親王は病により急逝してしまう。そのため一六歳であった誠仁親王第一王子が急遽親王宣下をこうむり、同年十一月践祚《せんそ》、即位することとなった。これが後陽成《ごようぜい》天皇である。

正親町上皇は若くして皇位についた新天皇に対し、御拝《ごはい》の作法から即位由奉幣《よしのほうべい》に際しての注意、七夕等の年中行事や日常の細々としたことにいたるまで様々な注意を与えた。このときの指示は『諸事心得』『諸事御作法』『六十七ヶ条御覚書』『四十八ヶ条御覚書』などといった形でまとめられ、それらは皇位とともに伝わるべき由緒ある物として今も京都の東山御文庫に収められている。このようにして祖父の薫陶を受けて育てられた後陽成天皇は、皇統に対して強い意識を懐き、また中絶した朝儀の復興に執念を燃やすこととなる。

その現れが「従神武百数代末孫和仁《じんむよりかずひと》」という後陽成が用いた署名である。現在、確認できるなかでこの署名が最も早く記されたのは、東山御文庫本『衛府具《えふのぐ》』であり（ただし本奥書）、そこには「文禄《ぶんろく》二暦三月八日／自神武百八代末孫和仁」と記されている（「百数代」と記すのは文禄四年から）。この日付が正親町天皇が崩御して二ヵ月後であることから推測するならば、後陽成天皇は祖父上皇の崩御に接して、改めて皇統の歴史、行く末に思いを馳せたのではなかろうか。そしてそれから二年後となる文禄四年には、吉田兼見《よしだかねみ》に命じて『日本書紀』神代巻の進講を受けている。これは兼見が断ったところを再三命じて行わせたものであり、天皇の『日本書紀』に対する関心の強さをうかがうことができる。さらに慶長二年（一五九七）頃からは兼見やその弟梵舜《ぼんしゅん》に命じて慶長勅版『日本書紀神代巻』の刊行準備を始めるに至った。

この後、後陽成天皇の孫にあたる霊元《れいげん》天皇が神武天皇より陽光院《ようこういん》（誠仁親王）にいたる『帝王系図』を書写した際に「従神武天皇百十三代孫識仁《さとひと》」と署名しており、また霊元天皇の曾孫にあたる桜町《さくらまち》天皇も、後陽成天皇宸筆の書物を自ら写して「人皇百十六代孫昭仁《てるひと》」との署名を行っている。ちなみに霊元天皇以来の代々天皇が受け継いできた禁裏文庫の蔵書に「皇統文庫」という印文の蔵書印を最初に用いたのも、桜町天皇であったらしい。話を元に戻すと、後陽成天皇の慶長勅版『日本書紀神代巻』は慶長四年に完成し、伊勢神宮や春日神社に奉納されたほか、皇子女や侍臣に頒布された。

後陽成天皇以降、歴代天皇は諸朝儀や学芸の復興を第一の目標とする。近世における様々な宗教行事の復興も、その一環としてなされたものであった。これは朝廷、そして天皇の存在意義がそこに見出されたからに他ならない。近世天皇の学芸復興については、しばしば幕府による統制的側面から説明されがちであるが、天皇の側から捉えるならば、これもまた朝儀の復興、朝廷の維持に欠かせないものであったと言える。

霊元天皇も、また朝儀の復興に熱心に取り組んだ天皇の一人である。天和《てんな》元年（一六八一）十二月に伊勢神宮内宮の正殿が炎上すると、天皇は直ちに前例を調査させ、仁安《にんあん》三年（一一六八）等の例に基づき公卿勅使の差遣を幕府に申し入れて、認められた。このときに天皇が作成した宸筆宣命《しんぴつせんみょう》の草案がやはり東山御文庫に伝来している。それによれば、天皇は推敲《すいこう》に推敲を重ね、「神威ますます耀き、朝廷再び興り、宝祚《ほうそ》の隆《さかん》なること天壌《あめつち》と窮まりなく、常磐堅磐《ときわかきわ》に夜守日守に護り幸《さ》きたまひ《（い）》て、国家静謐、万民和楽、五体安穏、諸願円満に護り恤《めぐ》みたまへ《（え）》」と祈りを捧げている。無論、朝廷再興は天皇一人でできるものではなく、朝廷を支える廷臣の育成、故実の復興、また財源の確保が必要となってくる。近世の朝幕関係はまさにそのせめぎ合いであった。

後陽成天皇から後水尾《ごみずのお》天皇の代にかけては天正十六年（一五八八）の聚楽第《じゅらくてい》行幸、元和《げんな》六年（一六二〇）の徳川秀忠《ひでただ》の娘和子《まさこ》の入内、寛永《かんえい》三年（一六二六）の二条城行幸などが行われ、これにあわせて装束など有職故《ゆうそくこ》実《じつ》の復興がなされた。しかしこの時の復興はのちに「寛永有職」と呼ばれることになるような不充分なものであって、旧来の故実とはかなり異なったものであった。そもそも内裏も、寛政二年（一七九〇）に寛政復古内裏が造営されるまでは、平安京内裏とは規模や様式が異なる里内裏《さとだいり》でしかなく、古代通りの朝儀をそのまま実施することはできなかったのである。朝廷祭祀にしても、神祇官が焼失したあとは再建されず、天正十八年（一五九〇）に八神殿《はっしんでん》が吉田神社境内に奉祀され、慶長十四年（一六〇九）にそれが神祇官代として認められるなど、変容を遂げている。こうした中で適宜、次第を省略しつつ、幕府と交渉しながら（ときには幕府の方が積極的に朝儀復興を働きかけることもあった）、幕末にいたるまで様々な宗教行事の「再興」が目指されていった。大嘗祭をはじめとする近世の朝儀再興については、本シリーズ第六巻に詳細に述べられているので、詳しくはそちらを参照されたい。

内侍所の祭祀と宮中の行事

近世、宮中祭祀の基本となるのは、やはり内侍所《ないしどころ》の祭祀であった。一九四三年より五七年間、内掌典《ないしょうてん》として宮中三殿に奉仕した高谷朝子氏は、内掌典の最重儀として賢所《かしこどころ》の御鈴を上げることを挙げている。御鈴を上げるとは綱を引き、御鈴を鳴らすことで、高谷氏は「お綱を引く手の力を徐々に抜きますと、御鈴は一斉に鳴りながら、高い御音からだんだんとおなびきあそばしまして後、自然に余韻のお静まりあそばしますのをお一つとお数え中し上げます」と述べている。この儀は『花園天皇宸記』や『伏見天皇宸記』などに「鈴を振る」「鈴を鳴らす」などといった形で確認でき、また内侍所御神楽について『江家次第』に「女官綱を引きて鈴を鳴らす」と見えることを参考にすれば、古くから行われていた儀であると考えられる。前近代の御鈴については定かでないが、近代のものは、神櫃と一体となって懸けられ、多数の金鈴が一つ一つ赤染めの小綱によって赤染めの太綱に結びつけられたものであるという（『江家次第』によれば、内侍所御神楽の際には神櫃に錦覆がかけられ、その上に緋綱が引かれて鈴が懸けられたことが見える）。その鳴らし方については、『徒然草《つれづれぐさ》』に「内侍所の御鈴の音は、めでたく優なるものなりとぞ、徳大寺太政大臣は仰せられける」と見えていることから、おそらく現在とほぼ同様であったことが想像される。

内侍所の神供については、幕末の地下《じげ》官人で有識研究家であった下橋敬長《しもはしゆきおさ》が、米は洗米にしてお供えすること、毎月一日摂家や宮家に下すことを記している（十日ごとに天皇に披露するとの伝を記す史料もある）。これが御供米《おくま》である。高谷氏によれば、これは一年分の新米を翌年の一月二十日過ぎ、大寒に入ってから水で研ぎ、乾燥させて保管し、奉書紙に入れて毎朝新しくお供えし、毎月一日に一ヵ月分の御供米を御所に持参して天皇に披露するという。『禁秘抄《きんぴしょう》』には、万物出来にしたがい、必ずまず女官を召して賢所に奉ること、僧尼および憚りある人の進献物は奉らないけれども、もとは僧尼より出されたものであっても俗人を経たものであれば奉ることが記されており、後水尾天皇が記した『後水尾院当時年中行事』には、この頃は菓子ぐらいのものであれば奉らないけれども、やはり数多く献上されたものは必ず奉っていると記されている。平安時代、長元《ちょうげん》九年（一〇三六）の後朱雀《ごすざく》天皇代始のお供えでは、米のほか紙、菓子、干物、精進物、生物などが折敷《おしき》・高坏《たかつき》などを添えて奉られている（『範国記』）。なお、元文《げんぶん》五年（一七四〇）元日に毎月朔日《さくじつ》に供えられる内侍所神饌《しんせん》が旧式の如く再興されている（『八槐記』）。

内侍所の祭祀の基本には大きな変化が見られなかったようであるが、宮中祭祀のすべてがそうであったわけではない。第一章で紹介した天皇が毎朝、清涼殿の石灰壇《いしばいのだん》で行う毎朝御拝《まいちょうごはい》については、やはり近世にも受け継がれていたことが『後水尾院当時年中行事』によって確認されるが、中世来、その作法は白川神祇伯《じんぎはく》より伝授されることとされた。御拝の後、御祝詞（御祈請）の前に三種大祓《おおはらえ》を唱えることとされていたが、これは戦国時代に付け加えられたものである可能性が高い。

石灰壇での毎朝御拝の後には常御所《つねのごしょ》にて鏡御拝が行われた。これは常御所の上段北の御障子の際に南向きに立てられた御鏡に向かって、二拝、着座の後、三種大祓を三回唱え、御拍手二回を行うもので、天皇の「御心クモリナカランコト」を祈り求めるものであったという。後水尾天皇の言によれば、後陽成天皇がこれを行っていたことは確認されるが、それより以前に存したかどうかは定かでなく、後陽成天皇が創始した可能性が考えられるであろう。幕末にはこの他に、剣璽《けんじ》の間にて剣璽御拝が行われたという。

なお、内侍所に廷臣の参拝がなされるようになることは第四章で述べたが、近世になると、節分の日に庶民の参詣が許されるようになった。これは節分に諸社に参詣する民間の風習を受けたものであるらしい。延宝《えんぽう》四年（一六七六）成立の黒川道祐《くろかわどうゆう》『日次紀事《ひなみきじ》』によれば、夜、貴賤の参詣者は内侍所に至り御才《おさい》の御方（斎《さい》。内侍所の女性職員である刀自《とじ》の座次

天皇	年号	西暦	月	事 項
桜町	元文 3	1738	11	大嘗祭実施（辰巳節会等再興）
	元文 4	1739	4	石清水放生会宣命奏陣の儀再興
	元文 5	1740	正	吉書奏再興
			11	新嘗祭、紫宸殿を神嘉殿代として再興
	延享元	1744	9	甲子革令により宇佐・香椎奉幣再興
			10	甲子革令により上七社奉幣再興
桃園	寛延元	1748	11	大嘗会卯日神楽歌・辰巳日風俗舞等再興
	宝暦 3	1753	11	豊明節会大歌再興
後桜町	明和 4	1767	11	朔旦冬至恩赦再興
後桃園	安永 2	1773	2	縫殿寮再興
光格	天明 6	1786	11	朔旦旬再興
	寛政 2	1790	11	寛政内裏完成、遷幸
			12	新宮旬再興
	文化 5	1808	2	太政官印再興
			4	式部省再興
	文化10	1813	3	石清水臨時祭再興
	文化11	1814	11	賀茂臨時祭再興
仁孝	天保12	1841	閏正	遺勅により諡号・天皇号復活
孝明	文久 3	1863	2	山陵奉幣再興
			3	賀茂社行幸
			4	石清水社行幸
	元治元	1864	2	諸陵寮再興
			11	北野臨時祭再興
	慶応元	1865	2	春日祭近衛使参向儀等再興
			4	吉田祭再興
			6	祇園臨時祭再興
			11	大原野祭再興
	慶応 2	1866	4	松尾祭再興

後陽成天皇以降の朝儀復興関係年表 短期間の中絶後の再興は省略した

天皇	年号	西暦	月	事項
後陽成	天正14	1586	12	女御宣下再興
	天正18	1590	3	吉田社境内に八神殿を再興
	慶長 4	1599	閏3	慶長勅版『日本書紀神代巻』版行
	慶長 6	1601	正	叙位の儀22年ぶりに実施
			3	県召除目再興
	慶長 7	1602	正	殿上淵酔再興
	慶長11	1606		非蔵人再興
	慶長14	1609	9	吉田社境内の八神殿を神祇官代とする
後水尾	慶長20	1615	正	紫宸殿にて大元帥法実施（以後、代始は紫宸殿にて実施）
	元和元	1615	7	幕府より禁中並公家中諸法度発布
	元和 6	1620	6	徳川秀忠娘和子、入内
	元和 9	1623	正	紫宸殿を仮道場として後七日御修法再興
	寛永元	1624	11	皇后冊立の儀再興
後光明	正保 3	1646	3	日光例幣使創始
	正保 4	1647	9	伊勢例幣使再興
	慶安 3	1650	3	春日社恒例御神楽再興
後西	承応 3	1654	10	後光明天皇葬儀を土葬にて行う
霊元	延宝 2	1674	5	内侍所法楽和歌再興
	延宝 7	1679	8	石清水放生会再興
	天和 2	1682	正	伊勢神宮への宸筆宣命奏上再興
	天和 3	1683	2	皇太子冊立の儀再興
東山	貞享 4	1687	11	大嘗祭再興
	元禄元	1688	11	新嘗祭、新嘗御祈として再興（神祇官代にて執行）
	元禄 4	1691	6	大祓、清祓として再興
	元禄 7	1694	4	賀茂祭再興
	元禄 8	1695	7	七夕の御遊和琴再興
	元禄 9	1696	4	賀茂祭錺車・山城使等再興
	元禄10	1697	4	賀茂祭風流笠再興
中御門	享保18	1733	正	大床子御膳再興
	享保20	1735	正	舞御覧の胡飲酒舞再興

第一の者）に頼んで鈴を上げてもらい、供米を賜わったといい、勢多《せた》章甫《のりみ》が記した『勢多章甫筆記（思ひの儘の記）』によれば、午後より黄昏まで参拝を許され、内侍所の玄関にて一二文の初穂《はつほ》を奉納し、紙に包んだ大豆の煎り豆を受け取ったという。津村正恭の『譚海《たんかい》』（寛政七年〔一七九五〕頃）には、平日でも「所知の人」に託し乞えば神符を得られると記している。

新嘗祭《にいなめさい》が元文五年（一七四〇）に復興されたことは先に記したが、これもまた違う形で民間とつながっていた。新嘗祭の日には京中の寺の鐘を撞くことが禁じられ、また火災を誡めるために火を焚かせなかったという。そのため、この日、風呂屋は休業した。

ここで陰陽道《おんようどう》祭祀についても触れておこう。古代より皇室内においても陰陽道祭祀は盛んに実施されたが、近世には泰山府君《たいざんふくん》等の神々を勧請して天地五行相生《ごぎょうそうしょう》を祀る天曹地府祭《てんそうちふさい》が即位儀礼の一環として行われた。近世以前は即位式以前に禁中で行われる例であったとも言われるが定かでない。明正《めいしょう》天皇以降、即位後に陰陽道の家である土御門《つちみかど》家の邸宅で実施されるようになった。祭祀に際して陰陽頭《おんようのかみ》が読み上げる都状《とじょう》は黄紙に朱書で記され、天皇の名の部分は宸筆で記されることになっており、代々の都状が土御門家より献納されて、現在、宮内庁書陵部に保管されている。

三毬打《さぎちょう》や千秋万歳《せんずまんざい》などの年中行事は多く近世においても引き続き行われた（正親町天皇崩御後、慶長頃までは、祥月にあたったことなどにより中絶する。三毬打の中断は豊臣秀吉による京都市街の改造の影響もあったようである）。有卦《うけ》・無卦《むけ》の習俗はいつ頃宮中に流入したのか定かでないが、十七世紀後半頃には祝っていたことが確認される。有卦・無卦とは陰陽五行説に由来する考え方で、十二支を胎・養・生（長生）・沐《もく》浴・冠帯・臨官・帝（王・帝曜）・衰・病・死・葬（墓）・絶と、人間の一生の状況に配当し、帝までの七段階を有卦、残りの五段階を無卦として、たとえば木性の人は酉年酉月酉日酉時から七年間有卦に入り、続いて五年間無卦に入るとされる。有卦の間は物事がすべて良い方に向かい、無卦の間は万事悪い方に向かうと考えられ、有卦に入る（有卦入りする）と祝い事をするのがならいとされた。この他、日時や方角の吉凶を占うことは古来よりよく行われた習俗であるが、縁起を良くするために表向き年齢を替える年替えもしばしば行われている。明治天皇の皇后となった昭憲《しょうけん》皇太后は、嘉永《かえい》二年（一八四九）の生まれであったが、慶応三年（一八六七）六月の女御入内に先立ち、嘉永三年の生まれと改めている。これは、嘉永二年生まれであると、明治天皇より三歳の年長となり、世俗にこれを「四つ目」と称して忌んだためであるという（『明治天皇紀』）。

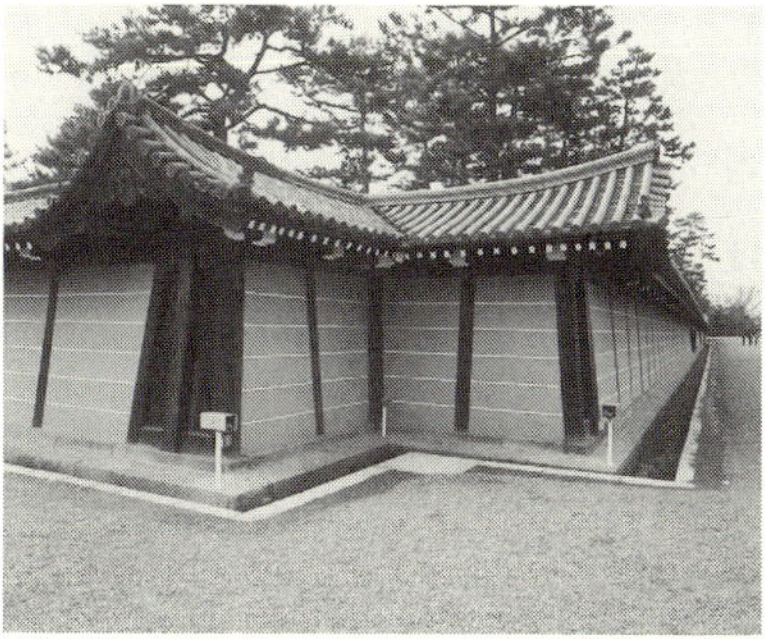

猿ヶ辻　京都御所北東角は鬼門とされたので、築地塀の角を欠いて、日吉山王社の神の使いである猿を祀ってある。宮内庁京都事務所提供

　宮中の俗信としては、京都御所の北東角築地塀《ついじべい》の猿《さる》ヶ辻《つじ》が有名である。これは鬼門の魔除けとし

て角をへこませ、なおかつ猿の木像を金網に入れて置いたものであって、同様の事例を京内の寺社でも見ることができる。猿ヶ辻付近は幕末には雨夜には化物が出るとされたが、そこに棲んでいた古狐が妙顕寺内に社殿を建てるよう孝明《こうめい》天皇の夢に現れたため、同寺に建築費と年料米を下賜するようになったという伝承がある。清涼殿の御帳台《みちょうだい》前の左右に置かれた獅子・狛犬《こまいぬ》については、ともに踏み出した足の先端と左の後足の先とが欠けているが、これは、動くことがあったために切ったもので、修理してはならないという言い伝えがあった。

皇室を支える社家

皇室と神社は宗教的側面とは別の面からも深い関係を有していた。社家《しゃけ》（神職を世襲する家柄）は非蔵人《ひくろうど》等の地下《じげ》官人（下級官人）や女官の出身母体でもあったのである。天皇や上皇の御所で雑務に従事する非蔵人は後陽成天皇が慶長十一年（一六〇六）に再興した。当初は四名が定員であったが、次第に増加していき、光格《こうかく》天皇の代では三七年間の在位の間を合計すると、一一〇名にも及んだという。これら非蔵人は上賀茂や下鴨・稲荷・松尾・藤森《ふじのもり》・上御霊《かみごりょう》・北野社といった京近辺の神社の社家より多く選ばれていた。それは後陽成天皇が、戦乱による諸社の退転衰退を憂え、社家の救済を考えたからであったという。当初は社家との兼勤が原則であったが、まもなく専任職の出仕となった。歴代非蔵人のなかで著名な人物としては、赤塚正賢《あかつかまさかた》（芸庵《うんあん》）がいる。藤森社神主の次男であった赤塚正賢は寛永《かんえい》四年（一六二七）に一五歳で後水尾天皇に出仕し、天皇の譲位後は院の非蔵人、さらに上北《しょうほく》面《めん》となり、上皇落飾時にはともに出家して法体《ほったい》で勤仕した。伏原賢忠《ふしはらかたただ》の門に入り、また冷泉《れいぜい》為景《ためかげ》について詩歌を、半井《なからい》瑞堅より医道を学ぶなどし、歴代天皇に経書の進講を行ったことで知られる。また後桜町《ごさくらまち》朝と光格《こうかく》朝の非蔵人であった橋本経亮《はしもとつねあきら》は梅宮社神主の血筋で故実家として知られ、本居宣長《もとおりのりなが》や上田《うえだ》秋成《あきなり》・藤貞幹《とうていかん》《さだもと》などと交流があった。

　女官は上から典侍局、掌侍局《ないしのつぼね》、御《お》下様《しもさん》(広義の命婦《みょうぶ》)、さらにその下に御末《おすえ》、女孺《にょじゅ》、御服所が置かれていたが、このうち御下様は大御乳人《おおちのひと》一名と一般の命婦二〜五名程度、女蔵人一〜三名、御差《おさし》一名からなり、いずれも地下のうち上位の家格の家の娘から選ばれた。大御乳人は天皇の乳母《めのと》である。一般の地下よりも社家の方が官位昇進が早かったことにより、自然、社家から多くの命婦が出仕することとなった。下鴨の鴨脚《いちょう》・梨木《なしのき》・泉亭《いずみてい》、上賀茂の松下・富野・梅辻・鳥居大路・森・林・岡本、松尾の東・南、松尾月読の松室《まつむろ》、稲荷の松本・禊川、春日の大東・富田・西、住吉の津守、日吉の生源寺《しょうげんじ》・樹下《じゅげ》家などである。なお天皇や上皇に対してのみならず、上賀茂の岡本家や御香宮の三木《そうぎ》家が伏見宮家に出仕するなど親王家とつながりを持つ社家も多かった。

　近世において内侍所の修理・造営は、まず仮殿を造営して神鏡を移してから本殿を修理するという方式がとられていたが、修理完了後は、仮殿を社寺に下賜することが行われた。中世以前については明確でないが、寛永年間には水無瀬《みなせ》神宮に用材を下賜し、寛文《かんぶん》年間には勧《か》修寺《じゅうじ》に用材を下賜したという。元禄《げんろく》以降、禁中・仙洞《せんとう》の産土神《うぶすながみ》たる上御霊《かみごりょう》社や下御霊《しもごりょう》社、また藤森神社などに下賜移建されるようになり、特に下御霊社は寛政度に下賜された社殿が現存している（藤森社本殿は社伝では正徳二年〔一七一二〕下賜とされていたが、明和《めいわ》四年〔一七六七〕の造営棟札が確認されたため、宝暦《ほうれき》五年〔一七五五〕内侍所修理の際の仮殿ではないかと考えられている）。なお、安政内裏の内侍所は維新後、橿原《かしはら》神宮創建に際し、同社の本殿として下賜移建されている。

霊元天皇は特に下御霊社とは深い関係を持った。譲位後、二度にわたり下御霊社に参詣し、朝廷復古を祈る願文を捧げたりもしている。崩御後には自ら神鏡に封じていた魂を下御霊社に祭るよう遺勅し、それは天中柱皇神として今も相殿に祭られている。これは下御霊社の神主出雲路直元の父信直が山崎闇斎《あんさい》の門弟で、垂加《すいか》神道を奉じていたためであろう。この後、中御門《なかみかど》天皇および桜町天皇の荒魂《あらみたま》が白川伯家の神殿に祭られている。

このほか皇子女の誕生の際に胞衣《えな》を吉田社や六孫王権現社《ろくそんのうごんげん》、清荒神《きよしこうじん》、上御霊社、下御霊社の社地に埋納したり、上御霊社に宮参りをしたりするということもあった。

2　皇室の葬礼と寺院

古代の喪葬儀礼

古代、令制前の大王《おおきみ》喪葬儀礼は、崩御後、埋葬にいたるまでの間、遺体を安置して殯《もがり》を行う殯斂《ひんれん》儀礼、ついで陵に葬送する葬送儀礼、葬所にて行う墓前儀礼、埋葬終了後に行う追善儀礼からなっていた。殯斂儀礼のうち、殯庭にて盛大に行われる誄《しのびごと》の儀は亡くなった大王の魂を慰撫するのみならず新大王への忠誠を誓う意味もあり、また和風諡号《しごう》の献呈も行われた。

大化《たいか》二年（六四六）に薄葬令が出され、大王と王以下の喪葬儀礼の序列化が図られることになる。さらに七世紀後半以降、殯は徐々に簡略化されていき、火葬や七七日《しちしちにち》・一周忌の斎《さい》会《え》等仏教による追善儀礼が導入されるようになっていく。天皇や皇后の命日に廃務して斎会を行う国忌《こき》の制も同じ頃より始まる。毎年十二月の吉日に諸陵司（天平《てんぴょう》元年〔七二九〕に寮に昇格）が管理する陵墓へ幣物《へいもつ》を奉る荷前《のさき》の制も、その頃整備された（淵源は令制前にさかのぼる可能性がある）。山陵へは新羅《しらぎ》の調《ちょう》や渤海《ぼっかい》の信物が奉られたり、改元・遷都などの奉告がなされることもあり、王権・国家守護の役割も担っていた。こうした山陵に対する奉幣は南北朝期まで継続する。

八世紀段階、聖武《しょうむ》天皇や称徳《しょうとく》天皇の山陵に僧侶が侍した事例が見られ、宝亀《ほうき》三年（七七二）には淡路廃帝（淳仁《じゅんにん》天皇）を淡路に改葬し、浄行者二人を度して墓の側にて功徳《くどく》を修させている。さらに九世紀に入ると、延暦《えんりゃく》二十五年（八〇六）に崩御した桓武《かんむ》天皇の二七日《さんしちにち》の斎会が山陵で行われ、嘉祥《かしょう》三年（八五〇）に崩御した仁明《にんみょう》天皇の山陵に陀羅尼《だらに》を納めた卒塔《そと》婆《ば》が建立されるなど、山陵追善儀礼の仏教化が進む。一方で嵯峨《さが》天皇以降、薄葬の方針が徹底され、壮大な墳丘を持つ陵墓は姿を消すこととなった。

文徳《もんとく》天皇は父仁明《にんみょう》天皇の追善のため、山陵に近接して嘉祥寺《かじょうじ》を建立し、仁明天皇が起居した清涼殿を「これに御するに忍びず」として同寺に喜捨し仏堂とした。これ以降、陵墓と密接な関係がある寺院（陵寺）が造られ、そこで仏事が修されるようになる。またそれとは別に追善仏事を修する寺院が造られる場合もあった。やがて十一世紀以降、天皇は寺院境内に埋葬されることが一般的になり、さらに白河《しらかわ》天皇以降、塔下や法華堂《ほっけどう》の床下や仏壇に埋葬する事例が増えていく。上島享氏は、白河上皇は御願《ごがん》の法勝寺《ほっしょうじ》に法華堂・阿弥陀堂を設けて滅罪と往生を祈り、墓所（御骨所）には塔のみを建てて寺院を建立することはしなかったが、鳥羽《とば》上皇は御願の最勝寺には法華堂や阿弥陀堂を設けず、それとは別に墓所となる御堂（安楽寿院）に本御堂（法華堂）・阿弥陀堂を建立し、そこで法華《ほっけ》三昧《ざんまい》・常行《じょうぎょう》三昧を行うというように、鳥羽上皇以降、墓所そのものが法華堂としての機能を果たすことになったことを指摘している。こうした変化は土葬から火葬への移行とも関連している。

康保《こうほう》四年（九六七）に崩御した村上《むらかみ》天皇の事例を最後に天皇の土葬は途絶え、以後はもっぱら火葬が行われるようになった。これはこの時期、天皇が「天皇」として崩御することがなくなり、在位中の崩御であっても一旦譲位の形をとって形式的に「上皇」となってから葬儀が営まれるようになっていったことと関連すると考えられる。太上《だいじょう》天皇の火葬には早く持《じ》統《とう》太上天皇の事例があるが、九世紀に入り、淳和《じゅんな》太上天皇以降、火葬が一般的になる。ちなみに古代における太上天皇の土葬は延長《えんちょう》八年（九三〇）崩御の醍醐《だいご》太上天皇が最後となるが、これは太上天皇の尊号宣下《せんげ》以前の崩御であったためではないかと推測されている。このような喪葬儀礼の変化は、天皇という存在の位置づけの上でも重要な意味を持っているが、天皇の信仰という観点から見た場合、堀裕氏が指摘された『栄花《えいが》物語』や『今鏡《いまかがみ》』の記述が参考になる。後一条《ごいちじょう》天皇の喪葬について『栄花物語』は「位ながらの御有様は、所狭くいみじかるべければ、おりゐの帝になしたてまつらせたまひてけり」、『今鏡』は「まだおはしますありさまにて、御おとうとの東宮に位ゆづり申させ給ふさまなりけり。のちの御事のよそほしかるべきによりて、位おりさせ給ふ心なるべし」と記している。すなわち「のちの御こと」＝追善供養を充分に行うために、「天皇」としてではなく「上皇」として崩御する必要があったという。なお、天皇の葬儀は言うまでもなく国家行事であるが、上皇の期間がしばらく続いてからの葬儀となると、近臣や血縁者を中心に行われる私的行事的側面が強まるということもあった。また火葬の一般化にともない、遺骨埋納所のみならず火葬場を陵とみなす意識も生まれるようになっていく（時代が下り鎌倉時代末期になると、御分骨所も設けられるようになった）。

以上、大まかに述べたように、古代天皇の喪葬儀礼は変化していったが、ただ一方で、平安期を通じて行われた葬場殿での御厨子所《みずしどころ》による供膳などは、古い殯宮《もがりのみや》儀礼の形を残したものではないかとの推測もなされている。

御黒戸と御寺泉涌寺

内裏には古代より歴代天皇の位牌と念持仏《ねんじぶつ》を安置する持仏堂・仏間が設けられていた。これを御黒戸《おくろど》という。『大鏡《おおかがみ》』に「この（光孝《こうこう》天皇の）御時に、藤壺の上の御局の黒戸は開きたると聞きはべるは、まことにや」と、また『徒然草』に「黒戸は、小松のみかど（光孝天皇）、位につかせ給て、むかしたゞ人におはしまし時、まさなごとせさせ給しを忘れさせ給はず、つねにいとなませ給ひけるところなり。みかま木（薪《たきぎ》）にすゝけたれば、黒戸とふとぞ」と見え、践祚《せんそ》前より仏教に帰依していた光孝天皇が設けたもので、薪で煤《すす》けていたので「黒戸」というのであるとしている。『中右記《ちゅうゆうき》』には御黒戸で雑御遊《ぎょゆう》が行われたことが記されているなど、必ずしも仏教行事にのみ用いられるわけではなかったが、近世には薙髪《ちはつ》（髪を切ること）の女官が天皇の位牌と念持仏に対して毎日御膳を供え、さらに法事が行われることもあった。光格天皇は、祖父直仁《なおひと》親王の忌日や養母盛化門院《せいかもんいん》維子《これこ》の正忌にあたって、御黒戸に出御し念仏を唱えたりしている。御黒戸の念持仏は現在、泉涌寺《せんにゅうじ》に移され伝えられているが、それによれば大日如来坐像（仁孝《にんこう》・孝明天皇）や釈迦如来坐像（後水尾天皇）等様々であった。

泉涌寺は、建保《けんぽう》六年（一二一八）に道賢《どうけん》（宇都宮信房）が帰依していた俊芿《しゅんじょう》に仙遊寺領を寄進し、俊芿が泉涌寺と改称して戒律復興、宋の寺式にしたがった天台・真言・律・禅の四宗兼学の道場とすることにより開創された。俊芿が伽藍《がらん》造営勧進のために起草した『泉涌寺勧縁疏』『殿堂房寮式目』は後鳥羽《ごとば》上皇や守貞《もりさだ》親王（後高倉院《ごたかくらいん》。後堀河天皇父）の叡覧《えいらん》にも供され、寄進を得たという。四条《しじょう》天皇が仁治《にんじ》三年（一二四二）に崩御すると、泉涌寺で葬儀が営まれ、その陵が寺内に設けられた。四条天皇の葬儀が泉涌寺で営まれることになった理由については判然としないが、『泉涌寺史』は、京都の諸寺が、天皇の祖父九条道家《くじょうみちいえ》の失脚もあって四条天皇の葬儀に難色を示したのに対し、泉涌寺は道家が寺の外護者でもあった縁もあり、また天皇の父後堀河天皇と母藤原竴子《よしこ》の陵墓の中間に泉涌寺が位置することなどもあって、仏教者本来の姿に立って葬儀を執り行うことに踏み切ったのではないかと推測している。この後やがて四条天皇が俊芿の生まれ変わりであったとする伝承も生まれるようになる。

その後、南北朝期に光厳《こうごん》上皇・光明《こうみょう》上皇が泉涌寺一四世の月航に帰依し、さらに応安《おうあん》七年（一三七四）後光厳《ごこうごん》上皇の崩御に際して泉涌寺で葬儀が行われることになった。これは上皇の遺志によるものであったという。後光厳上皇の本願により塔頭《たっちゅう》雲龍院が営まれることとなり、後光厳天皇の皇子後円融《ごえんゆう》上皇は出雲国横田荘の半分を寄進して、長日護摩供や月々の御《み》修《し》法《ほ》、また代々聖忌の作善を命じ、また自らの逆修《ぎゃくしゅ》（生前に死後の冥福を祈って仏事を行うこと）として如法写経勤行を発願している。後光厳天皇以降、後陽成天皇にいたるまで、後《ご》花園《はなぞの》天皇を除く九人の天皇が泉涌寺で葬儀が行われ荼毘《だび》に付されることとなる（後花園天皇の時は泉涌寺が応仁・文明の乱により焼け、また寺僧が京外に避難していたことにより、悲田院で行われた）。こうして泉涌寺は皇室の菩提寺「御寺《みてら》」としての地位を築き上げていった。なお正長《しょうちょう》二年（一四二九）七月には称光《しょうこう》天皇の一周忌を前に黒戸御所が雲龍院に移建され、文亀《ぶんき》元年（一五〇一）二月には後土御門《ごつちみかど》天皇の黒戸御所が雲龍院に寄進されている。

泉涌寺は度々火災を受け、寺領の退転もあったが、慶長年間にいたり、天正《てんしょう》内裏の紫宸殿《ししんでん》が払い下げられるなど、復興が進められた。復興にあたっては幕府の援助もあり、また八〇世如周が後水尾上皇の帰依を受けたこともあって、以後、江戸時代を通じて泉涌寺は朝廷と深く結びつき、歴代天皇の陵は泉涌寺内に設けられることとなった。加えて後水尾天皇以降、皇族や近臣が描いた天皇の遺影が追善のため泉涌寺に納められるようになり、さらに天皇・女院の年回忌も頻繁に修されることとなる。

なお、皇室の喪葬に関わった寺院は泉涌寺だけではない。なかでも後土御門天皇の勅願にかかる般舟三昧院《はんじゆざんまいいん》では、それ以降、しばしば中陰仏事が催されることとなり、近世においては「禁裏御仏殿」として泉涌寺に準じる位置づけがなされていた。しかし維新後は泉涌寺のみが皇室の菩提寺としての扱いを受けることになったため、退転した。

維新後、京都の諸寺院に奉安されていた歴代天皇・女院・皇子女の尊牌《そんぱい》（位牌）や天皇画像は、門跡《もんぜき》寺院や御由緒寺院を除き、すべて泉涌寺に集められることになった。このとき集められた尊牌は総計で二〇一基にのぼる。

魚屋八兵衛の訴え

承応《じようおう》三年（一六五四）九月二十日、後光明《ごこうみよう》天皇が疱瘡《ほうそう》により崩御した。翌月十五日、泉涌寺において葬儀が行われる。この後光明天皇の葬儀は、それ以前の大葬と比べて大きな変化があった。それは、火葬ではなく土葬となったことである。禁裏より泉涌寺まで葬送された後、龕前堂《がんぜんどう》にて御棺が宝龕《ほうがん》に移される。焼香読経の後、宝龕は山頭に送られる。荒垣の中に従来は葬場殿が設けられて荼毘に付されたのだが、今回は葬場殿は設けられず、幕を引き回した荒垣の中央に宝龕がすえられ、再び焼香読経の後、そのまま御廟所へ運ばれて石の唐櫃《からびつ》の中に埋葬されたのである。

これにともない、以前は遺骨は深草法華堂に納めるのが通例とされ、ときには分骨されることもあったのが、これ以降、後光明天皇の父後水尾天皇、姉明正《めいしょう》天皇も含め、幕末の孝明《こうめい》天皇にいたるまで、歴代天皇が泉涌寺に埋葬されることとなった。「御寺」の実質的な成立である。

このような火葬から土葬への転換のきっかけとなったのは、禁裏に出入りしていた魚屋の奥八兵衛が土葬にすべきことを訴えたからであるという。室鳩巣《むろきゅうそう》に学んだ金沢の儒学者青地《あおち》礼幹《れいかん》が記した『可観小説』によると、礼幹は在京の折（宝永《ほうえい》末年ないし正徳《しょうとく》初年頃か）に菅《すが》真静《ましず》（中院通茂《なかのいんみちしげ》の門人でのちに前田綱紀に仕えた学者）と斎藤善内という人物より、次のような話を聞いたという。

崩御後、後光明天皇は先例通り泉涌寺にて火葬されることになったが、それを知った魚屋の八兵衛は、深く歎き、下々の者であっても生前の意思が尊重されるべきものであること（後光明天皇は儒学を好み、仏教を嫌っていたとされる）、天皇が儒学を好まなかったとしても玉体《ぎょくたい》を火葬することはもったいないことであることを仙洞や女院御所等を回って訴え、また泉涌寺の僧に対しては、疱瘡で亡くなった者は下賤の者ですら火葬しないことになっているのに、もし強いて天皇を火葬するならば国家のために不吉なことが出来《しゅったい》することであろうと申し立てた。このことは後水尾上皇の耳にも達し、また泉涌寺からも奏聞があって、火葬は取りやめとなった。八兵衛はまことに天下の奇男子である。

どこまでが史実なのか疑わしい気もするが、ともかくも結局、龕前堂の儀など見かけ上は火葬の体を取りながらも実際には土葬することとなり、八兵衛の子孫はこの功によって幕末には諸役を免じられ、明治十二年（一八七九）一月には士族に列せられて銀盃や金員を賜わっている。葬儀に用いられた御棺について、儒葬の形で準備された可能性が指摘されてもおり、この土葬復活は、復古というよりは、儒学による廃仏論の影響を第一に考えるべきであろう。この後、後水尾上皇や後西《ごさい》上皇の葬儀の際には再び土葬とするか火葬とするかの議論が起こったが、結局、土葬が採用され、それが前例として確立していった。やがて孝明天皇の葬儀にいたり、見かけ上の火葬の儀も廃されて完全な土葬となり、山陵が築造されることになる。

宮門跡と比丘尼御所

院政期以降、皇子が多く入寺するようになったことは第二章で触れたが、南北朝以降、経済的事情も加わって、男性皇族では皇位継承予定者や親王家継承予定者以外は特定の寺院に入るのが通例となっていく。これが宮門跡《みやもんぜき》である。

「門跡」とは元来「法門の遺跡《ゆいせき》」のことであり、師資相承して法脈を伝える門流や、門流を継ぐ門徒の意で用いられていたが、やがてそれが拡大して貴種が入寺する特定の寺家や住職を指すようになり、寺格としての意味を持つようになった。室町時代、応永年間には「宮門跡」の呼称も見えるようになる。さらに江戸時代、禁中並公家中諸法度では親王が法脈を継承する親王門跡（宮門跡）と摂家の子弟が入寺する摂家門跡、それら門跡に準じる准門跡の区別がなされた。実際に親王門跡とされたのは、真言宗では仁和寺・大覚寺・勧修寺《かじゅうじ》、山門では青蓮院《しょうれんいん》・三千院（梶井）・妙法院《みょうほういん》・曼殊院《まんしゅいん》（竹内）・毘沙門堂《びしゃもんどう》、寺門では聖護院《しょうごいん》・円満院・実相院、興福寺の一乗院、浄土宗の知恩院、これに日光輪王寺《りんのうじ》（山門）が加わり、このうち江戸東叡山寛永寺《とうえいざんかんえいじ》も兼帯する輪王寺が最も格上とされた。寺院によっては摂家より門跡が入ることもあり、また適当な人物がいない場合には無住とされたが、輪王寺のみは別格とされ、無住とされることなく他の宮門跡が異動して輪王寺門跡についた。

この時期の門跡はかつてのような寺院統制の機能は喪失しており、一義的には非皇位継承者・非親王家継承者の処遇ポストとしての意味合いが強い。彼らの主な役割は天皇・禁中のための加持祈禱であり、また宮廷文化サロンの一角をも担った。後水尾天皇の皇子一九名のうち皇位を継承したのが三名、親王家を継いだのが一名（のちに天皇となった後西《ごさい》天皇は除く）、夭折したのが六名で、残り一〇名が青蓮院や仁和寺・大覚寺・妙法院・知恩院・聖護院・一乗院・三千院の門跡となっている。なかには霊元天皇第一皇子のように、最初は皇位継承が予定されながらも、天皇が五宮（のちの東山天皇）の皇位継承を望んだために強制的に出家、勧修寺に入寺させられたというような例もあった。時代が下るにつれ皇子の出生数が減ったこともあり、次第に親王家より天皇の猶子《ゆうし》となって宮門跡となる例が増加していく。

一方、女性皇族もやはり南北朝期以降、基本的に入寺するようになり、やがて入寺する寺院が特定されるようになっていった。これが比丘尼御所《びくにごしょ》（比丘尼御門跡）である（なお比丘尼御所への入室は女性皇族に限らず、公家や将軍家の子女も含まれる）。比丘尼御所の多くは戦国期に衰退したが、江戸期になり一部は再興され、また後水尾天皇の皇女により円照寺《えんしょうじ》・霊鑑寺《れいがんじ》・林丘寺《りんきゅうじ》など新しい比丘尼御所も生まれた。江戸時代には親王家や摂家等へ降嫁する女性皇族も再び現れたが、やはり大部分は比丘尼御所に入ることとなる。女性皇族が入る比丘尼御所としては、先の三寺のほか、大聖寺《だいしょうじ》・宝鏡寺《ほうきょうじ》・曇華院《どんげいん》・光照院《こうしょういん》・中宮寺《ちゅうぐうじ》・三時知恩寺《さんじちおんじ》が挙げられる。

　円照寺を創建した文智《ぶんち》は後水尾天皇第一皇女であった。生母は大納言四辻公遠《よつつじきんとお》の娘典侍《ないしのすけ》与津子《よつこ》である。徳川秀忠の娘和子《まさこ》（東福門院）入内の直前に誕生した（そのため一時、和子の入内が延期になった）こともあり、幼児期はめぐまれなかったとの推測もあるが、寛永八年（一六三一）、一三歳で鷹司教平《たかつかさのりひら》に降嫁した。ところがわずか数年で離縁となり、父のもとに戻る。それより父が帰依していた臨済宗《りんざいしゅう》の僧一糸文守《いっしぶんしゅ》《もんじゅ》に師事し、寛永十七年（一六四〇）に得度《とくど》、仏門に入った。翌年には修学院《しゅがくいん》に草庵円照寺を営んで修行する。その後、明暦《めいれき》二年（一六五六）に大和国八島村（現奈良市八島町）に移り住むこととなり、さらに東福門院《とうふくもんいん》和子の援助もあって、幕府より寺領の寄進を受けて山村（現奈良市山町）に移転する。文智は戒律と修行を重んじ、文智のもとにはもと東福門院和子の侍女であった文海をはじめとして熱心な尼僧が集ったという。文智は自分の掌の皮をはいでその上に経文を書くという苦行も行っている。

比丘尼御所の寺格をめぐっては比丘尼御所間の争いもあったが、十八世紀後半以降には比丘尼御所に御所号が賜与される事例が見られるようになる。宝鏡寺が百々御所、人聖寺が御寺御所、光照院が常磐御所、といった具合である。曇華院が竹御所の号を賜与されたのは文化四年（一八〇七）のことであった。

宮門跡・比丘尼御所が大きな荒波にさらされるのは、それから半世紀後の幕末・維新期のことである。明治初年には仏門に入っていた皇族はすべて還俗《げんぞく》することとなり、ついですべての旧門跡・旧比丘尼御所に（皇族以外の）住持《じゅうじ》を置くこととなった。本書第二部で述べられているようにこれはその後緩和され、また陵墓関係寺院・門跡寺院・御由緒寺院（比丘尼御所）等に対する関係は今も続いているが、皇族が門跡あるいは住持となる制度が復活することはなかった。

学術文庫版の刊行に寄せて

本巻では前近代を担当させていただいたが、古代史、しかも神祇行政を中心に研究を進めてきた筆者にとっては、正直、能力を超えた荷の重い作業であった。しかしそれでも天皇の宗教史を単なる信仰史にとどまることなく、かつ神仏含めて通史的に叙述した書はこれまで皆無であったから、それに挑戦する機会が与えられたことは、研究者として大きな喜びでもあった。自分なりのストーリーを作って整理してみたものの、果たしてこのような把握の仕方が、どの程度の人たちに理解してもらえたのか、いまだに自信がない。

さて、本書が最初に刊行されたのは二〇一一年九月のことであったから、それから七年が経とうとしている。この間、皇室においては、二〇一三年十一月十四日に天皇・皇后の葬儀に火葬が導入されることが発表となり、二〇一七年六月には「天皇の退位等に関する皇室典範特例法」が成立・公布され、十二月に今上天皇退位の期日が二〇一九年四月三十日と定められた。また、二〇一二年には寛仁《ともひと》親王、二〇一六年には崇仁《たかひと》親王が薨去し、また二〇一四年には結婚により典子女王が皇籍離脱したことによって、皇室構成員が天皇を含めて十九名に減少する（二〇一八年五月現在）という変化もあった（さらに二〇二〇年には眞子内親王の皇籍離脱が予定されている）。そこにいたるまでの経緯も含めて考えると、まさに皇室は日本社会の象徴であり縮図であるとも言えるであろう。

文庫化に際しては、図版の削除や誤字・誤植訂正のほか、第二章第2節（八一～八二頁）・第五章第2節（一四五頁）など、舌足らずであった表現に手を入れてわかりやすくすることを試みた。また第五章第1節（一三一頁）の後陽成天皇による神武末孫署名に関する記述について、原著執筆当時未調査であった東山御文庫本『衛府具』を調査できたことにより、その知見を踏まえて書き改めた。

参考文献も、雑誌論文が論文集等に収録された場合に所収を書き改めたが、もともと紙幅の都合上から最小限に絞ったものであったため、追補は行わなかった。そこでこの場を借りて原著刊行後の研究状況について、拙稿も含めていくつか紹介したい。なお、あくまでも筆者が関心を持った分野に限られる不充分なものである（参考文献に所収として掲げた論文集は省略する。また二〇一三年から二〇一六年にかけて刊行された『岩波講座日本歴史』にも関連論考が収録されるが省略した）。

第一章で触れた沖ノ島については、二〇一一年から二〇一三年にかけて『「宗像・沖ノ島と関連遺産群」研究報告』Ⅰ～Ⅲが刊行され（ネットでもPDF版がダウンロードできる。http://www.okinoshima-heritage.jp/reports/index/2）、二〇一七年七月に世界遺産に登録された。ちなみに同年一〇月には宗像大社への行幸啓が行われている。孝徳朝の神祇祭祀制度整備については、筆者は「律令制成立期の神社政策」（『古代文化』六五―三　二〇一三年）を執筆し、律令神祇祭祀としての祈年祭の創始について岡田莊司「古代の国家祭祀」

（『神道史研究』六五―二　二〇一七年）等が発表されている。筆者はまた摂関期の天皇祭祀について「摂関期における貴族の神事観」（大津透編『摂関期の国家と社会』山川出版社、二〇一六年）を公表した。律令制期の神祇政策については久禮旦雄氏に「桓武天皇朝の神祇政策」（『神道史研究』六四―一、二〇一六年）などの論考がある。考古学からの伊勢神宮成立史については穂積裕昌『伊勢神宮の考古学』（雄山閣、二〇一三年）が刊行された。斎宮に関しては榎村寛之氏が多くの論考・著書を発表されているが、近年のものとしては『斎宮』（中公新書、二〇一七年）がある。

第二章の関連では、川尻秋生「入唐僧宗叡と請来典籍の行方」（『早稲田大学會津八一記念博物館研究紀要』一三　二〇一二年）が、清和天皇の立願により僧宗叡が貞観四年（八六二）に入唐して五台山大華厳寺にて千僧供を行ったことを指摘した。堀裕「天皇と日宋の仏教文化」（ザ・グレイトブッダ・シンポジウム論集15『日宋交流期の東大寺』二〇一七年）は、さらにその後も含めて天台山巡礼と比較しつつ天皇と五台山との関係を明らかにし、天皇は八宗を統合する存在であり、一宗のみを後押しすることはなかったと論じている。この他、岩田真由子「平安時代前期における親王出家とその処遇」（『文化学年報』六五　二〇一六年）が、高丘親王が出家後に皇親（皇族）を離脱せず無品親王としての扱いを受けていることを指摘し、それがその後の皇族出家者の処遇に影響を与えたとする。聖武天皇の出家に関しては本郷真紹「聖武天皇の生前退位と孝謙天皇の即位」（『日本史研究』六五七　二〇一七年）が公表されている。

第三章では、東アジアの神祇信仰について拙稿「古代東アジアにおける「神」信仰」（鈴木靖民・金子修一・田中史生・李成市編『日本古代交流史入門』勉誠出版、二〇一七年）を執筆したが、先行研究として朴亨國「古代韓国の女神信仰と現存女神像について」（『仏教芸術』二七八　二〇〇五年）を見落としていた（堀裕氏の御教示）。即位灌頂については松本郁代『天皇の即位儀礼と神仏』（吉川弘文館、二〇一七年）が刊行されている。原著に写真掲載した二条家文書（文庫では省略）は、二〇一六年に同志社大学歴史資料館所蔵となった。また九条家伝来の即位灌頂史料について小森正明氏が『日本歴史』八二七（二〇一七年）の口絵図版で紹介している。

第五章では喪葬・追善関係につき、稲田奈津子『日本古代の喪葬儀礼と律令制』（吉川弘文館、二〇一五年）、島津毅『日本古代中世の葬送と社会』（吉川弘文館、二〇一七年）等が刊行され、また既発表論文を中心にまとめた朧谷寿『平安王朝の葬送』（思文閣出版、二〇一六年）も出された。井上亮『天皇と葬儀』（新潮選書、二〇一三年）はジャーナリストによってまとめられた天皇の葬儀史である。

なお、宮崎修多「鳩巣小説大要」（長谷川強編『近世文芸俯瞰』汲古書院、一九九七年）、同「「鳩巣小説」の変化と諸本」（『語文研究』八六・八七合　一九九九年）は原著刊行時には本稿の内容そのものに関わる論考ではないため参考文献から省いたのだが、歴史研究者にはあまり知られていないようなので、ここで挙げることにしたい。これは『鳩巣小説』が『可観小説』を原型として成立したものであることを論じた論考であり、それを承けて第2

節（一四九頁）では後光明天皇崩御時の魚屋八兵衛の逸話を『鳩巣小説』ではなく『可観小説』から引用したのである。

最後になったが、原著刊行時には石田実洋氏に草稿に目を通していただきアドバイスをいただいたことをここに記しておきたい。

二〇一八年六月

小倉慈司

第二部　宗教と向き合って——十九・二十世紀

山口輝臣

第一章　祭政一致の名のもとに――十九世紀

1　天皇とサポーター

はじめに好奇心ありき

天皇はなぜいるのか？　そう疑問に思った人びとが、江戸時代にもいた。もしかすると、本書を手にしたあなたと同じように。もっとも江戸時代には天皇という言葉は滅多に使われず、天子や天子様と言われることが多かった。またその宮廷は禁中《きんちゅう》や禁裏《きんり》と呼ばれていた。禁中　並《ならびに》　公家中諸法度に「天子諸御芸能之事、第一御学問也」とあるように。

問いへの答えは、ある意味で簡単だった。天皇は国の仕組みのなかで立派な役割を果たしていたのだから。とりわけ重要なのが将軍宣下《せんげ》、つまり征夷大将軍《せいいたいしょうぐん》を任ずる役目である。将軍を頂くのが幕府（これは公儀《こうぎ》と言っていた）であり、基本的にはそれが国を統治していたと考えると、天子様の役柄もなかなかのものだろう。天皇は国の仕組みに埋め込まれていた。このことを前提とする限り、天子や禁裏が存在するのは当然のことで、疑問の余地などなかった。天皇が存在するのは日本国憲法で規定されているから――もしこうした答えであなたが満足なら、天皇はなぜいるのかという問題が即解決するのと同じだろう。

しかしそれだけでは納得しない人びとがいた。おそらくはみなさんのように。そしてそうした人びとの動きが、国のかたちを変えていく。すべてはここからはじまる。

都のなかの天子、天下のなかの天子

好奇心の行方を探る前に、ひとまず実際の天皇の様子をのぞいておこう。

江戸時代の天子様は京都の御所にいた。火災にでも遭わない限り、まずそこから出ることはない。よって天子を見たことのある人は極少数に限られた。ただし位を譲って太上天皇《だいじょうてんのう》になると、そうした制約から解き放たれる。近世の天皇には近代と違い、譲位の「自由」があった。

また天子の周囲には公家がいて、禁裏を形づくっていた。公家の地位はなかなかに高く、儀式の際には親王より三公《さんこう》（太政大臣・左大臣・右大臣）の方が上席についた。皇族は公家から隔絶した存在ではなかった。あるいは天子は禁裏のなかに埋没していた。

その一方で、御所に庶民が出入りすることはできた。節分の日に内侍所《ないしどころ》へ参詣すると、豆や米を受け、鈴の音を聞くことができた（第一部第五章第1節）。内侍所は神鏡を収めるところ。参詣人は神社に対してと同じような所作をとっている。節分の人出は相当なもので、事故が起き、流血に及んだこともある。なお、明治天皇がはじめてひとりで内侍所に参拝したのは文久《ぶんきゅう》二年（一八六二）の節分であり、参拝後は出入りする庶民を眺めていた。また盆には、公家が献納した灯籠が清涼殿《せいりょうでん》に飾られ、その拝観もできた。このほか年中行事とは別の機会に内裏《だいり》を拝観したという記録も多く残っている。伝《つて》さえあれば、割合と容易に見物できたようだ。こうしたことから、禁裏を身近に感じるような人びとが、都を中心に広く存在したと推測される。

このように現実の天子は、まずは都という「地域」のなかに息づいている存在だった。

天子は学問と和歌に励んでいた。少なくともそのはずだった。そして将軍宣下のほか、元号の選定や公家の官位叙任などの務めをこなしていた。禁中並公家中諸法度で定まっていた事項である。慶長《けいちょう》二十年（一六一五）にできたこの法度には仏教関係の条文が五つあり、僧位・僧官や上人号などが規定されている。すなわち禁裏は、将軍宣下のほかに、公家や僧侶の身分統制も担っていた。天下国家のなかでも確たる存在感を放っていた。

天子の祭儀

さらに法度にはない事柄も行っていた。その中心が祭儀である。これについては第一部に詳しい記述があるので、ここでは次の二点を確認しておきたい。

第一に、祭儀のほとんどは応仁《おうにん》の乱（一四六七～七七）の前後に継続が困難となり、その後に江戸幕府によって再興されたことである。たとえば大嘗祭《だいじょうさい》は、貞享《じょうきょう》四年（一六八七）の東山《ひがしやま》天皇即位にあたり二二一年ぶりに挙行された。大嘗祭は一世一度の最大の祭りといわれ、これを経てはじめて真の天皇になると言われることすらある。しかしこの二二一年のあいだに位に即いた九代の天皇には、縁のないものだった。

こうした長期間の「中断」とその後の「再開」は、かなりの程度まで財政面が左右した。祭儀には相当の費用を要し、それを確保する仕掛けがなければできず、また続けられなかったからである。江戸時代に再興が相次いだのは、この点が公儀の支援で克服されたことが大きい。祭儀復興の最大の功労者は幕府だった。ただし前提となる制度が崩壊しているとさすがに苦しい。たとえば祈年祭《きねんさい》は、神社の神職が神祇官《じんぎかん》に参集して幣帛《へいはく》を持ち帰ることからはじまる祭儀だが、そもそも神祇官がない以上、再興は極めて難しかった。

第二に、天皇の祭儀は「神事」ばかりではないことである。たとえばいち早く復活した元旦の四方拝《しほうはい》は陰陽道《おんようどう》の色彩が著しい。それに仏教色の強い祭儀があった。代表的なものが後七日御修法《ごしちにちのみしほ》であろう。空海《くうかい》がはじめた密教儀礼で、正月の八日から七日間行われ、天皇に香水加持《こうずいかじ》を施した。後水尾《ごみずのお》天皇の元和《げんな》九年（一六二三）の再興。そしてなんといっても即位灌頂《かんじょう》である。これは天皇が摂関家（普通は二条家）の人物から、印相（手指で形をつくること）と真言（呪文）の伝授を受け、即位式でそれを実行するというものである。密教に基づいて大日如来《だいにちにょらい》と一体となる行為と解される。簡便で出費がほとんどかからないこともあり、大嘗祭のなされなかった時期も続けられた。

天子・禁裏と仏教とのつながりは以上にとどまらない。門跡《もんぜき》というものがあった。皇族・公家らが出家して居住する寺院のことである。宮家出身の男子は宮門跡、女子なら比丘尼御所《びくにごしょ》という。「儲君《ちょくん》の外は、皇子・皇女皆々御出家」（新井白石《あらいはくせき》）という慣行があった。すなわち皇族に生まれても、跡継ぎ以外は出家して僧になるのである。裕福とは言い難い宮家に対し、寺院から金銭的補償がなされたことが大きい。

死後の諸儀礼もそうだった。天皇の死に引き続き行われる葬礼と埋葬は、専ら寺院が担当してきた。僧侶が引導を渡し、寺院の一隅に葬り、その上に石塔を立ててきた。その後の供養も仏式だった。もっともそれらをどこの寺院でするかは一定していなかった。だがやがて泉涌寺《せんにゅうじ》へと一元化していく。葬礼の場所としては十六世紀、埋葬場所としては十七世紀のことである。また承応《じょうおう》三年（一六五四）に亡くなった後光明《ごこうみょう》天皇以降、火葬から土葬になっていった。土葬になると分骨ができず、墓所は一ヵ所に限られ、その菩提寺としての地位は屹立《きつりつ》したものとなる。「御寺《みてら》」泉涌寺はこうして誕生する。

だが天子・禁裏は寺院とばかり親しいわけでない。もちろん神社との関係も深かった。日光東照宮には正保《しょうほう》三年（一六四六）より、伊勢神宮へは翌年より例幣使《れいへいし》が毎年派遣された。また石清水《いわしみず》の放生会《ほうじょうえ》や賀茂《かも》社《しゃ》の賀茂祭（葵祭《あおいまつり》）など、都にある神社の祭礼のいくつかは、勅祭として再興されている。そうした神社以外に関しても、白川家や吉田家といった神社からの執奏を取り次ぐ公家を介し、天皇はさまざまな繋《つな》がりを持っていた。

近世の天皇は、このように、自ら神仏の実践をするとともに、寺社との関係を複雑に取り結ぶなかで存在していた。

好奇心の行方――尊王論の登場

さてここらで、冒頭に記した好奇心の行方を追うことにしよう。

天皇は国の仕組みの一部だから、というだけでは満足しない人たちは、こう問うた。天皇がそうした役割を果たしているのはなぜか。そして、それは正しいことなのか、と。

第一の問いにどう答えると合点がいくのかは、それこそ人によって異なるはずだ。江戸時代の人たちはほとんどの場合、過去のあり方の考察を通じて説明しようと試みた。かつての天子の状態を復元し、そこから変遷を経て現状があるという理解である。おおまかに歴史的思考といってもよいかもしれない。

しかしこうした理解の仕方は、第二の問いを自ずと導く。現状が過去のままならばともかく、そうではないということになれば、そうした現状をどう考えるかという問題がまとわりついてくるからである。そして、現状は間違っていると考える人びとが次第に出現してくる──尊王《そんのう》論と一般に呼ばれるものが登場する過程を整理すると、おおよそこうしたものになるだろう。それを知的に準備した最重要人物が、本居宣長《もとおりのりなが》である。

本居宣長と歴史の再構成

本居宣長は『古事記』などをもとに、天皇を中心とする「皇国」の「古《いにしえ》」を再構成した。かれによれば、『古事記』の記述は十分に信憑できる。現に天照《あまてらす》大神《おおみかみ》が授けた鏡が伊勢神宮に、日本《やまと》武《たける》尊《のみこと》が使った剣が熱田《あつた》神宮にあり、そしてなにより天皇の子孫がいまも都にいるではないか！　この伊勢国松坂の医師にとって、禁裏は「古」と現在とを結びつける存在であった。そして天皇はむろん神である。なぜなら、人はもちろん鳥獣草木海山に至るまで、「尋常ならずすぐれたる徳のありて、可畏《かしこ》き物」はすべて神なのだから。「古」は理想的な世であった。天皇が天下をしろしめし、人は穏やかに楽しく暮らしていた。そこに中国からさまざまな教えが流入し、麗しき世は汚されていく。典型的な下降史観である。すると、天皇の現状は本居には許し難いものに見えていそうなものである。しかし宣長はそうは言わない。いまの世は、天照大神の大御心で、天皇の「御任《みよさし》」（委任）によって、将軍家へ天下の政を行わせているものであり、それで良いというのである。また宣長の説からすれば、「古」を汚した儒教も仏教も碌《ろく》なものでない――そうなりそうなものである。だがかれはそれらを排撃しなかった。それどころかキリスト教でさえも。本居宣長は、知的にはどこまでも過激でありながら、どこまでも温和な市井の一学者として生涯を全うした。

平田篤胤と反仏教的尊王論

十九世紀最初の年に亡くなった本居宣長の主張は、その世紀の動静に大きな影響を与えていく。かれの議論を堂々と、あるいは内々に、受け継ぐ者が数多く現れ、その内容と理解者を拡げていったためである。

ひとつは、本居を師と仰ぐ平田《ひらた》篤胤《あつたね》らのいわゆる国学の流れである。篤胤の議論は多岐にわたるが、後世への影響という点でいうと、まず、「神胤《しんいん》」といった観念を媒介に、天皇と民とを結びつけたことが注目される。宣長による「古」は、基本的に天皇ばかりの世界だった。『古事記』などから構成したのだから、そうなるのも半ばやむを得まい。ところが篤胤は、それらに加えて祝詞《のりと》などをも援用することで、民についての「古史」をも紡ぎ出す。そして自分たちのような庶民もまた「神胤」であると、やさしい言葉で説く。普通の人びとを尊王へと結びつけ、かれらがそのために立ち上がることを後押しする。

もうひとつは、死後の世界について思索を深めたことである。篤胤は、人が死んだ後の霊魂の行方を執拗に追求し、そのためにはキリスト教の文献を利用するのも厭わなかった。その果てに築かれたかれの説は、死者の霊は大国主命《おおくにぬしのみこと》の支配する「幽冥《ゆうめい》」に赴くというものであり、これまで死後の問題についての思索と実践をほぼ独占してきた仏教のそれと大幅に食い違った。そして篤胤は仏教を激しく攻撃する。宣長との対照は明らかだろう。尊王はこうして反仏教と結びつく。

水戸学と国体の出現

そしてもうひとつは水戸《みと》学と呼ばれる流れである。水戸藩の『大日本史』編纂事業のなかで生まれてきた学派である。その軸足は儒教にある。この点で、中国的なるものを嫌う宣長や篤胤の国学とは明確に異なる。それどころか水戸学はしばしば国学を批判する。だが、実際にはそれからさまざまなものを汲み取りつつ、自らの議論を組み立てていた。

水戸学もやはり「古」を基点に思考する。それは「天祖《てんそ》」、つまり天照大神からはじまり、以後の歴史は、その「古」が侵されていく歴史として描かれる。その結果、たとえば、会沢正志斎《あいざわせいしさい》の『新論《しんろん》』――文政《ぶんせい》八年（一八二五）に成立し、幕末に志士たちが競って読んだ――は「古は……、今は……」という対句だらけになる。だからこそ、それにもかかわらず存続したものには、特別の価値が認められていく。皇統《こうとう》、すなわち天皇の血統がそれである。そしてその皇統の途切れていないことこそ、日本固有の「国体」とされる。ここに国体という言葉が独特の意味を帯びて登場してくる。それは水戸学がはじめて提示した清新な観念だった。ある人には詭激《きげき》に、またある人には魅力的に映る観念だった。

会沢正志斎は、そうした国体を核とした民心の統一を説く。それは天皇が祭祀をし、民がその様子を見て感銘することで実現するという。それだけで十分なのかと、疑問に思われるかも知れない。だが水戸学ではそれで一向に問題なかった。「祭祀は政教の本づく所……凡《ぼん》百《びゃく》の制度も亦是《またこれ》に由《よ》つて立つ」（『大日本史』神祇志）。祭祀こそすべての制度の本なのである。それは「天祖」のとき成り立っていたものを再現すればよく、そこにおいて祭と政は一致する。こうなると重要なのが「天祖」と天皇を繋《つな》ぐ祭祀、すなわち大嘗祭《だいじょうさい》である。ところが大嘗祭は、いまや京都でささやかに行われているに過ぎず、その効果は廃れてしまった、と正志斎は嘆息する。正志斎による禁裏の現状認識はきびしく、たとえば、皇子たちの出家は父子の恩を忘れたものと批判する。これはかれをはじめとする水戸学の反仏教的な姿勢とも関わっている。僧侶らは印度《インド》あることを知って日本あるを知らないなどと非難を浴びせたほか、水戸藩では天保《てんぽう》期に大規模な寺院整理を実行している。

ではなぜかれは民心の統一を叫ぶのか。それは対外的な危機が迫っていると考えたからである。日本に迫り来る「西夷《せいい》」は「耶蘇教《やそきょう》」にほかならない。「耶蘇教」は民心を誑《たぶら》かし、国を掠《かす》め取る。それを防ぐには民心を固めて対処する必要がある——『新論』にはそう記されている。正志斎にとって西洋とはキリスト教以外のなにものでもなかった。

国体は、なによりもまず、キリスト教に対抗するものとして登場してきたのである。

尊王論の「機能とその限界」

尊王論が天子や禁裏を強烈に支持したこと、そして内部にさまざまな相違を含みつつも、「古」へ復する復古という点で共通していたことは間違いない。またこうした考えが、幕末における天皇や朝廷の浮上といわれる現象や、明治維新へ繋がっていくことも確かであろう。それらを大筋で認めた上で、ここではあえて二つのことを指摘しておきたい。

一つ目は、尊王論はその構成の関係で、どうしても現実の天子や禁裏に負荷をかける点である。理想化された過去を基にし、それを介して天皇を捉えるのが尊王論であり、いまある天皇をありのまま受け容れるのとは違う。在位している天皇も理想的な状態に向けて努力することが求められる。そしてその方向は、平田国学・水戸学ともに、反キリスト教的にして反仏教的なものだった。そのうち後者はとくに厄介な問題を含む。なぜなら、先に見てきたように、天子や禁裏には仏教的な要素が濃厚に染みついていたのだから。もし支援者の期待に応えようとすれば、それらを「清算」する改革をしていかねばならない。

尊王論者とは、いうなればクラブを愛するサポーターのようなものである。だれに頼まれたわけでもないのに熱烈に応援する。度が過ぎてフーリガンと化し、敵と衝突することもある。またときには所属する選手を罵倒することさえ躊躇《ためら》わない。かれらにとって永遠の存在であるクラブのためという理由で。クラブにとって有り難く、またときに迷惑な連中だった。

もう一方の反キリスト教というのは、「切支丹《キリシタン》」を「国禁」としていた当時において、とくに奇異な主張ではなかった。ところがサポーターらの待ち望んだ明治維新を経て、かえってキリスト教の「国禁」は解除され、その信仰は認められていく。さて、尊王論からこの顚末を予想することはできるだろうか。二つ目の指摘はこの疑問と関係する。端的に言えば、尊王論だけをいくら考察しても、おそらく十九世紀における「天皇と宗教」は分からないということである。そのためには別の点についての検討が要求されるのだが、これについては第二章にとっておくこととしよう。

2　祈りの力

復古を目指す光格天皇

『古事記伝』が刊行されはじめた寛政《かんせい》二年（一七九〇）の九月、本居宣長《もとおりのりなが》は長男の春庭《はるにわ》らと連れ立って京に上った。それより二年前の正月、京都を大火が襲った。御所は灰燼に帰し、光格《こうかく》天皇は聖護院《しょうごいん》に難を逃れていた。新造なった内裏へ天皇が戻る姿を一目見ようというのが、本居上京の目的である。光格天皇は即位してから火災に遭うまで、一度も御所から出たことはなく、こうしたことでもない限り、観覧の機会などなかった。

だがこの機をもっとも活かしたのは、おそらく光格天皇だった。老中・松平定信《まつだいらさだのぶ》とのねり強い交渉の末、御所の再建に関し、紫宸殿《ししんでん》と清涼殿《せいりょうでん》の一部を平安時代の「古儀」に則《のっと》るという、かねてからの希望を実現させたからである。紫宸殿は正殿、清涼殿は天皇が常住する空間である。宣長も長歌でこう詠んでいる。「久しく絶し、遠御代《とおみよ》の、跡をたづねて、古《いにしえ》に、又立ちかへり……」。こうしたことが可能だったのは、裏松光世《うらまつみつよ》による労作『大内裏図《だいだいりず》考証《こうしょう》』のおかげだった。裏松は、朝廷内の尊王論者が処罰された宝暦《ほうれき》事件に連座し、以後は平安内裏の考証に生涯を捧げた公家である。「古」への関心とその理想化は禁裏へも及び、光格天皇はそうした考えに基づいて、単なる復旧ではなく復古を勝ち取ったのである。

さらに帰還した翌年には神嘉殿《しんかでん》を造営、そこでの新嘗祭《にいなめさい》を復活させる。新嘗祭は、二二一年ぶりに復興された大嘗祭の道具を利用し、その翌年の元禄《げんろく》元年（一六八八）に復興された。だが当初は吉田家が内々に執行しており、内裏で催行されるようになったのは元文《げんぶん》五年（一七四〇）のこと。ただし神嘉殿がないため紫宸殿で行っていた。そこに、このたび神嘉殿が復興されたのである。もはや祭儀をするのみでは不十分で、「正しい」形でなされねばならないと考えられていたのだろう。天皇は明確に復古を志向していた。

もちろんすべてがうまくいったわけではない。とりわけ神事の復古の総仕上げともいうべき神祇官《じんぎかん》の再興はやはりかなわなかった。しかし建造物のような目に見える形で復古のあるべき姿を示したことは、その後の天子と禁裏に大きな影響を及ぼしていく。

光格天皇を継いだ仁孝《にんこう》天皇は、『日本書紀』の会読会を催すなど、父帝と志向を共有していた。だが志を遂げる前に早世、位はその第四皇子へ移る。孝明《こうめい》天皇である。

攘夷を祈る孝明天皇

孝明天皇は弘化《こうか》三年（一八四六）に数え年一六歳で践祚《せんそ》、翌四年九月に即位の礼を挙げた。このとき即位灌頂《かんじょう》も執り行っている。ところが公家のなかから実施を疑問視する声が上がった。即位灌頂は古い文献に見えず「近代」のものに過ぎぬとか、天下の大事である即位の礼で仏教式を用いるのはおかしいという声である。サポーターらによって促された「古」の理想化は、ついに朝廷内の仏教色を排除するよう求める公家を生み出した。

即位した天皇がなにより気に掛けたのは外患、すなわち異国船の来航であった。孝明天皇はこれを心底憎んだ。異国船よ来るな、誰か追い払え――そう祈った。攘夷《じょうい》の祈願である。祈ってなんになると、嗤《わら》うかもしれない。たしかに異国船への直接的な効果に限ればなんとも言い難い。それでも外交と軍事の実権のない天皇にとって、もしかするともっとも「効果的」な行為だったかもしれない。

嘉永《かえい》六年（一八五三）にペリーが浦賀《うらが》へ来たときもそうだった。幕府より報告があると、すぐさま四海静謐《しかいせいひつ》と「国体」安穏《あんのん》を七社七寺に祈らせた。いずれも畿内近国にあり、近世ではなにかにつけこれらの社寺に祈禱を行わせた。一番遠い伊勢神宮でも京都から一〇〇キロ程度。逆に言うと、朝廷が日常的に接触を持っていた社寺は、この範囲に収まった。ところが、やがてこれだけではとても足りぬように思えてくる。そこで同年中に鹿島《かしま》・諏訪《すわ》・熊野《くまの》・出雲《いずも》・箱崎《はこざき》・宇佐《うさ》をはじめとする畿内以外の神社へも拡大され、畿内の神社も追加される。ここで注意すべきは、祈禱の催行場所の拡大・深化にあたり、七社七寺という神仏の均衡が崩れ、神社へと傾斜していることである。だからといって寺院が蔑《ないがし》ろにされたわけではない。七寺からは外れる金剛峯寺《こんごうぶじ》に特別の祈禱を依頼しているし、各寺院に散らばる宮門跡たちも真剣に祈ったことだろう。攘夷がかなえられるなら、神仏は問うところでなかったかもしれない。だが神社には、七社からの拡大にちょうど良い二十二社という枠組みがあり（第一部第一章第5節）、復古の風潮のなか、そこへの奉幣《ほうべい》の再興が構想されては消えていた。それがこの機に想起されたのである。神祇官再興が見込めないなかでは、相当に大胆な復古であった。

賀茂と石清水、神武陵そして伊勢

孝明天皇が祈っているうちに事態は変転する。幕府は日米和親条約を締結する過程でいわゆる鎖国の放棄へと政策を転換、続く日米修交通商条約の調印にあたっては、天皇にその許可を求めた。勅許など必須の手続きでないにもかかわらず、これが求められたあたりに、朝廷が無視できぬ力を持ちはじめたことと、幕府がたやすく勅許を得られると見ていたことが窺える。だが孝明天皇は勅許を拒む。安政《あんせい》五年（一八五八）のことである。

拒否したあとの見通しが天皇にあったわけではない。天皇は関白九条尚忠《くじょうひさただ》に宛ててこう記している。拒絶をすれば「墨夷《ぼくい》同盟の諸蛮一同」が来襲するかもしれない。まさに天下国家存亡の秋《とき》にほかならない。よって「神明仏陀の加護祈請」が第一である、と。勅許の申し出を撥《は》ねつけ、そして祈る。「神事仏事は天下の祈禱」であるとして、その費用も聖域扱いとされた。実際にこのときは、伊勢と石清水《いわしみず》・賀茂の三社に公卿《くぎょう》を勅使として発遣し、戦争の暁には蒙古《もうこ》襲来のときのように神風を吹かせたまえ、と祈請した。あわせて天皇自身は内侍所《ないしどころ》で祈った。

見方によっては無責任極まりないこうした態度が、かえって天皇と朝廷の力を上昇させていく。もともと「武」を根拠としていた幕府の権威は、攘夷の実行が覚束《おぼつか》ないと見做《みな》されたことで一挙に低下、逆に特段の瑕疵《かし》のない朝廷はその分だけ権威を帯びていく。攘夷派は天皇へ期待を寄せて尊王を唱え、その党与は都に蝟集《いしゅう》する。

尊攘派の主導は文久三年（一八六三）、頂点に達した。三月・四月には伊勢神宮と泉涌寺に勅使を派遣するのみならず、天皇自ら賀茂・石清水へ参拝し、攘夷を祈願した。しかも賀茂へは義弟でもある将軍・徳川家茂《とくがわいえもち》以下、大勢を引き連れて。将軍の上洛は家光《いえみつ》以来二二九年ぶり、天皇の行幸は後水尾《ごみずのお》天皇以来二三七年ぶりといえば、両者が打ち揃っての攘夷祈願がどれほどの事件か分かるだろう。沿道には大勢が詰め掛け、将軍を従える天皇の行列を目の当たりにした。さらに石清水参拝にあたっては、天皇から将軍へ節刀《せっとう》を授与し、幕府に攘夷の決行を迫ろうとする案もあった。ただし将軍が風邪を理由に参加せず、こちらは失敗に

文久三年加茂神社行幸将軍供奉之図　東京大学史料編纂所蔵

終わる。
　その上さらに天皇が攘夷のために親征する計画が発表される。奈良にある神武《じんむ》天皇陵や春日《かすが》社などを参拝、ついで伊勢神宮まで行幸するというものである。軍を率いる天皇となると中世にまで遡《さかのぼ》り、伊勢参拝をした天皇は、まあなかったといってよいだろう。いかに破天荒な企てか分かるというものだ。ところが八月十八日のクーデタで尊攘派が一掃され、この計画も潰える。孝明天皇における攘夷の季節はこうして終焉を迎え、やがてその波乱の生涯の幕を閉じる。

孝明天皇の死と神仏と明治維新

　文久三年の行幸先として神武天皇陵が計画されていたが、この背景には天皇陵への関心の高まりがあった。多くは荒廃していた天皇陵の調査・修補を行ったのが、山陵奉行の戸田忠至《とだただゆき》であり、神武天皇陵もこの年の二月に勅裁で神武田《ジブデン》と治定されたばかりであった。こうした「成果」と古代への憧憬が合わされば、孝明天皇の葬送でも「古」への復帰が目指されることは容易に想像できる。現にそうだった。しかし一方では「奥」などからの反対もあり、結局のところ、葬儀は改変が加えられながらも泉涌寺の僧が執行、また戸田忠至の手による三段の円丘からなる陵も泉涌寺山内に築かれた。

このように実際の様相はかなり複雑で、国学や水戸学の影響で仏教が単純に排斥されたわけでも、またなにもかも明治維新へ繋がっていくわけでもない。この点が明快なのは泉涌寺であろう。幕末の泉涌寺はわが世の春を謳歌していた。元治《げんじ》元年（一八六四）には徳川家茂が将軍として史上はじめて参詣した。慶応《けいおう》元年（一八六五）には泉涌寺を「諸寺の上席」とする詔《みことのり》を拝している。度重なる火災にも毎回すぐに再建がなされた。天皇の権威が上昇するとともに、その墓所のある寺として地位が高まったためである。

孝明天皇の時代に間違いなく天皇の権威は高まった。攘夷を祈る天皇として。だが天皇の実践は、サポーターたちの主張と多くは適合したものの、ぴったりとは重ならなかった。とりわけ仏教に関して。孝明天皇とその朝廷は、国学や水戸学のようには仏教を排撃せず、最後まで神仏という現状の枠組みに依拠し続けたからである。その結果、幕末には、神仏が同時に天皇との関係を深めるかのように見える現象が発生したのである。

3　学者の統治

五箇条の御誓文と神武創業

「広く会議を興し万機公論に決すべし」。世に言う五箇条の御誓文の冒頭である。五箇条の御誓文は、「公議」や「開国」といった維新の理念を宣言したものとして、広く知られていよう。ところでこれらの言葉はどのような場で発せられたのか。

慶応《けいおう》四年（一八六八）三月十四日、紫宸殿《ししんでん》で見慣れぬ祭典が行われた。天神地祇《てんじんちぎ》を祀り、副総裁・三条実美《さんじようさねとみ》が祭文を読み、明治天皇が玉串を献じて拝礼。ついで三条が文章を読み上げ、公卿・諸侯が順に天神地祇と天皇を拝し、それを遵奉する旨の誓書に署名した。五箇条の御誓文は、このとき三条が読み上げたものである。その内容もさることながら、公卿・諸侯にそれを遵守する旨を誓約させることにより大きな意味があった。ところがその誓約の形式をめぐり意見が対立した。

もともとは「会盟式」を行う計画だった。諸侯を一堂に集めて天皇が盟約をとるというものである。ところが公家のなかから反対が起き、木戸孝允《きどたかよし》の提案をもとに右の方式が編み出された。長州藩では十八世紀中頃以降、城内の藩祖廟の前で藩主が群臣を率いて誓約する儀礼をしており、木戸はそれを参考にしたようだ。ところが祭典の前日にはこんな布告も発せられている。

此度《このたび》王政復古、神武創業の始に被為基《もとづかせられ》、諸事御一新、祭政一致之《の》御制度に御回復被遊《あそばされ》候《そうろう》に付《つき》ては、先《まず》第一神祇官御再興御造立の上、追々諸祭奠《さいてん》も可被為興儀被仰出候《おこさせらるべきぎおおせいだされそうろう》。

この布告が前年十二月九日のいわゆる王政復古の大号令、すなわち徳川慶喜《よしのぶ》よりの大政《たいせい》返上を聞き届け、王政復古と神武創業を謳い、幕府・摂関等の廃絶を宣言した詔勅に基づくことは、一目瞭然だろう。そしてこの方針が示されて最初の「祭奠《さいてん》」が先の誓約だった。

このうち「神武創業」は、岩倉具視《いわくらともみ》の智嚢《ちのう》の国学者・玉松操《たままつみさお》が考案した。その気宇の壮大さは志士たちを驚かし、奮い立たせたに違いない。だが、具体的になにをすれば神武創業に基づくのかと、はたと考えると、途方に暮れるほかない。いくら国学などが「古」を明らかにしたといっても、神武天皇の詳しい様子までは分からず、そこからなにかの策が出てくるわけではない。大政が奉還されたいま、それではさすがに拙かった。かくて神武創業は祭政一致の回復、さらには神祇官の再興へと言い換えられる。

祭政一致・神祇官・国学者

神武創業・祭政一致・神祇官再興の三者は、なにごともないように置き換えられていた。しかしたとえば、神武天皇のときに神祇官はあったのかと考えてみれば、この置換に飛躍があることにすぐ気付くだろう。当事者もそのことは弁《わきま》えていた。このあと「神武創業」への言及が減り、もっぱら祭政一致が掲げられていくのはそのせいである。外患に対しても祭で応えた天皇が新たに政を掌握するに及び、政府は力強く祭と政の一致を掲げたのだ。

それなら祭政一致と神祇官の関係は万全かと言うと、これも簡単ではない。たとえば太政官と神祇官を置いた大宝《たいほう》の制は祭政を二分するものだという理解もあった。ほかならぬ『新論』にもそうある。神武創業のみならず祭政一致も、実のところそれがなんであるか、よく分かっていなかった。それでも祭政一致は神祇官を軸に模索されていく。祭政一致のために は祭祀の場をどこかに確保しなければはじまらないと考えた場合、回帰に値する「古」の例として、神祇官以上に明快な目標は存在しなかった。幕末に何度か取り沙汰されたものの実現しなかった神祇官の復興を、新政府は鮮明に打ち出した。

再興しなくてはならないほどだから、神祇官などどこにもなかった。応仁《おうにん》元年（一四六七）の災禍が駄目押しとなり、そのまま復活しなかった。しかし跡形までなくなったのかというと、そうとばかりも言えない。神祇官代なるものがあった。吉田家の斎場はつとに十七世紀初頭より神祇官代と称されていた。八神《はっしん》を祀る斎場を神祇官に見立てたのだろう。同様の施設は白川家にもあった。こちらは十八世紀中頃に再興されたようである。ただせいぜいその程度であり、神祇官復興はほぼ零からの道のりだった。

祭政一致と神祇官へと向けた任務を担当したのは、主として新たに政府へ登用された国学者たちであった。かれらが政権に参加したのには、いくつかの要因が複合している。

まず、神祇官が前述の有り様だったように、朝廷にはそもそもこうした領域を担当する機関がなかった。ところがこの領域はやや特殊であるという認識が広く存在した。その後もあったし、いまもあるだろう。そのため、それに通じた専門家を外部から招聘《しょうへい》する形で対応がなされた。人材抜擢という維新の大義がこれを後押しする。ところがこうした方法による人材登用は、逆に周囲に対し、その領域への容喙《ようかい》を抑制させる働きをもつ。さらには神祇官という独立の機関すら有するに至る。

かくて国学などの影響を受けた公家と武家に加え、国学者が自ら政策立案に携わり、ときにはかれらの案がそのまま政府の政策になるといった事態が発生する。それはいわば学者による統治であった。維新期の祭政一致にまつわる諸施策が、どこか急進的で原理的で机上的で、要するにブッキッシュに見えるのは、担い手がしからしめたものだった。

祭の純化——天皇家における神仏分離

祭政一致を進める人びとは、神祇官創設だけでは満足せず、さまざまな計画を実施に移した。それらは祭政の祭を純化するための措置と一括することができる。

天皇が行っている祭祀は、祭政一致を目指す人びとには、不純なものに映った。いくら祭政一致が実現したところで、祭が不純なままでは意味がない。不純物を分離・除去することで、清らかな祭へ生まれ変わらせねばならない——そう考え、実行する。祭典の日時などを占う陰陽道《おんようどう》もそのひとつだった。これは明治三年（一八七〇）閏十月に天社《てんしゃ》神道が廃止されたことで、朝廷の儀式から排除されていく。

だが不純物の中心はなんといっても仏教である。いわば天皇家における神仏分離である。御誓文から三日後より出された神仏判然令をきっかけに、全国を席捲した神仏分離の渦は、宮中をも捲き込む。尊王論は、現実の天皇に負荷をかけ、変革を強要する。

まず、皇族から僧侶が追放された。宮門跡《みやもんぜき》を還俗《げんぞく》させ、新たに宮家を創設するという方法によった。以後は僧となることが禁じられ（明治元年四月）、門跡や比丘尼御所《びくにごしょ》の称号も廃された（四年五月）。これと関連して僧位・僧官の付与もなくなった（五年二月）。また、仏教との関係が密接だった死後の儀礼についても、変革がなされた。孝明《こうめい》天皇の三回忌（元年十二月二十五日）に「古式」が採用され、仏式との決別がはかられる。こうなると気になるのが、年忌供養にも関わる諸具、具体的には位牌や仏像である。

清涼殿北側には御黒戸《おくろど》と呼ばれる間があった（第一部第五章第2節）。一言で言えば御所内の仏間である。仏像や歴代天皇の位牌などが安置され、女官によって毎日供え物がなされていた。これらをどう処理するか。なかには荒々しい意見もあって、櫃《ひつ》に納めて陵のあたりの山中に埋めてしまえとの案が神祇官からは出た。結局のところ、恭明宮《きょうめいぐう》というものを新たに設けて遷すという穏当な線でまとまる。場所は方広寺《ほうこうじ》内、いまの京都国立博物館のあるあたり。宮殿は明治四年に落成、水薬師《みずやくし》の尼僧が詰めていた。しかし二年ほどで廃止となり、位牌・仏像は泉涌寺へ遷され、いまに至っている。なお、恭明宮の御用掛を務めた中御門経之《なかみかどつねゆき》の史料などによると、御黒戸の位牌だけでなく、剃髪した女官らも移して奉仕させるなど、恭明宮は天皇が去った京都における歴代天皇の慰霊施設として、当初はかなりの規模の設計図が描かれていたようだ。しかし神祇官より神仏混淆《こんこう》との疑いを寄せられて計画は縮小、そして廃滅へと追い込まれた。

位牌や仏像の存在が問題となるくらいだから、天皇が実践に関わるのも駄目だった。宮中での大元帥法《たいげんのほう》や後七日御修法《ごしちにちのみしほ》、諸寺における勅会も廃止に追い込まれる（四年九月）。

このように天皇家における神仏分離は徹底したものだった。これは天皇家においては神と仏とに分けた上、後者を外部へ追い出したためである。これによって内部は神へと純化する。

仏教的なるものを外部へ放逐した皇室を頂きつつ、神仏分離を敢行する新政府を、廃仏を試みる「切支丹《キリシタン》」と勘違いした人びともいた。戊辰戦争のさなか、真宗の盛んな北陸では、薩長は仏法を信ぜず、異国人より「切支丹」の邪法を受け継ぐ仏敵であると書かれた檄文が回覧され、実際に蜂起に及んだところもあった。なるほど薩摩藩では真宗を禁じていた。真宗門徒にすれば仏敵と見えたかもしれない。しかしさすがに「切支丹」ではあるまい。新政府は幕府の方針を受け継いで、「切支丹」を「国禁」としていた（第二章第1節）。

即位の礼

こうして純化された祭はどのようなものだったか。まずは即位儀礼を見てみよう。

慶応二年（一八六六）十二月二十五日の孝明天皇の死により、明治天皇は数え年一六にして位を継いだ（践祚）。ついで慶応三年十一月に即位の礼を挙行する予定だった。ところが十月に大政奉還がなされるなどの多事を理由に、翌年八月二十七日辰《たつ》の刻（午前八時）へと延期された。この日時が陰陽頭《おんようのかみ》・土御門《つちみかど》晴雄《はるお》の勘文に基づいていたように、今回の即位の礼は、大枠でこれまでのものを踏襲しながらも、当時は「新式」と呼ばれた変化が加えられていた。なお、遷都以前でもあり、即位の礼は京都御所にて行われた。

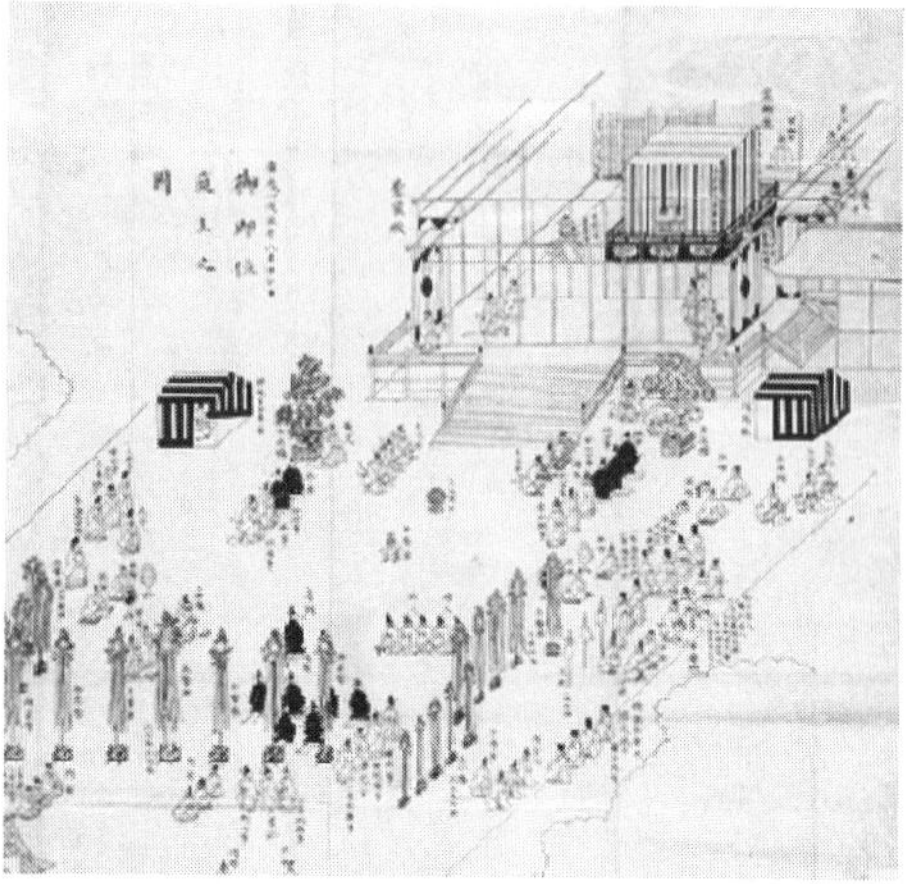

御即位庭上図　明治天皇の即位式の記録「戊辰御即位雑記」の付図。即位式の際の庭上を飾る旗の位置、官員などの配置を示している。国立公文書館蔵

　まずは即位灌頂《かんじょう》の廃止がある。これまで見てきた新政府の動向から言って、当然の措置と見ることもできよう。ただ孝明天皇のときに印相と真言の伝授役を務めた二条斉敬《にじょうなりゆき》は、明治天皇の即位とともに摂政《せっしょう》へと就任していた。よって王政復古によって摂政が廃され、幕府に近いと見做されていた二条左大臣の参内が停止されることがなければ、今回も即位灌頂が実行されていた公算が高い。しかし即位灌頂は廃され、結果として明治天皇は、大日如来《だいにちにょらい》と一体化することなく即位した少なくとも五〇〇年ぶりの天皇となった。サポーターにしてみれば、これは仏教により汚されていない理想的な天皇の出現にほかならない。天皇の若さは清らかさの証《あかし》であった。祭政一致はこうした天皇のもと推進されていく。

　つぎに中国色の忌避である。いうまでもなく国学的な発想による祭の純化であり、岩倉具視《いわくらともみ》が強く主張し、亀井《かめい》茲監《これみ》（神祇官副知事）や福羽美静《ふくばびせい》（同

判事）らが立案した。たとえば袞衣《こんい》に冕冠《べんかん》という唐風の出で立ちは束帯《そくたい》に立纓《りゅうえい》の冠へと改められた。神武創業と束帯とでは、取り合わせがおかしかろう。だがほかにまとうべき衣装は用意できなかった。このほか製作が間に合わずに高御座《たかみくら》でなく御帳台《みちょうだい》で代用されたり、あるいは徳川斉昭《なりあき》が孝明天皇に献上した地球儀が登場したりと、どうやらやや雑然とした即位の礼だったようだ。

そして最後に参加者の拡大である。実は即位式は先例通りに行い、参列者も公家に限るべしという声も根強かった。亀井と福羽という津和野《つわの》藩の主従は、こうした意見に抗し、官員一般の参列を実現する。よって下級武士出身者も参列した。ある公家は日記でこう嘆いている。今回は新案ばかりで先例と違っているが、末代の乱世だから是非もない。

大嘗祭

大嘗祭は明治三年（一八七〇）に京都でする予定だった。遷都後であり、そのために京都へ戻る計画であった。しかし凶作などを理由に翌四年の十一月に延期となる。この延引も、即位の礼のときと同様に、重大な意味を持った。これにともなって催行場所が京都から東京（皇居の吹上《ふきあげ》御苑）へと移り、大嘗祭を劇的に変えたためである。鉄道開通以前で、しばしば京都に戻るのは苦しかった。

近世の大嘗祭は、畿内という地域に支えられるとともに、そこに限定されたものだった。新穀をつくる悠紀田《ゆきでん》と主基田《すきでん》が、それぞれ近江国と丹波国に固定されていたことは、この点

をよく示していよう。東京開催となると、畿内からの支援を得られぬ一方、それを超えることを可能とし、余儀なくする。悠紀田は甲斐国《かいのくに》、主基田は安房国《あわのくに》に設定された。

さらに即位の礼でみられた参加者の拡大も一層進んだ。官員の参列は当然となり、節会には条約締結国の公使など外国人も参加している。またこの時期らしく人民に向けての「告諭《こくゆ》」が出され、大嘗祭の趣旨を告げ、「天祖」の恩恵を仰ぐよう諭している。大嘗祭による民心の統一という水戸学的な考え方は、政府のなかにも根付いていた。ただしこれが民心統一にどこまで寄与できたかは定かでない。それどころか官員に対してすら怪しい。岩倉使節団は、あと五日とどまれば大嘗祭に参加できるという時に日本を発っている。明治の大嘗祭は、政府の主要人物を大きく欠いた状況で行われ、そしてそのことがとくに問題となることもなかった。

4　維新と、その後

神祇官・神祇省・教部省・内務省社寺局

さてそろそろ祭政一致の核に据えられた神祇官の軌跡をたどることにしよう。

神祇官という名称が復活するのは慶応四年（一八六八）閏四月の政体書である。同年三月に神武創業・祭政一致・神祇官再興が打ち出され、その制度化として、太政官とともに神祇官がよみがえったのである。ただしこのときの神祇官は、太政官の下の行政官のさらにその

下にあるもので、会計官や外国官などと並列した地位にあった。

ところが翌明治二年七月、政体書を改正した職員令により、神祇官は太政官の外に特立される。職員令は大宝令《たいほうりょう》に依拠しただけあり、神祇官の長官は神祇伯、以下も大副《たいふ》・少副《しょう》・大《だい》祐《じょう》・少《しょう》祐《じょう》……と、頗《すこぶ》る復古的なものだった。ただし明治の神祇官は、諸陵と宣教を管轄した点で、古代のそれとは異なる。なお、当時もいまも、神祇官が太政官の上に置かれたという理解がある。職員令の冒頭に神祇官がきているなど、そうした見方も一概に否定はできない。だが一方、官位などからして上とは言い難いことは、古代の神祇官と一緒である。

いずれにしろ、太政官と並び立つ神祇官が誕生した。神殿を有し、そこで天皇が祭祀を行い、神社・神職を管轄する官庁である。さらに僅か一月ほどではあるが、三条実美《さんじょうさねとみ》太政大臣が神祇伯を兼ねた時期もあった。これを復興といわずしてなんといおう。政府が言うように祭政一致とは神祇官を設置することなら、新政府はそれを実現したことになるはずである。このままの状態が続くならば。

ところが四年八月、創設から二年ばかりで神祇官は神祇省に改められる。太政官の下の一省になったわけで、政体書時代に逆戻りである。さらに約半年後の五年三月には神祇省が廃されて新たに教部省が置かれた。ここでは神仏に関する一切の事務が扱われた。仏教・寺院と同居したのである。この体制でようやく安定するかと思われたが、十年一月に教部省は廃省、内務省に吸収合併され、そのなかの社寺局が管掌することになる。

無の状態からはじまって官↓省↓局という軌道は、一時の栄華とその衰退という線を見事

なまでに描いている。これはどうしたことなのか。祭政一致の大義はどこへ行ったのか。

政治の回復

一言で言えば、軌道が修正されたのである。

神祇官に結集した国学者らによる施策、すなわち祭政一致の高唱、神仏分離、神社の優遇、キリスト教の敵視などを、誤っているとか、やり過ぎであると考えた政治家が、方向転換を図ったのである。藩閥政治家の主流派、木戸《きど》孝允《たかよし》・大久保《おおくぼ》利通《としみち》・大隈《おおくま》重信《しげのぶ》・伊藤《いとう》博文《ひろぶみ》らはほとんどそう考えるようになる。木戸は言う。神祇関係の連中は、それだけに従事しているので暇なのに対し、政府はそのあたりに目を注ぐ暇もなく、知らぬ間に布告などが出て困却している、と。かれらにしてみれば、神祇官を再興したこと自体が誤りだった。

そしてかれらは、国学者内部の対立や、その関係者が起こした事件などを利用しながら、祭政一致に関連する領域における政治指導を回復していく。学者による統治を仕切ってきた国学者たちは、「素人」による政治の介入によって明治四年から五年にかけて一掃され、政府内に残った者も周辺へと追いやられた。もし神祇官こそ祭政一致の具現であるとすれば、それを廃止へ追い込もうという政治指導において、祭政一致の理念はすでに崩壊していよう。

遷都と神宮遷座計画

ところで維新期とその後の祭祀などを考える上で、遷都という事件は三重に重要である。

まずは京都から離れたことである。大嘗祭を見た際にも少し触れたが、このことは、それまで都に存在した秩序から天皇・朝廷が抜け出すのを容易にした。天皇家における神仏分離も、もし京都御所に居住し続けていたら、随分と緩やかなものになったことだろう。

つぎに遷都先が江戸・東京だったことである。そこは直前まで将軍が統治者として、二〇〇年以上にわたって君臨していた地であり、社寺も将軍を核とした秩序のもとに存在していた。明治天皇が、東京に来て最初の参拝先として、現在のさいたま市に鎮座する氷川《ひかわ》神社に片道一〇時間以上かけて出掛けることになったのも、そうした秩序を避け、武蔵国一宮《むさしのくにいちのみや》という幕府以前の由緒に依拠したためである。京都における賀茂《かも》社にあたるような神社が、東京の天皇にはなかった。既存の秩序を避けたり壊したりしながら、新たな仕組みをつくりあげていく。

そして最後に遷都という行為そのものがもたらした効果である。遷都にあたっては、京都にあった機関や施設を東京でいかに再現するかを、再現するかどうかを含め、検討しなくてはならない。遷都は予期せぬ省察の機会を与える。普段なら思いもしないような構想が次々と出てくる背景には、遷都によって出現したこうした環境を無視することはできない。そしておそらくその最たるものが神宮遷座計画である。

「伊勢神廟に安置し奉る処の神鏡を宮中に移し奉り、三種の神器合一して、天照大神の神勅に基く可き事」。明治四年（一八七二）十二月に左院《さいん》が太政大臣に宛てた建議である。伊勢の神鏡を宮中に遷すという左院の案を受け、神祇省は、神宮の神鏡とともに熱田神宮の神剣も遷すよう建言する。これらが依然として東京から遠く離れた地にあり、天皇がそれを遥拝《ようはい》するほかないのは遺憾に堪えないとの理由だった。神祇担当官庁としての正式提案である。

実現した姿を想像すると興味の尽きないこの計画は、神宮側の反対が強く、失敗に終わる。しかし前代未聞に見えるこの計画も、それより二年少し前に内侍所《ないしどころ》の神鏡を東京へ遷したことを思い起こせば、少し見方は変わってこよう。今日思うほど突拍子もない思い付きではなかったのだろう。

宮中三殿の出現

天皇の祭祀のための空間は、こうしたこれまでとはまったく違う視界のなかで整備されていった。その系譜を思い切って図（一九一頁参照）で表してみよう。

最初の転機は遷都である。即位の礼の翌日に布告された最初の東京行幸は、のっけから波乱含みだった。出発直前に伊勢で外宮《げくう》の大鳥居が倒れたことを神意と見做し、行幸を阻止しようとする者が出る。そのせいか、予定されていた伊勢参拝は、往復ともになされぬままに終わった（熱田には参拝）。神鏡を携行したが、往路・帰路も天皇と行動を共にし、ひとまずもとの内侍所に戻った。

二度目の行幸は、そのまま東京に居続けたことで遷都となった。今度は伊勢参拝も無事に行われた。東京では、明治二年（一八六九）二月の末に神鏡を収める社殿の造営がはじまり、有り合わせの杉で造られた。場所は東京城改め皇城の旧西の丸の山里。現在の宮殿のや

伊勢名勝宇治橋図　天皇の輿(鳳輦)が宇治橋を通過する様子が描かれた錦絵。明治２年４月版行。東京大学史料編纂所蔵

や西あたり。三月に神鏡はここに遷った。以後はこれを賢所《かしこどころ》と呼ぶことにしよう。なお、このときに現状確認がされたようだ。即位の礼の立案者であり、神祇官・神祇省で牛耳を執った福羽美静《ふくばびせい》は自著のなかで、南北朝合体の時に二座となったものが因襲のまま残っていていまだ廃せられていないと記し、その処理をしなかったことを悔いている。このほかにも東京では受け容れの準備がなされた。城内の紅葉山には、いわゆる紅葉山東照宮をはじめ、家康《いえやす》以後徳川歴代の廟があった。元年十二月にはそれらを撤去するよう、徳川宗家を相続した家達《いえさと》に命じている。一年ほどで作業は完了した。

　つぎの画期は神祇官の出現である。ここに神殿を有する官庁が登場した。

　二年六月に天皇が神祇官へ出向き、天神地祇《てんじんちぎ》と皇霊《こうれい》に国是の確立を奉告した。このときの斎場は、五箇条の御誓文のときと同じく、臨時のものだった。その後十二月に入り常設の神殿が竣工、西側から順に歴代皇

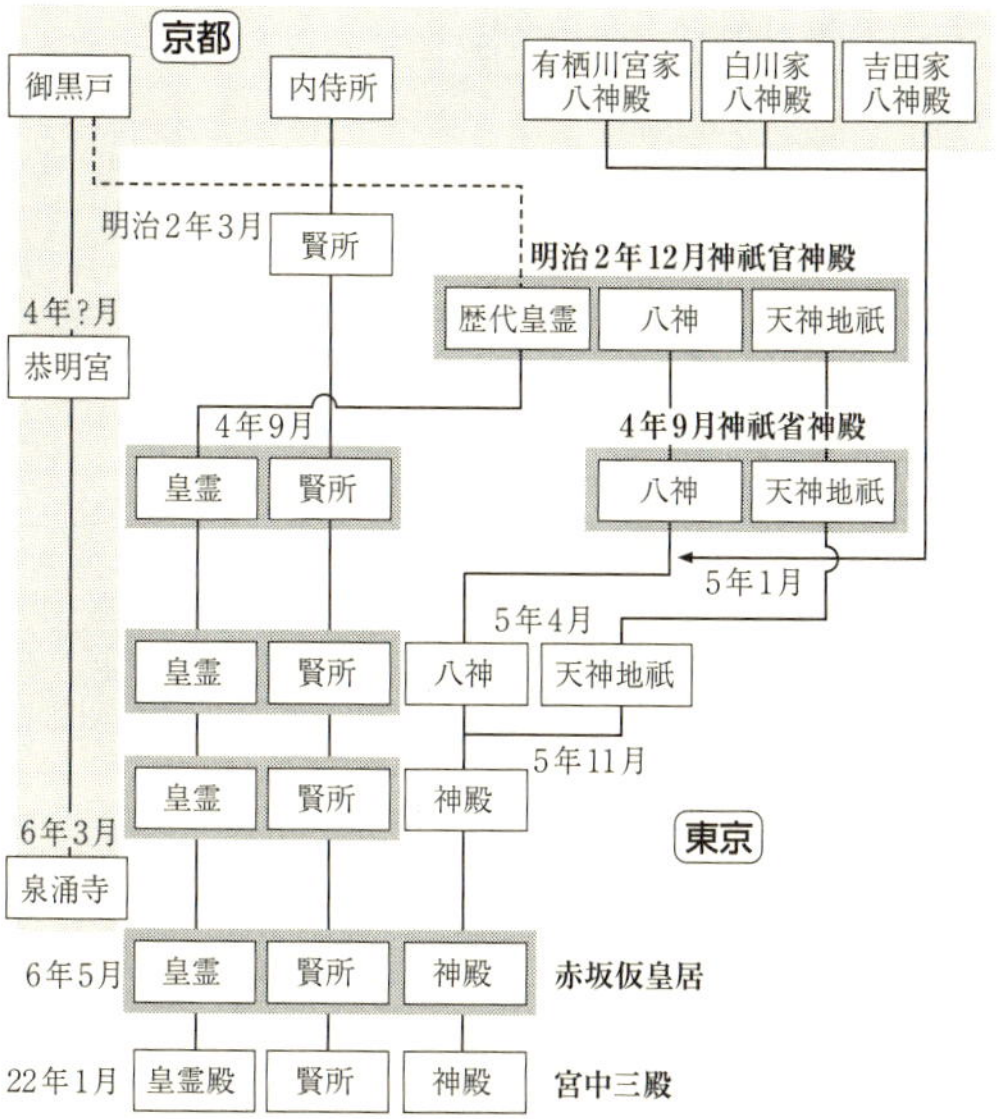

宮中三殿の系譜

霊・八神・天神地祇が祀られた。神祇官の時代、明治天皇は、馬場先門内にあったこの神祇官の神殿に出掛けて祭祀を行っている。

さらに神祇官廃止以後である。行き場を失った神霊は吸い寄せられるかのように賢所へと集まっていく。まずは神祇省への格下げにともなって四年九月に皇霊が。このときは幣物《へいもつ》としてオルゴールなどが奉《ささ》げられている。ついで神祇省廃止にともなって五年四月に八神と天神地祇が。なお、その前の一月、前述した吉田・白川両家の神霊が、有栖《ありす》川宮《がわのみや》家のそれとともに「回収」されている。いずれも

開始・再開年	宮中祭儀
文明7年（1475）	四方拝＊
正保4年（1647）	神嘗祭＊
元禄元年（1688）／元文5年（1740）	新嘗祭＊
明治2年（1869）	奏事始、先帝祭、祈年祭＊
明治2年（1869）	神武天皇祭
明治3年（1870）	天長祭
明治4年（1871）	節折・大祓＊
明治5年（1872）	歳旦祭、元始祭
明治6年（1873）	紀元節祭
明治11年（1878）	春季皇霊祭・神殿祭、秋季皇霊祭・神殿祭

主な宮中祭儀の開始・再開年　＊は復興、それ以外は新興。現在まで続くものに限り、名称は皇室祭祀令に準拠した

京都にあったものである。また十一月には八神と天神地祇が合祀され、神殿《しんでん》と改称された。かくて賢所の傍らに皇霊と神殿が集まった。宮中三殿の原型はここに成立したと見てよいだろう。

ところがそれから半年にして失火に見舞われ、賢所も炎上した。明治天皇が移動した赤坂仮皇居に神霊も遷され、九〇〇〇円弱の予算で仮殿がひとつ建てられた。そこにあること一五年。もとの江戸城内にいわゆる明治宮殿が完成し、二十二年（一八八九）一月に天皇とともに遷った折、賢所・皇霊殿・神殿の三殿に分かれた。大日本帝国憲法発布の一月前のことである。

ところでいわゆる三種の神器は、賢所の鏡のほか、剣と璽からなる。このうちの剣璽は、京都御所内の御常御殿《おつねごてん》（その名の通り天皇の生活空間）につくられた剣璽の間に置かれていた。遷都後も同様で、明治宮殿内にも畳敷きの剣璽の間が設けられた。なお、明治天皇の侍従を務めた坊城俊良《ぼうじょうとしなが》は、剣璽の間に続く上段の間で、明治天皇が「古くよりの皇親の御霊位」に拝礼していたという、気になる記述を残している。

空間の整備と並行して、さまざまな祭儀が成立していく。それぞれについて見ていくことはしないが、多くは神祇官時代にはじめられたものであり、それも祈年祭《きねんさい》を除くと、新規に考案されたものがほとんどである。また十七年十月、宮内省式部職が置かれた際に掌典部《しょうてんぶ》が設けられ、天皇親祭《しんさい》を支える体制も整備された。これらは四十一年（一九〇八）の皇室祭祀令によって体系化される（第二章第3節）。誕生したのは、新しい空間における新しい祭祀だった。

上空から見た宮中三殿　画面右上から左下へ神殿、賢所、皇霊殿と並ぶ。毎日新聞社提供

祭政一致は実現したのか

以上の経緯からすぐに分かるように、最初から宮中三殿の登場を見通せていた人物は誰一人としていなかった。祭政一致を目指した国学者にすれば、神祇官を復興しようと努めていたら、なぜか宮中三殿ができてしまったとなるだろう。一方、かれらを否定した藩閥政治家にとってみれば、神祇官を崩壊させた代償として宮中三殿をつくったということになるはずだ。その意味で、誰もが心底満足し得る結果ではなかった。

とくに、ひとたび再興された神祇官を再び葬る恰好になった人びとの落胆は大きかった。神祇官の（再）再興を目指す運動が起きてくるのはそのためである。その中心人物である大津淳一郎《おおつじゅんいちろう》はこう述べている。宮中三殿は祭祀を宮中へと秘め隠し、国民との関係を遮断しようとするものである、と。いくら天皇が祭祀をしていようと、宮中に封じ込められていては意味がなく、そうした仕組みをつくったのは藩閥政治家というのがかれの見方だった。大津は代議士として憲政の確立に尽力し、『大日本憲政史』を著した人物である。

しかし落胆はしながらも、神祇官再興運動へは走らなかった人も多かった。大津が批判する宮中三殿での天皇の親祭に意味を見出した人びとである。親祭の親は親しく、自らという意味。よって親祭とは天皇が自ら祭祀をすること。親征や親裁、御親兵《ごしんぺい》など、この時期にしばしば登場する親のつく熟語のひとつである。かれらはこう考えた。親政を行う天皇が親祭を行っているのだから祭政一致は実現している、と。なるほど、一理あるようにも思える。しかし神祇官に関わる祭祀のうち天皇親祭のものは一部に過ぎなかった。天皇親祭のみで十分とする場合、それ以外の祭祀を国として催行する場はなくなってしまうが、それでも構わないということになる。ひとたび神祇官が成立したことを考えると、それは慰めの論理、あるいは再消滅の弁明だったかもしれない。ただ必ずしも受け容れやすくはない現実を受け止める術《すべ》ではあり、少なくともそう考えるのを止めることはできない。

祭政一致であると考えたい人は、そう考えることができる——天皇親祭は、そうした仕掛けを備えていたのである。

仏教との復縁――師号宣下、門跡号、爵位、法会

軌道の修正は、当然のことながら、社寺との関係にも及ぶ。神仏分離への反省は、仏教との縒《よ》りを戻す措置として現れる。「古」への復古ならぬ近世への復旧という方向である。

明治九年（一八七六）十一月には師号宣下《せんげ》が復活する。きっかけは真宗の六家連名による上申。伝教大師《でんぎょうだいし》（最澄《さいちょう》）や弘法大師《こうぼうだいし》（空海《くうかい》）といった他宗派の宗祖と同じように、親鸞《しんらん》にも大師号を賜りたいというもので、これが許可され、見真《けんしん》大師号が授与された。本願寺は江戸時代に大師号を求めて何度か運動を試みたがいずれも失敗していた。よってこれだけを見れば、軌道修正後の明治政府の方が、幕府よりよっぽど真宗に融和的となろう。ついで十二年には見真と記した勅額も下賜された。東西本願寺の御影《ごえい》堂（大師堂）などにいまも架かっている。

また一旦は廃された門跡号を称することも可能になった。明治十七年に神職・僧侶に対する国の仕組みが変わり、管長制が導入された（第二章第1節）。そのとき、近世には准門跡だった真宗の管長が門跡と名乗りたいと申し出て許された。これを機に、廃絶した人乗院・一乗院・蓮華光院のほかは門跡号が復活した。二十一年になると門跡は管長と同様に勅任待遇を受けることになる。

何名かの僧侶は華族となった。明治十七年に制定された華族令のもとで爵位を授与された神職・僧侶は二〇家ほどあり、僧侶はすべてが真宗。その世襲による継承原理は、華族制度

と相性が良かった。さらに政府内では、僧爵という僧侶専用の爵位の創設も検討された。僧位・僧官の復興にほぼ等しかろう。しかし本願寺の大谷家の反対などもあって実現せず、その構想消滅後の明治二十九年、同家には伯爵が授けられた。時期が遅れたのは、伊藤博文によれば、大谷家に「下等の爵を授け却《かえっ》て宗教上に不都合」があってはならないと熟考した結果で、神職を含めてほかがすべて男爵だったなかでは、抜きん出た地位だった。

さらに十六年の正月より後七日御修法《ごしちにちのみしほ》が再興された。天皇に加持《かじ》祈禱を施すこの行事の復活には反対もあった。また再興によって、維新で掲げた方針が反故《ほご》と化していることをさらけ出してしまうことへの警戒も強かった。しかし真言宗の僧侶である釈雲照《しゃくうんしょう》が、盛んに運動を展開し、宮内省御用掛の山岡鉄舟《やまおかてつしゅう》を動かしたことが決め手となって、復興が認められた。ただし場所は宮中ではなく教王護国寺《きょうおうごこくじ》（東寺《とうじ》）で、そして直に天皇にではなく、そのために下賜される衣に加持を行うという形式である。なお、釈らによれば、その年の新年拝賀の際、大阿闍梨《だいあじゃり》が天皇に「五鈷《ごこ》と念珠《ねんじゅ》を以て密に加持し奉」ったという。その後、日清戦争時などには大元帥法《たいげんのほう》も行われた。また大正十年（一九二一）より延暦寺《えんりゃくじ》の長日御修法《ちょうじつのみしほ》と御修法大法も許可され、これらに対しても衣が下賜されている。

また明治十一年には、泉涌寺《せんにゅうじ》における歴代天皇・皇族の供養も正式に認められた。前年に、皇后・皇妃・皇親を皇霊へと合祀した結果、すべての皇族が神祭によって祭祀されることになった。しかしその一方で、仏門に帰依した皇族などについては泉涌寺での仏祭も行うこととされ、陵墓への玉串料の三分の二はそのための費用として泉涌寺の僧侶へ分配されることが決められた。十三年には明治天皇が泉涌寺へ行幸し、御黒戸《おくろど》から遷された位牌などが収まる霊明殿《れいめいでん》を参拝している。そして明治天皇以降も位牌はつくられ続けていく。なお、歴代の陵墓のなかばは畿内近国の寺院やその周辺にあり、明治以降も天皇家と仏教とを繋ぐ役割を果たすことになる。

皇族の出家も認められた。明治元年に還俗《げんぞく》を迫られたのちも、僧として生きることを希望する皇族がいた。いずれも伏見宮邦家親王《ふしみのみやくにいえ》の妹か子女である（関係系図は二八八頁）。そのうちの二人が明治七年に願い出たときには許可されず、かわりに由緒のある久我家《こが》（誓円《せいえん》）と九条家（日栄《にちえい》）に入籍して僧体を継続することになった。皇族でなく華族だから問題ないという対処である。ところが、それから六年後に宗諄《そうじゅん》女王と文秀《ぶんしゅう》女王が申請した際には、難なく許可された。それぞれ皇族の身分のまま、霊鑑寺《れいかんじ》と円照寺《えんしょうじ》の門跡となっている。

社寺に「独立自営」を迫る明治国家

こうした天皇と寺院との関係の変化は、社寺への政策全体の見直しと連動していた。社寺全般については、神社・寺院の区別なく、士族に対する秩禄《ちつろく》処分のような措置が採られた。まずは社寺の上知《あげち》を行い、ついで明治七年に社寺逓減禄制《ていげんろくせい》を実施する。土地からあがる総実収高をもとに社寺禄を設定し、それを毎年一割ずつ減らして支給、一一年日からは「独立自営」させるという方策である。ところがこれには適用が除外された存在があった。伊勢の神宮と官国幣社である。別枠で国費が支給されていた。

明治四年五月、神祇官によって神社に社格が設けられた。神社を官社とそれ以外の諸社とに分け、官社にはその経費を国より支出する仕組みを導入した。官社は、延喜式《えんぎしき》の言葉をそのまま用いて官幣社《かんぺいしゃ》と国幣社《こくへいしゃ》に分かれ、その内部をさらに大中小に区分した。官幣大社、官幣中社……といった風である。官社の数は徐々に増えるがおおよそ百数十社。延喜式と比べるとかなり少ない。神社の総数が約一九万社だから、割合でいくと〇・一パーセントほど。なお、官幣社か国幣社かを判別し難い神社はさしあたり別格官幣社とした。別格とあってもとくに格が高いわけではない。靖国《やすくに》神社や東照宮などが含まれる。また諸社のなかにも社格はあり、府社・県社・郷社・村社と続く。社格のない神社を無格社ということがあり、神社の大半はここに入る。また伊勢神宮は社格の枠組みに入らないものとされた。

官国幣社の特別扱いは、明治二十年にはじまった保存金制度で転換する。これまで支給されてきた国費を保存金と改称、その半額を一五年間積み立てさせ、その資金で一六年目以降は「独立自営」させる制度である。これにより、神宮以外のすべての神社に「独立自営」を求めたことになる。理由書にはこうある。維新の際に祭政一致の国是を立てるなど敬神の度を過ぎ、官社を国費で経営するような事態を招いたが、その過ちを反省して保存金制度へと改めるのである、と。明治初年の誤れる神社優遇政策を正して「独立自営」させるのである。

ところがこれより以前から、いわゆるお手許金から永続的に資金の出ていた寺院があった。明治九年六月、仁和寺《にんなじ》や大覚寺《だいかくじ》をはじめとする門跡寺院など二八の寺院に対し、皇室による年金支給がはじまった。社寺逓減禄制が実施されては立ち行かない寺院が出るという京都府権《ごん》知事・槇村正直《まきむらまさなお》の建言に基づく。いわば官国幣社と同じような例外扱いを寺院についてもするよう皇室に求め、実施に移されたのである。そしてこちらはその後も問題視されることなく続いていく。たとえば泉涌寺には尊像・尊牌奉護料という名目で年一八〇〇円支出されていた。官国幣社で最高となる熱田神宮への保存金額とほぼ同額である。

つまり伊勢神宮と三〇弱の寺だけが、国と天皇からの保護を受け続ける計画だった。藩閥政治家たちの構想が実現すれば、世に喧伝される国家神道という語が喚起する像とは、まったく異なるものになるはずであったのである。

近世の天皇・近代の天皇

以上のように、明治初年の熱狂が収束していく過程で、神仏に対する方針は大きく転換し、それにともなう制度化が広範に施された。その結果としてたち現れた明治の天皇は、反仏教色が濃かったサポーターたちが望んだものからは、かけ離れたものとなった。もちろんそれらの刻印を帯びてはいる。当たり前である。だが神仏の実践に関わるとともに、社寺との関係を複雑に取り結ぶなかで存在しているという点では、近世のそれと決定的な相違はないと言っても、許されるのではあるまいか。そのあたりについての詳細は、第三章であらためて検討してみよう。

このことを言い換えると、いわゆる明治維新でなにもかもが決まったわけではないということになる。「天皇と宗教」をめぐっては、往々にして明治維新によってすべてが定まったかのように描かれがちである。怠惰な上に明らかな誤りである。日本国憲法の第九条について歴史叙述をするのに、自衛隊の創設に触れないようなものだ。

そしてこの点とも関わるが、神仏分離を過剰に重視する研究態度も、そろそろ本格的に再考すべきところに来ているだろう。たとえばこれをきっかけに、国民が神道信者と仏教信者に分裂したとでもいうならともかく、幸か不幸かそうはならなかったわけで、それにもかかわらず神仏分離を日本宗教史における分水嶺のように考えるのは、過大評価ではあるまいか。そしてそれによってもっと重大かもしれない分水嶺が視野に入らなくなってしまうなら、残念なことである。たとえばキリスト教との和解、あるいは信教自由や宗教というものについて考えるようになることなどである。

第二章　宗教のめぐみ――十九世紀から二十世紀へ

1　キリスト教との和解

「西洋人に会えば何宗かと問われる」

大嘗祭《だいじょうさい》を直前に控えた明治四年（一八七一）十一月十二日に横浜を解纜《かいらん》した岩倉使節団の一行は、船中で悩んでいた。使節の公式報告書『特命全権大使米欧回覧実記』を記した久米《くめ》邦武《くにたけ》の回想である。

喫煙室に集れば銘々《めいめい》宗教の話が始まる。……西洋人に逢へば何宗かといふ事を問れる。その時どう返答をするか、うつかり返答をしてはいかないといふことで、サア問れるならば仏教と言はうといふ人が有つた。が仏教信者とはどうも口から出ない。どうも仏教は良く知らないから、アトを聴かれると二の句がつげぬ。仏教は困る。全体西洋は宗教などを信ずるけれど、我々はそんなことは是まで信じない。嘘を言わずに儒教だ、忠孝仁義と言はうといへば、一方から又《また》儒教は宗教でない、是は一種の政治機関の教育のやうなものと言ふ。デ又我輩は日本人だ、皆神道を信ずると言ふが相当だといふ説がある。それはいかぬ、成程《なるほど》国では神道など〻言ふけれども世界に対して神道といふものはまだ成立《なりたた》ない。且《かつ》何一つの経文《きようもん》も無い。唯《ただ》神道と言ても世界が宗教と認めないから仕方が無い。こんな議論で神儒仏共にどれと言ふ事も出来ないから、寧《むし》ろ宗教は無いと言はうといつたところが、西洋行者がそれは甚《はなは》だ悪い、西洋で無宗教な人間はどう映ると思ふか……無宗教はいけない。段々斯《こ》う云ふ話になつて皆困つた。

かれらはみな困っていた。自らが何宗なのか、自分の宗教がなんであるのか分からずに困っていた。当代一流の知識人が集っていながら、なぜそんな簡単なことも分からないのかと、不思議に思われるかもしれない。だがこれはやむを得ないことだった。かれらにとって、宗教という観念は未知なるものだったのだから。

宗教伝来

宗教はずっと昔からあったし、どこにでもある――そう思われるかもしれない。ひとつの考え方である。だが実はこうした考え方自体、日本ではこの頃、つまり十九世紀中頃に生まれたものだった。それ以降、はじめて宗教について考えるようになったのである。

いまでこそ日常語となった宗教であるが、そう昔からあった言葉ではない。用例を求めて時代を遡《さかのぼ》っていくと、明治維新あたりで途切れてしまう。それより前の仏典などに「宗教」という文字列は見られるが、それらは一語をなしてはおらず、宗（言語化困難な真理）

と教い（言語化された教説）といった程度の意味。ゆえに今日に繋がる宗教は、まだ一五〇年に満たぬ歴史しかない。

ではなぜ宗教は維新前後に登場してきたのか。一言で言えば、それが訳語だからである。ラテン語の religio を語源とする一連の西洋諸語（religion / Religion / religie など。以下 religion）の訳語として、宗教は創造されたのである。いわゆる和製漢語である。

現実の religion に触れた最初の機会は、幕末にはじまる外交交渉だった。もちろん江戸時代にも、蘭学者など一部の者が religion という語を目にする機会はあった。しかしいわゆる鎖国という仕組みが存続し、キリスト教が「国禁」であり続けている限り、religion と直に向き合う機会は訪れなかった。ところが孝明《こうめい》天皇の反対も虚しく日本は開国、その過程で各国は、自国民の日本国内における religion の自由を要求、条約にその旨が織り込まれていく。安政《あんせい》五年（一八五八）に結ばれた日米修好通商条約には、the free exercise of their religion を許可するとある。この場合、their religion とは、ほとんどキリスト教と同義であり、現に交渉のなかでは互換的に使用されていた。そしてこの条約中の信教自由規定に基づき、開港場では堂々と神への祈りが捧げられ、宣教師が来日し、教会が建っていく。キリスト教は、宗教と信教自由という新たな観念と手を携えて、十九世紀の日本に舞い降りた。

新しい観念に接した当時の人びとはみな困った。久米邦武らがそうだったように。そこで、religion に対応しそうなものを探り当て、なんとかそれによって理解しようと努め、

religionと同じか、せめてそれによく似た観念を、日本語のなかに求めていく。宗旨、宗門、教門、教、法……　しかしそれらのいずれでもなく、ほぼ造語に等しい宗教へと訳語は落ち着く。その観念の新奇さへのオマージュであろう。

「宗教を信ずるのは馬鹿なこと」

だが訳語が定まれば問題が解決するわけではない。久米らを困らせた問題は依然残る。「お前は何宗か」という西洋からの問いは、○○教徒という答えを想定していた。宗教によって人類を区分することができ、そして一人はひとつの宗教だけを持っているから、人は例外なく○○教徒と区分される――そうした考えに基づく。いまならこの前提が誤っていると言い返すこともできるかもしれない。だが久米をはじめとした当時の日本の知識人は、この問いに真摯に対応し、そして思い悩む。宗教という名に値しそうなものは日本には仏教しかない。だがそれを信じているとは言いにくい。なぜなら、西洋人がキリスト教を信じているようには、自分は仏教を信じていないから。困惑の本源はここにあった。

この点は久米の上官たちも同様だった。「岩倉公、木戸、大久保などの思想はどうであつたかと言へば、どうもあんなに宗教を信じて居るのかといふやうな少し冷笑の気味で、パークス〔駐日英国公使〕もアレを信じる所がどうも妙だと言ふ風で、其頃《そのころ》まで矢張《やは》り宗教を信ずるのは馬鹿な事とは思ひながらも、併《しか》し何でも宗教といふものは訳《わけ》のあるものだらうといふやうな思想に移つた」。馬鹿げたこととは思いつつ、しかしよく訳の分からないうちに、「宗教といふものは非常に貴重なものといふ事に人の前では云はなくてはならぬ様な訳になつて来た」。宗教という観念は、そうした「作法」とあわせて定着していく。少なくとも祭政一致を志向した人びとを追いやった藩閥政治家たちは、このように考えていた。

浦上信徒の流配

岩倉具視らが米欧を回覧していた頃、キリスト教はまだ「国禁」のままだった。明治政府は「切支丹《キリシタン》邪宗門の儀は堅《かた》く御制禁たり」との高札《こうさつ》を掲げ、幕府の方針をそのまま受け継いだ。そしてこれを根拠に、長崎奉行が残していった浦上《うらかみ》村の「異宗」の者たちへも対処する。即刻厳罰に処すのではなく、総計で三三〇〇人ほどをいくつかの藩に預け、説諭によって改心させ、改心しない場合は厳罰に処すというものである。処罰の理由は「異宗」であること。紛《まが》うことなき信心への弾圧である。

ところが条約締結諸国の公使からすぐに非難が上がる。公使たちは浦上の「異宗」の人びととそれを後援する宣教師を支持し、日本政府の処置は信教自由に違反すると糾弾したのである。日本側は反論する。信教自由が認められたのは貴国の民であり、十分に享受しているはずだ、と。だがこの声は、信教自由は普遍的な原則で、いかなる国といえどもそれを蹂躙《じゅうりん》することはできないという欧米側の主張にかき消された。いうなれば人権外交である。

岩倉使節団が行く先々で悩まされたのもまさにこの点だった。アメリカで条約改正の交渉をはじめた矢先、フィッシュ国務長官はこう宣告した。「信教自由は条約の基礎であり、その保障なくして交易はできない」と。人権のＡＢＣも知らぬ輩《やから》を啓蒙しようとしたのだろう、グラント大統領は直々に一行を教会へ招待した。使節団は早くも最初の訪問国アメリカで、西洋では外交と信教が切り離せないこと、そして信教自由が普遍的な原則とされていることを、嫌というほど味わわされる。

「国禁」の断念

一方、天皇とキリスト教徒との接触は不可避的に増加する。幕末に「開国」して条約を結んだ相手国のすべてでキリスト教が優勢である以上、そうなるのは目に見えていた。

もし接触が避けられなければ、会っても大丈夫な措置をするほかない。明治二年（一八六九）七月、天皇が英国の王子と謁見することになった際には、韓神祭《からかみまつり》と送神祭《そうじんさい》・路次祭《ろじさい》が行われた。これらは、福沢諭吉《ふくざわゆきち》によれば、「王子入城の時に二重橋の上で潔身の祓《はらえ》をして内に入れた」もので、「夷狄《いてき》の奴は不浄の者であるからお祓をして体を清めて入れるという意味」のもの。むろん神祇官《じんぎかん》が執り行った。しかし接触の回数が増えるとともに、煩雑さは増す。教部省時代の五年六月、ロシア王子謁見の時に韓神祭などは正式に停止された。

天皇は来訪を待つだけでなく、積極的に巡幸へも出掛けた。明治前期には日本各地を回り、多くの人と触れ合った。そのなかにはお雇い外国人もおり、宣教師も多く含まれていた。韓神祭が消滅したのと同じ月には熊本でジェーンズと面会している。小崎弘道《こざきひろみち》・徳富蘇《とくとみそ》峰《ほう》ら、世に言う熊本バンドを育てた人物である。また時には思わぬ贈り物をもらうこともあった。同じ年にはヘボン式ローマ字で有名なヘボンが、自らがつくった辞書『和英語林集成』とともに聖書を献上した。聖書は嘉納されたとヘボンが話すのを聞き、かれのもとに送り込まれていた密偵は、驚愕している。当然だろう。キリスト教はまだ「国禁」だったのだから。

しかしそれほどまで「国禁」は死文と化しつつあったとも言える。すると今度は「政府の辱《はずかしめ》は、法有りて行はざるより甚きはあらず」（井上毅《いのうえこわし》「外教制限意見案」明治五年）という声が高まる。伊藤博文も欧州からこう建言する。国として掲げた禁令も実行できずに、どうして国威が立つものか、と。法が守れないならその法を止めてしまえ、禁酒を誓っていなければいくら飲んでも良いというわけである。ついにはこうした主張が政府内で優勢となり、六年二月、「一般熟知」とのことで高札は撤去、浦上の信徒たちの帰還も許された。

まずは陛下から洗礼を

いささか官僚的なこうした対応を超え、思索を深めていた人びともいた。文明国を目指す日本にとってキリスト教とはなんであり、それにどう対するべきかについてである。

ひとつの典型的な回答は、中村正直《なかむらまさなお》（敬宇《けいう》）によって提示された。中村は明治五年に「泰西人《たいせいじん》」の上書という体裁を用いた論説を『新聞雑誌』に発表、すぐさま英字紙に訳載されるなど、大きな反響を捲き起こした。そこでは、キリスト教と文明との関係に考察が加えられ、それらは根と花、あるいは根と葉に喩《たと》えられた。根なくして花や葉があるだろうか。それと同じように、文明を得たいなら、まずキリスト教を受容しなければならない、と。文明の根軸としてのキリスト教という絵である。

十九世紀後半において、これを論破するのは大変難しかった。「泰西」以外に文明はなく、目指すべき文明国のすべてでキリスト教が優勢だった。そこになんの連関もないと想定する方が、よほど知的誠実さに欠けていた。そもそも「泰西」の人からしてそう考えていた。「基督《キリスト》教は本統の文明開化の大事な本なりと云ふ事は、大凡何方《おおよそいずかた》でも一通り承知する処《ところ》の格言の如《ごと》きもので御座ります」（フルベッキ）。来日した宣教師はこうした言葉でキリスト教へ誘った。そしてこの理解は、実は「西夷《せいい》」と「耶蘇《やそ》教」を同視した尊王のサポーターたちとも符合していた（第一章第1節）。逆に言えば、もともとの世界観に忠実なままに文明を目指すと、キリスト教徒になるべしとの指針が自ずと導かれてくるということだ。キリスト教を排除する拠点は、そのままそれを受容する基盤ともなり得たのである。

ただこうなると、キリスト教を解禁するだけではまったくもって不十分である。まずキリスト教徒にならねばならない。現に中村正直はこの二年後に洗礼を受けた。しかもこれは国として推進していく必要がある。そしてそのために良い方法があると、中村は論説をこう結ぶ。「陛下、如《も》し果《はた》して西教を立てんと欲せば、則《すなわ》ち宜しく先《ま》づ自ら洗礼を受け、自ら教会の主と為《な》り、而《しこう》して億兆《おくちょうしょうそつ》唱率すべし」。陛下から率先して洗礼を、というわけである。

キリスト教を国教に

天皇から洗礼をという構想がなぜ浮上してくるのかと言えば、それは十九世紀には世界中の文明国に、国教という次元がごく普通に存在していたからである。

伊藤博文らが憲法制定にあたって参照し得た西洋の憲法には、ほぼすべてに国教への言及があった。単にひとつの参照以上の重みを持つプロイセン憲法の第十四条にも、「基督教は第十二条を以て与へたる宗教の自由に拘《かか》はらず宗教に関する国の制度に於《おい》て基本とす」とある。国教を明確に否定していたのは米国のみ。ところが周遊してみるとそこがもっとも信仰に篤い。キリスト教を国教に位置付けることで国内のキリスト教化を進め、それによって文明国の仲間入りを果たそうとする考え方が登場してくるのは、むしろ当然のことだった。まして「欧洲の所謂《いわゆる》文明道徳なる者は、悉皆《しつかい》耶蘇教内の事にして、之《これ》を異教の人に推《お》さんとする誠意ある事なし」（伊藤博文）と、「異教」であることによる疎外感を強烈に感じていたのだから。

キリスト教を国教にとの主張は各界で現れた。福沢諭吉は『時事新報』紙上ではっきりと言い切ったし（「宗教も亦《また》西洋風に従はざるを得ず」明治十七年）、若き外交官・原敬《はらたかし》は、明治十九年（一八八六）の伊藤博文宛書簡のなかで、まずは社会の上流からはじめようとの具体案を示した。世は「欧化」の只中《ただなか》。十六年五月の「基督教信徒大親睦会」では、一〇年ならずして日本はキリスト教国になるであろうといった未来予想図が、朗らかに謳《うた》われている。

「宗教軋轢」とキリスト教の「公許」

こうした動向に、反キリスト教を堅持する人びとの危機感は募った。神職や僧侶である。文明国など目指さないという勇気があるならばともかく、そうでないのなら、かれらは、文明とキリスト教の一体性という「敵」の主張を反駁しなければならない。だがそれは容易でなく、せいぜい西洋の文明を導いたのはキリスト教以外の要素だと論ずるのが精一杯だった。そのせいか、反抗はどうしても、数に頼んだ腕力に傾きがちになる。この時期、キリスト教の演説会における乱闘は日常茶飯であった。「宗教軋轢《あつれき》」と言われた現象である。

ところが徐々にキリスト教の存在が日常化してくると、明治六年の高札撤去でキリスト教は黙認されたのだとの見方が有力になっていく。「黙許《もっきょ》」という解釈である。やがて「黙許」を公式な許可＝「公許」にしようとの案が出される。明治十七年に井上馨《いのうえかおる》外務卿が閣議に提出した。だが「公許」は見送られた。清《しん》国での教案《きょうあん》（キリスト教排撃事件）が惹き起こした西洋諸国による軍事介入などを念頭に、もし「公許」が「宗教軋轢」へ火を注ぎ、外国人宣教師の殺害などに至ったら、国の存亡に関わるという「公許」不要論が上回ったためである。現状のままなら「切支丹」は禁止されていると解することもできた。願望を込めてそう信じている人たちがいた。かれらを起こさぬようにということである。かつて新政府は、禁教の高札を掲げていながら、仏敵の「切支丹」に間違われたことがあった（第一章第3節）。「公許」の結果がどうなるか、警戒するのも分からなくはない。

では政府はなにもしなかったのかというと、そうではない。このとき、葬儀に関する制度に手を加え、キリスト教徒にもその自由を及ぼした。すでにこれ以外には制度的制約はなく、さらにこれ以上なにかをするには、法令におけるキリスト教への言及、すなわち「公許」が不可欠だった。つまりキリスト教の「黙許」は飽和点に達した。翌十八年、ローマ教皇使節が親書の奉呈に訪れたとき、天皇は自信を持ってこう答えている。「朕《ちん》は尚《な》お開進の主義に依《よ》り、耶蘇教徒を保護する、他の臣民と異なることなからん」。

そして最終的には大日本帝国憲法で信教の自由が掲げられ、そのなかにはキリスト教も含まれると国民が解釈したことで、キリスト教は「公許」の実質を獲得する。解釈を介する以上、認めぬ者もいた。しかし圧倒的大多数がそう解し、これによりキリスト教との和解は完成した。江戸時代のはじめに「国禁」とされてから、優に二五〇年以上が経っていた。

宗教か、宗教でないか

明治十七年、キリスト教による葬儀が自由化されたのに合わせて、神仏に関する仕組みも大幅に変わった。まず前提として、神職・神社を宗教の枠外に置くことと引き換えに、葬儀への関与を禁じた。葬儀をしたい神道人は神社から離脱して、宗教である神道（教派神道）を形成していくものとされた。だが実際の葬儀件数からいうと、この仕組みは、葬儀を僧侶の領分と認めたに等しい。むろん寺院の経営に配慮してのものである。そして宗教とされた仏教と教派神道は管長を中心に教団をつくり、自治を行っていくとされた。管長制という。

この新たな仕組みは、当事者の主張をできるだけ採り込もうとしたものだった。神社は宗教ではなくそれ以上のものであるという神職たちの主張と、宗教の代表として葬儀を独占しようという僧侶たちの主張。それらより声は小さいものの、神道家のなかにもあった葬儀をしたいという主張。そして葬儀の自由をというキリスト教徒の主張。これらに目を配り、そのいずれの主張もある程度まで満たす仕組みだった。その意味で著しく政治的な決断だった。ただでさえ上知《あげち》などで経済的に苦境へ追い込まれていた神仏関係者らを、明確な反体制勢力としないよう配慮し、なおかつそれによって神仏の棲み分けをはかろうと考案された仕組みであった。そこではすべてが葬儀へと収斂していく。神社や神職は宗教でないから葬儀に関与しないのだ。宗教と言う新奇な観念は、国家のなかでそのように定位された。

神社が宗教でないというのはおかしいと感じる方もおられよう。だが久米邦武の言葉を思い出して欲しい。それどころか本節に出てくる人物、福沢諭吉も伊藤博文も、そして宣教師も僧侶も、ほとんどみなそう記している。いわばそれはこの時代の常識だった。十九世紀後半の日本で、はじめて宗教という観念に触れた人びとにとっての常識だった。何宗かと問われ、○○教徒と一言で答えねばならずに悩んだ人たちの結論だった。これをヘンに思うのは、われわれが十九世紀以後だけでなく、二十世紀以後をも生きているからである（第四章第1節）。

藩閥政府は十九世紀の常識をもとに、仕組みを拵《こしら》えただけである。当たり前である。かれらのような「素人」が、独自な宗教理解を捏造し得たと考える方が、どうかしていよう。

2　第三の道

帝室の宗教は何か

明治二十年（一八八七）三月八日、岩倉具視《いわくらともみ》ら一行の米欧回覧から約一五年後、ひとりの僧侶が、セイロン（スリランカ）へ赴くため横浜を発った。釈宗演《しゃくそうえん》。慶応義塾で学んだこの若者は、のちに明治を代表する禅僧となる。夏目漱石《なつめそうせき》の『門』で、主人公の宗助に「父母未生《みしょう》以前本来の面目は何か」という公案《こうあん》を与えた老僧のモデルでもある。

セイロンに到着し修行をはじめた宗演には、現地の人から尋ねられて困っている問いがあった。久米邦武《くめくにたけ》らと違い、常に法衣を纏《まと》っていた宗演が何宗かと問われる気遣いはない。それではない。「吾《わが》日本帝室に於て奉ぜらるゝ宗教は何の宗教なりや」である。日記で自問自答する。

吾天皇陛下は無宗教なりと答ふるも、外人に対して余り殺風景なることに覚ゆるを以《もっ》て、予窃《ひそ》かに、陛下は神道を奉ぜらるゝを以て答へとす（耶蘇《やそ》の神と見る勿《なか》れ）。而して此《この》神道なるもの ゝ 宗旨と云は何等の点にあるか、予未《いま》だ其《その》教を聞かざれども、天下の輿論《よろん》に従へば、純然たる宗教とは認めがたきが如し。結局日本の神道と云は天皇陛下の祖宗《そそう》と云ふに過ぎず。彼の皇統連綿は比類なき美事なれども、是《これ》を以て直に宗教視することは穏当ならずと覚ゆ。……予の簡考に因《よ》れば、天皇陛下も将来定めて純乎たる宗旨を宣布《せんぷ》せらるゝことならん。果して然《しか》らば、其国教否《いな》帝室の奉教は何なる宗旨なるか。予は私《ひそ》かに信ず、仏教にあらずんば必ず耶蘇教ならん。而して此《この》二者を撰定するは、人心向背の依《より》て決する所、天下后世《こうせい》の尤《もっと》も注目する所、実に日本の一大事なり。

天皇の宗教はなにか、国教はなんなのか、宗演にも分からなかった。無宗教というわけにもいかず、ひとまず神道と答えてはみたものの、神道は宗教でないからどうにも腑に落ちない。十九世紀的な考え方である。そこで天皇が今後それを宣言するものと予想した。それは仏教かキリスト教かの二択である。いずれになるかは天下の一大事だ、と。

もしこの時期に宗教宣言が出されるとすれば、二年後に迫った大日本帝国憲法と皇室典範（以下、並称する際は典憲とする）の発布の時しかなかろう。宣言は出されたのか。

機軸とすべきは皇室のみ

結論から言う。明治二十二年（一八八九）二月十一日に宗教宣言は出されなかった。なぜか。典憲をつくった当人に語ってもらおう。伊藤博文枢密院《すうみついん》議長による「起案の大綱」である。

今憲法の制定せらるゝに方《あたり》ては先《ま》づ我国の機軸を求め、我国の機軸は何なりやと云ふ事を確定せざるべからず。……抑々《そもそも》欧洲に於《おい》ては憲法政治の萌芽せること千余年、独り人民の此《この》制度に習熟せるのみならず、又《ま》た宗教なる者ありて之《これ》が機軸を為《な》し、深く人心に浸潤して人心此に帰一《きいつ》せり。然《しか》るに我国に在《あり》ては宗教なる者其《その》力微弱にして一も国家の機軸たるべきものなし。仏教は一たび隆盛の勢を張り上下の心を繋《つな》ぎたるも今日に至《いたり》ては已に衰替《すいたい》に傾きたり。神道は祖宗《そそう》の遺訓に基き之を祖述すとは雖《いえども》、宗教として人心を帰向せしむるの力に乏し。我国に在て機軸とすべきは独り皇室あるのみ。

伊藤にとって、宗教が大切だというのは「作法」であって、日本の現実ではなかった。そんなものに大事な立憲政治を託すわけにはいかない。仏教でも神道でもなく天皇を機軸とするほかないのだ。同じ頃、政府は寺院のみならず神社に対しても「独立自営」を迫っていた（第一章第4節）。伊藤の演説は実際の政策ときれいに対応していた。

宗教に関する意見は実に多様だった。キリスト教を軸にすれば、まず天皇から洗礼してキリスト教を国教にという人がいる一方で、それに反対する人もおり、キリスト教の撲滅を目指し活動を続ける人までいた。また祭政一致を目指して神祇官をつくろうとする者がいるかと思えば、すでに祭政一致は実現しているという者もあり、そんなものは駄目だとする者も、どうでも良いという者もいた。

このとき、伊藤博文ら典憲の起草者たちは、そのいずれかに立つのではなく、いつかと同じように、すべてに一定の譲歩を要求しつつ、ある程度の満足を与える形を構想した。宗教という論点で原理的な反体制を出現させない努力と言えぬこともない。ただそこにあるのは、自らの理想を実現すべく奮闘する国学者やキリスト者とは別の姿である。それは理想なき妥協の追求であり、政治家的発想の極みだった。だがかれらはそんなことを意に介していなかったろう。なにせ宗教の力は「微弱」で、それに対しさしたる関心もなかったのだから。

しかしその結果、かれらは、祭政一致ともキリスト教国教化とも異なる道へ足を踏み入れることになる。いささか月並みな言い方ではあるが、それを第三の道と呼んでおこう。

国教なし

第三の道はまず、国教の規定を置かないところからはじまる。肩入れを避けるには必須のことだろう。よって憲法の第二八条は「日本臣民は安寧秩序を妨げず及《および》臣民たるの義務に背かざる限《かぎり》に於て信教の自由を有す」と、信教自由のみが簡潔に規定された。モデルであったプロイセンに反してである。起草理由書には、国教の偏信を強いることほど知識の発達や学術の進化に障害となるものはない、とある。国教を置くことなど、起草者たちの眼中にはなかった。しかしアメリカの修正一条とは違い、それを明確に否定はしない。これによって国教を目指す運動にも、一縷《いちる》の望みが残される。

しかし天皇が親祭をしているという事実はあり、それに官吏が参列することもあった。そもそも憲法発布式に先立って、宮中三殿で紀元節《きげんせつ》の親祭が行われている。天皇が皇祖《こうそ》皇宗《こうそう》に向かって自ら告文を読み上げ、参列者は拝礼をした。五箇条の御誓文のときの祭典（第一章第3節）と比べると、親祭とはなにかがよく分かるだろう。そしてもしかするとこれは国教ではないか、という疑念を持たれるかもしれない。ところが枢密院では、天皇親祭に官吏が参加を拒んでも「臣民たるの義務」に背くわけでなく、法的にはなんら問題ない旨が確認されている。宮中三殿における天皇の親祭はそうしたものだったのであり、それを知る者にとって、国教と思いたくとも思えるようなものではなかった。元田永孚《もとだながざね》や佐佐木高行《さざきたかゆき》といった面々は、これを不服とし、あらためて神祇官の復興を求めていくことになる。

万世一系

そして天皇を機軸に据える作業がいる。なぜ天皇がいるのか、なぜ天皇が統治するのか。それは天皇が万世一系《ばんせいいっけい》であることに求められた（憲法第一条）。万世一系とは、祖宗以来の皇統が途切れることなく繋がって現在の天皇に至っていることである（典範第一条）。この点は、紀元節親祭に際しての告文や、憲法に付された勅語でより詳しく展開された。いずれも天皇のサポーターらの好む語彙が鏤《ちりば》められている。

これらは天皇の位置付けを極力動かさないためだった。現状を変えることは、常に偏ったと見做される危険性がつきまとう。そうした非難、より具体的には、枢密院における佐佐木高行ら、祭政一致を是とする人びとを意識したものである。これは取り越し苦労ではなかった。憲法発布当日には森有礼《もりありのり》文部大臣が、伊勢神宮参拝の際に不敬があったという理由で西《にし》野文太郎《のぶんたろう》に暗殺された。これを聞いた谷干城《たにたてき》は、日記で快哉《かいさい》を叫んでいる。かりにも前内閣で森と同僚だった人物である。こうした事件はあったものの、やはりサポーター用語には効果はあった。これらの言葉に祭政一致の証《あかし》を見た者も少しはいたからである。

だが起草者側がどこまでこれらに注力していたかは疑問である。告文や勅語の準備は憲法発布準備の最終段階でようやくはじまる。急《せ》いたせいか、発布するまで勅語中の誤りに気づかず、進退伺いを出す始末になった。また枢密院での参考資料をもとに、伊藤博文の著作として公刊された『憲法義解』は、官製注釈書と評されるが、そこには告文や勅語は掲載すらされていない。当然ながらそれらが解釈に反映することもない。その後も告文と勅語は法の規則を立てたものでなく、援用して憲法を解釈するのは誤りという説が多かった。

なお、「天皇は神聖にして侵すべからず」（憲法第三条）も、祭政一致が心から離れない者にとってはうれしい条文であり、それが人心の収攬《しゅうらん》に寄与したことも確かである。ただこれが「法律は君主を責問する力を有せず」（『憲法義解』）ということ、すなわち天皇の無答責《むとうせき》を規定したものであることは、法律を学んだ者のあいだでは常識だった。とくに神秘性を帯びているわけでも、ましてや天皇に神格を認めているのでもない。

ただこのように天皇を機軸に据える作業は、サポーター用語を利用するほかなかった。のちにこれらは国体という語に代表され、国体論と包括されていく。しかしこれらが法律の外部に置かれていたことに注意しなくてはなるまい。告文や勅語の法的位置付け、そしてなにより国体という語が典憲のなかには登場しないことが、それをよく表していよう。

勇気と先送り

以上のように、第三の道は、祭政一致や国教に関心を持つ人びとの夢を完全には潰《つぶ》さないが、それらのいずれとも異なる道だった。選ぶというほど自覚的な行為ではないかもしれない。ただ勇気が足りず、なにもしなかったからこうなったわけではない。

立憲政治はキリスト教を背景にしなくては無理だという主張が当時はあった。むしろその方が多かった。なんといっても先例がなかった。しかも先例打破を目指した国は失敗に終わっていた。オスマン帝国では、いわゆるミドハト憲法（一八七六年公布）が、公布から一年少々で効力停止に追い込まれた。つまり理論的には、キリスト教がないと立憲政治は無理であるという方に、大きく分があった。それを克服するための努力をしないという決断自体、知的な人間にとっては、勇気の要る賭けだった。そうした賭けが可能だったのは、おそらく、日本では宗教が社会における決定的な要因ではないという認識ないし信念だったのではあるまいか。少なくともこの信念なくしては、怖くて賭けに参加できなかったに違いない。

いくら勇気ある決断だったとしても、第三の道はこれまでの課題を先送りしただけで、実はなにひとつ解決していない。この点は伊藤博文自身が認めている。枢密院で憲法第二八条の審議が紛糾し、将来の宗教政略へ及んだとき、伊藤議長はこう述べて終結させた。人は一〇〇年も生きられないのだから、そんなことはその時々の政治家が考えれば良い！

残された課題として、ここでは二つを指摘しておこう。ひとつは、宗教ではなく天皇が機軸とされても残るかもしれない問題、そう、釈宗演が異国の地で悩んだ「天皇家の宗教」である。こちらは次章でまとめて考えてみることにする。そしてもうひとつは、天皇が機軸であるとは具体的にはどういうことであり、そのためになにをしていくかである。

教育勅語と宗教

政府による天皇機軸化の最初の本格的な試みが、明治二十三年十月に発せられた教育勅語である。

勅語の発端は、教育の現状を知育偏重と批判する声が上がったことである。対応策として道徳教育が浮上、天皇による勅語という形に結実した。起草に携わったのは中村正直・元田永孚・井上毅《いのうえこわし》。ちょうどキリスト教国教化論・祭政一致論・第三の道論に対応している。主導権を握ったのは井上毅。かれは次の言葉で勅語の方向性を決定付けた。「勅語には敬天尊神等の語を避けざるべからず。何となれば此等《これら》の語は忽《たちま》ち宗旨上の争端《そうたん》を引起すの種子となるべし」。宗教ではなく天皇を機軸とする第三の道のまさに具体化だった。そしてそれを法とは別の次元で行ったことも忘れてはなるまい。すなわちこの勅語には国務大臣の副署がなく、法的拘束力を持たないよう設計されていたことである。

内容面では道徳規範の提示という目的との関連で、儒学とりわけ水戸学の影響が著しい。とくにここで使われた国体というサポーター用語は、その後の国民と天皇の行動を規制していくことになる。ただ確かに教育勅語から仏教やキリスト教の香りを感じ取ることはできない。

また手続き面でも、宗教でなく教育だった。文部大臣や学校という回路を使って勅語が下付されたのもそのためである。制定者は宗教と教育を区分できると自信を持っていた。実際に政府は、官公立はもちろん私立学校の宗教教育や儀式まで一般的に禁止しており（明治三十二年文部省訓令第一二号）、宗教と教育の分離を強力に推し進めていった。

一高不敬事件

しかし受け取る側がどう考えるかはまた別である。一高不敬事件の争点はここにあった。明治二十四年一月に第一高等中学校の教員でクリスチャンの内村鑑三《うちむらかんぞう》が、教育勅語の「奉拝」をしなかったことが不敬と指弾され、依願退職を余儀なくされた事件である。

なお内村は、一部では誤解されているようだが、教育勅語の内容に異議を唱えたのではない。のちに若干の皮肉を込めて、教育勅語がもっと熱心に実行されていれば、日本の道徳がこんなにも混乱することはなかったろうと述べたりしている。またほかのキリスト者においても、教育勅語の内容を否定した例はそうは見つからない。明治期のキリスト者の第一世代は、道徳的謹厳さに惹かれて入信した者も多く、その点で放縦な人たちと比べ、はるかに勅語との相性は良かった。両者の相性は占領期にも確かめられるだろう（第五章第1節）。

異議の対象は内容ではない。「奉拝」を内村は「仏教や神道の儀式で祖先の位牌の前でする」のと同じやり方と感じ、躊躇したのである。すなわちその儀礼に、キリスト者である自らのものとは異なる宗教を感じ取ったのである。制定者の意図は内村には届かなかった。「奉拝」という形の儀礼が行われたのは、知育偏重の克服を目標とした教育勅語に、身体性を導入したものだった。儀礼は大多数の国民にはさして違和感なく受け容れられた。だが全員ということはあり得ず、その際の否認の根拠は宗教だった。第三の道へのもっとも純粋かつ強硬な否定であろう。現在の戦没者追悼式における献花に、キリスト教色を見出して拒否する人びとに近いかもしれない。するとこの少数者をどう処遇するかである。明治二十四年の日本は内村を排斥した。「民」を称する人びとが、エリート養成機関である一高の教員にあるまじき行為であると、「官」としての規範を強引に問い、かれを辞職に追い込んだ。こういう事件だった。

神祇崇敬の主張を控えよ

一方で第三の道に批判的な人びとの運動も、政府内から起こってきた。神祇官を再び復興しようという動きである。天皇の祭祀を明治初年のように神祇官にて行うことで、宮中に閉じ込められた現状から解放し、あわせて神祇官が所管する神社を介して国民との結合をはかろうというものだった。枢密院で官吏の祭祀参加問題で敗れた人びと、具体的には元田永孚や佐佐木高行ら、ほとんどが宮中に関わる人びとだった。帝国議会開幕前の明治二十三年（一八九〇）後半に運動は盛り上がった。

しかしこの運動は、まずは政府全体の消極性を打破できず、ついで宮中の主である明治天皇の反対によって、政府内では運動そのものが潰える。天皇は徳大寺実則《とくだいじさねつね》侍従長を通じて山田顕義《やまだあきよし》に対し、「神祇崇敬説」の主張を控えるようにと注意を与えた。山田は薩長の元勲クラスでただ一人、神祇官復興運動に加わった人物であった。神祇官など不要というのが明治天皇の考えであった。

「神道は祭天の古俗」事件

政府部内では消えたものの、神祇官を目指す火は民間で燃え続けていた。明治二十五年に久米邦武の論説「神道は祭天《さいてん》の古俗」へ非難の声を上げ、かれを休職へと追い込んだのは、そういった人びとだった。

一部では誤解されているようだが、久米が神道は宗教だと主張したことに、神道家が激怒したのではない。論説に目を通せば、久米が「神道は宗教に非ず」と記しているのを目にするはずである。十九世紀の常識で対立することはない。神道家たちが突っかかったのは、久米が神道を「祭天の古俗」としたことだった。天を祭るという儒教的、すなわち中国的な言葉遣いでもって神道の本質を規定したことに、国学系の人びとが我慢ならなかったのである。そしてこう気勢を上げた。帝国大学の教授にして六国史《りっこくし》に続く大日本帝国の「正史」の執筆を委ねられた者の歴史観がこれでよいのか、と。「民」を称する人びとによって「官」の規範とその歴史認識が問われた事件である。一高不敬事件とよく似た構図である。よってそうした地位から降りさえすれば、問題は落着する。やがて久米は早稲田大学教授として長年活躍し、本章の冒頭に掲げた文章なども発表することになる。

こうした事件が起こる要因は第三の道そのものにもあった。神祇官を復興するという夢を完全には潰《つぶ》さなかったからである。その「緩《ゆる》さ」は民間にあった官についての多様な願望をそのまま生かし続け、ときに体制を揺さぶるような事件を惹き起こすこととなる（第四章）。

3　明治天皇の「御敬神」

帝室制度調査局の創設

立憲政治の機軸へと据えられた天皇に、もう少し近付いてみよう。

憲法と皇室典範によって、天皇に関わる仕組みの根幹は定まった。ただ根と幹だけで、枝も葉もない状態がしばらく続く。それを変えたのが、後述する皇室令による皇室制度の構築である。法的な規定がほとんどなかった皇室に、法制度が本格的に導入された事件である。ところがその途中で方針が転換、しかもその転換が中途半端に終わるといった紆余曲折を経て、天皇についてはおおよそ次のような三層からなる仕組みができあがっていく。①天皇のいる国家儀礼、②宮中祭祀、そして③それらから漏れる信仰。このうち本節では、仕組みがつくられていく様子と、②の宮中祭祀の実際について見る。①は次節で、③は章を改めて考察をしたい。

皇室制度の整備に入るきっかけは冠婚葬祭であった。かつて典憲の制定を主導した伊藤博文首相が明治天皇へ意見書を提出、これに基づいて明治三十二年（一八九九）八月、帝室制度調査局が宮中に設置された。皇太子嘉仁《よしひと》親王（大正天皇）と九条節子《くじょうさだこ》（貞明皇后《ていめい》）の成婚という目前の必要に応じて、ひとまず皇室婚家令《こんか》と皇室誕生令をつくった。だがここで同局は休眠状態に入る。

天皇に法の網をかける

明治三十六年七月に伊藤博文が総裁に再任され、伊東巳代治《いとうみよじ》も副総裁として戻ってきたことで、本格的な調査が再開される。ところがこのとき、基本方針の転換が企てられる。

明治十年代後半から伊藤博文の政治指導によって、いわゆる「宮中・府中の別」を明確化する政策が行われてきていた。府中とは政府のことであり、その中心は内閣にあった。よって宮中と府中を分けるとは、たとえば、皇室関係の事務を司る宮内大臣は国務大臣ではないとして内閣の外に置くといったことになる。こうすることで、宮中からの介入を排した内閣主導の政治運営が確立し、しかも皇室は政争に捲き込まれることなく安泰となる効果が期待されていた。法律や勅令で規定される政治の世界とは離れたところに皇室を置こうという発想である。典憲もそうした考えを基本にしており、皇室典範が公布されなかったのも、それは皇室の家法であって国法ではないとの考えによる。この考えは帝室制度調査局にも受け継がれた。開局にあたり伊藤総裁は、「宮中・府中の別」がまだ明晰でない憾《うら》みがあるとして、それをさらに徹底させていく方向を示していた。ところが、それだけでは上手くいかぬところが出てくる。

天皇は統治権の総攬《そうらん》者で、いわば宮中と府中にまたがる存在である以上、完璧な区別は不可能に近い。この点は伊藤も認めていた。問題はその区分困難なところをどうするかである。たとえば、大喪《たいそう》に際して官庁を休業にするときは、宮中の例規に府中が従っていた。ところがそれには根拠がない、と伊東巳代治とかれの周囲に集った法律家たちは論じる。法令は、対象となる者に向けて適切に公布しない限り有効でなく、有効でない法令に従う必要はない。よって皇室関係のものであろうと、宮中の内規を政府が守る義務はない、と。宮中と府中とが接触する場において、現状では、宮中の意向を府中に通ずる法的な仕組みはなく、そしてそれを克服するためには、府中に向けても効力を持ち得るような宮中の法を構築しなければならないと主張した。それはほとんど慣行で成り立ってきた天皇の行動を、法で規定していこうという試みとなる。

府中にも効力を持つ宮中の法が整備される時、「宮中・府中の別」はどうなるのか。そこでかれらは「宮中・府中の別」の原則そのものも放棄を提唱した。伊東巳代治が提示した新方針は、「皇室の事を以て天皇の私事なりとし、皇室典範は皇室自らその家法を条定するものなりと断定したるの説は、我日本帝国の歴史と相容れず」と断言し、皇室は国家の要素たるべきことを明らかにすべしとある。明治国家形成期につくられた仕組みへの原理的な省察に基づいて、その原則の転換を企てたのである。

皇室令の登場

伊東巳代治らが最初に提案したのは、いかにも法律家のかれらしく、法令等の形式を定めていた公文式《こうぶんしき》の改正だった。具体的には、以下の二点を盛り込むことで、方針転換を実現しようというものである。（イ）皇室典範の下に皇室令《こうしつれい》という法の形式を創出し、それが府中に関わるときには、その責任を負う国務大臣が副署する。（ロ）皇室に関わる勅令には宮内大臣が副署する。この意図は、憲法―国務事項―勅令という府中の法形式と同じように、新たに典範―皇室事項―皇室令という宮中の法形式をつくりだし、そのうち両者が関わりあうところについては、相互に副署し合うことで、宮中と府中を相互乗り入れさせようというものである。

だが調査局が主導する原則の変更には、政府内でも、「宮中・府中の別」を是とする立場からの反対意見が強かった。そしてこうした声に押し戻され、公文式が改正されて明治四十年一月に制定された公式令《こうしきれい》では、（ロ）は削除され、（イ）の皇室令だけが成立した。すなわち皇室についての新たな法形式が出現したのみで、方針が変わったかどうか、判断のつきかねる結果となった。

大正期の帝室制度審議会と王公族の信教

こうして登場した皇室令だが、まずは関連する主なものを次頁の表で年代順に掲げよう。すぐに気付くのは、法令整備に要した時間の長さ（帝室制度調査局の設置からでも四半世

皇室令	制定年	A	B
(皇室典範増補)	明治40年(1907)	+	+
皇室祭祀令	明治41年(1908)	−	−
登極令	明治42年(1909)	+	+
摂政令	明治42年(1909)	+	+
立儲令	明治42年(1909)	+	+
皇室成年式令	明治42年(1909)	−	−
皇室服喪令	明治42年(1909)	+	+
皇族身位令	明治43年(1910)	+	+
皇室親族令	明治43年(1910)	+	+
皇室会計令	明治45年(1912)	+	−
皇室儀制令	大正15年(1926)	+	+
皇室喪儀令	大正15年(1926)	+	+
皇室陵墓令	大正15年(1926)	−	+
王公家軌範	大正15年(1926)	+	+

関連する主な皇室令　Aは国務大臣の副署の有無、Bは枢密院への諮詢の有無を＋(有)と−(無)で示す

紀以上）と、そのなかの二つの時期的なピークであろう。調査局は明治四十年（一九〇七）に廃止され、残務処理の委員も四年後には解かれる。この期間中に起草された案は全部で五一件。うち三三件が公布された。これが一つめの山である。ただ残りの一八件は明治年間には裁可に至らず、そのなかに皇室喪儀《そうぎ》令や皇室陵墓令などがあった。これらは大正五年（一九一六）十一月に創設された帝室制度審議会にて再び審査される。審議会の総裁は伊東巳代治が務めた。大正十五年になってこれらが一挙に公布され、二つめの山をつくる。

なお、大正期の帝室制度審議会で中心となった課題は、王公族の待遇だった。王公族とは旧大韓帝国皇帝の家族のこと。韓国併合時の詔書によって、日本の皇族として待遇することとなり、その「宗祀」を奉ずることも認められた。葬儀については、大正十五年制定の王公家軌範《きはん》という皇室令で規定されたが、李《り》王家のこれまでのやり方を改める必要はないとの内

容だった。皇族の儀礼に関する規定がようやく揃った時には、それに拘束されない「皇族」が出現し、宮内省の指導で統一されたはずの葬礼は、斉一性を失っていた（第三章第1節）。

国家の儀礼と宮中祭祀

天皇・皇族はこうして皇室令で緻密に規定された。そしてそこから読み取ることのできる論理は、国家に関わるものとそうでないものとの二つの層があるというものである。宮中祭祀は後者に入る。もっともいきなり結論を示しても納得されない方もおられよう。とくに宮中祭祀の位置づけには異論が予想される。そこで、少々煩瑣になるが、その論証を大まかに示しておこう。しばしお付き合いいただきたい。

数多くある皇室令には、三つの規準によって差がつけられていた。A国務大臣の副署があるかどうか、そして制定に当たってB枢密院やC皇族会議に諮詢《しじゅん》されたかどうか。ここではAとBに注目する。

副署は責任の所在を表すものである。よってAは、国務に関連があるかどうかの判断基準である。国務大臣の副署がない皇室令は、宮中内部のもので、国務とは関係がないということになる。これに対してBは重要性の基準である。皇族全般にとって重要なものはC皇族会議に、そしてより一般的に重要なものはB枢密院に諮詢された。このあたりで再度前頁の表をご覧いただきたい。すると、かなり明快に二分されることに気付かれるだろう。

ひとつの極は、国務大臣の副署があって枢密院の諮詢を経たA⁺B⁺、その対極がそれらをともに欠くA^-B^-である。前者は国務と関わる重要なもの、後者は国務とは関わらずに宮中で完結し、重要度で前者に劣るものとなろう。なお、A^+B^-（皇室会計令など）やA^-B^+（皇室陵墓令など）といった例もあり、AとBは独立している。

A^+B^+は、登極令《とうきょくれい》が即位の礼と大嘗祭《だいじょうさい》、立儲令《りっちょれい》が立太子の規定であるように、天皇の生涯において大きな節目となる一度きりの儀礼を定めたものである。これらは皇室の行事であると同時に国務で、かつ重要なものであると位置付けられた。これが第一の層であり、天皇がいる国家儀礼と呼ぶことができよう。

それに対し、A^-B^-の皇室祭祀令は、皇室内に限られ、さして重要でないものとして法制化された。すなわち紀元節祭《きげんせつさい》や新嘗祭《にいなめさい》といった天皇自ら祭典を行う大祭も、国家の大事を奉告する祭典も、国家の儀礼とは区別され、いわば伊東巳代治のいう「天皇の私事」と極めて近いところへ定位された。これが第二層である。

ただし宮中祭祀が国事と完全に切断されたわけではない。たとえば、大祭は天皇が皇族と官僚を率いて祭典を行うと規定されており（皇室祭祀令第八条）、官僚には「府中」の官僚も含んでいる。しかし天皇が率いるのは官僚までであり、実際に参列できるのもそうだった。皇室祭祀は「臣」を率いてのものであったが、「民」は登場してこない。しかしそれでも天皇親祭である限り、祭政一致であると思いたければ思うこともできた。

このように天皇の儀礼として漠然と一括されることの多いもののなかにも、明確な秩序が存在していた。そして宮中祭祀は、言うなれば、宮中のなかへ封じ込められたのである。

宮中祭祀を封じ込めたのはだれか

宮中祭祀をそのようなものとして制度化したのは、半分は帝室制度調査局だった。国務には関わらないというA⁻は調査局の原案通りである。ところが同局の案では、皇室祭祀令は枢密院に諮詢することとなっていた。すなわちB⁺になるはずだった。それにもかかわらず枢密院の諮詢に付されなかったのは、局に調査を命じ、諮詢するかどうかを決めることのできた明治天皇の意向としか考えられない。局の提案でも、その判断は最終的にはひとえに「聖断」によるとされていた。天皇は原案に反しあえて枢密院に諮詢しなかったのである。

皇室令で規定するような領域について明治天皇の意向が尊重されたことは、たとえば即位の礼・大嘗祭を京都ですることになった経緯からもうかがえる。岩倉具視《いわくらともみ》によれば、京都催行は、同地の荒廃を憂えた明治天皇が、ロシアでは皇帝の即位式などが首都サンクトペテルブルクではなく、旧都モスクワでなされていることを知り、日本でも同様にしたいと考えたことによるという。このほか、自身の陵の位置なども、明治天皇の希望の通りになっているのは、次節で見る通りである。自らに関することだけあって、その意向はかなり尊重されていた。

それではなぜ明治天皇は皇室祭祀令を枢密院に諮詢しなかったのだろうか。この時期の宮中祭祀の様子を見ながら、考えることにしよう。

親祭から遠ざかる明治天皇

最初に記すべきは、明治天皇はこの時期あまり祭祀をしていないという事実である。だからといって祭祀が途絶えたわけではない。代拝といって、天皇の代わりを務める者が祭祀を行っていた。だがその代拝の比率が著しく高い。はじめはそうでもなかったのだが、日清戦争を経てしばらくすると急増し、明治の終わりまでそのままで推移する。このあたりを理解するため代拝率を計算してみよう。皇室祭祀令で大祭とされた恒例祭祀のうち、とりわけ重要とされる祭典（元始祭《げんしさい》、孝明天皇祭、紀元節祭、春季皇霊祭《しゅんきこうれいさい》・神殿祭、神武天皇祭、秋季皇霊祭・神殿祭、神嘗祭《かんなめさい》、新嘗祭の計八つ）について、代拝率を出してみる。明治三十一〜四十五年（一八九八〜一九一二）の延べ回数一一六回のうち、代拝はちょうど一〇〇回で八六・二パーセント。すなわちこの時期の宮中祭祀は、基本は代拝で、年に一〜二度親祭がある程度だった。なお、それ以前はこの逆で、年に一〜二度、病気などで代拝がある程度だった。

「御親祭あらせらるべき時に、ともすれば掌典長《しょうてんちょう》に御代拝仰付《おおせつ》けらるることがある」。宮内大臣を長年務めた田中光顕《たなかみつあき》がこう述べたように、代拝に疑問を抱く側近もいた。もっとも皇室祭祀令には、天皇に「事故」あるときは皇族ないし掌典長・侍従《じじゅう》が代拝を務めるとの規定があり、法規上は問題ない。しかしある時期以降、急に「事故」が増すというのは自然なこととは言えまい。しかもこの時期の代拝はほとんどの場合、病気などの明確な理由を見出しがたい。なお、代拝は概ね掌典長の岩倉具綱《ともつな》（具視の養子）が行っていた。

政への不満を祭で表現

なぜ代拝は急増したのか、明治天皇自身はその理由を語っていない。そこでまずは代拝の増加がはじまる直前に着目してみよう。

明治二十七年（一八九四）、天皇は政務での不服を祭祀で表明したことがある。日清戦争の開戦について、天皇は、「不本意」のことであるから「神明に申上候《もうしあげそうろう》事は憚《はばか》るべし」と土方久元《ひじかたひさもと》宮内大臣に述べたのだ。開戦という政への不満を、賢所《かしこどころ》での祭を行わないことで示そうというものである。祭政の間隙を衝いた、そして天皇にしかできない意思表示の仕方であった。

明治天皇肖像　明治40年頃

もっともこのときは土方がストライキを決行し、天皇の翻意に成功する。しかし奉告祭は代拝で行われ、勅使の発遣も伊勢神宮と孝明天皇陵にとどまった。この影響は終戦時にも及び、終戦奉告祭も開戦時と同様の形態で行われた。広島の大本営からの帰路、天皇自らが伊勢神宮へ奉告することを期待する声もあったが、むろん実施されなかった。

ところで代拝に天皇の意思が込められるためには、代拝は変則で稀なものという前提が要る。日清開戦時にはまさにその通りだった。だがやがてこの条件が崩れていく。

日清戦争では大本営が置かれた広島に天皇も移った。その関係で一年近く、代拝とせざるを得なくなる。東京に戻って親祭は復活。しかしその回数が減少していたところ、三十年一月に英照《えいしょう》皇太后（孝明天皇女御）が亡くなる。一年の服喪期間は祭祀ができない。この喪が明けても代拝は止まない。このように見てくると、都合二年間に及ぶ「余儀なき」代拝の経験、そしてそれでも特段の問題が生じなかったという事実が、代拝への抵抗感を薄くしたものと考えられる。

代拝による負担の軽減

だが、かつて代拝によって自らの意思を示したことのある天皇である。なんらの考えもなしに惰性で代拝に任せていたとは思い難い。そこに天皇の意向を読み取るべきだろう。

それを一言で述べれば、負担の軽減となる。壮健であった天皇も、年齢とともに仕事量を減らさざるを得ず、その一環として、祭祀の調整・見直しがなされたのだ。それは天皇による自己規制という形でなされた。統治権を総攬するものとなった天皇にとって、祭祀はすべてに優先する務めではなく、しかも代理を立てることができた。

なお、祭祀の負担軽減策は、ほかの天皇・皇后にも見られる。貞明《ていめい》皇后は、大正天皇の祭祀負担を削減するよう牧野《まきの》伸顕《のぶあき》宮内大臣へ要求した。京都時代はいまよりよほど簡単で、女官が代理で務めた例などを挙げている。貞明皇后自身は同じ九条家出身の英照皇太后に倣《なら》い、代拝による軽減をはかっていたようだ。貞明皇后に仕えた坊城俊良は、皇后の次のような言葉を伝えている。「自分も年をとったので、賢所で万一粗相でもあってはまことに畏れ多いし、英照皇太后も御年六十をすぎられてからは御拝がなかったので、自分も見ならった」。

明治天皇は、前節で触れた通り、神祇官の再興を嫌がった。このことと、代拝による負担軽減策を重ねると、明治天皇は神祇に不熱心で祭祀を蔑《ないがし》ろにしたという像が結ばれるかもしれない。だがそれは少し違うだろう。代拝の行われている時間帯に天皇が身を慎んでいたという記録は多い。おそらく祭祀の場にいなくとも祈ることはできると、天皇は考えていたのだろう。そこにあるのは祭祀の軽視というより、儀礼についてのひとつの別の考え方である。

だがこうした明治天皇ならば、皇室祭祀令を枢密院に諮詢する必要はないと判断しても、そうおかしくはあるまい。皇室祭祀の法的位置付けは、「実践」と照応していたのである。

大正天皇・昭和天皇による親祭

明治天皇に引き続き、大正天皇と昭和天皇の恒例祭祀についても見ておこう。

大正天皇は当初ほとんど親祭している。喪が明けた大正五年（一九一六）から三年間の代拝数は、順に一、〇、一。ところが八年に入ると一挙に増加。病勢が悪化したことによる。

そして同年の神嘗祭を最後に親祭は止む。だがその代拝の期間中に見逃せない変化が現れる。

当初は九条道実《くじょうみちざね》掌典長が代拝を務めていた。しかし十年十一月に皇太子裕仁《ひろひと》親王（昭和天皇）が摂政《せっしょう》へ就任すると、以後は原則として摂政が行った。摂政としての行為とはいえ、明治後期に皇族が代拝を担った例のないことを考えると、大きな変化であろう。なお、摂政宮による祭祀がどのような性格のものかについては諸説あった。実際の運用では、天皇の祭祀とは差がつけられていた。昭和天皇に侍従として半世紀以上仕えた徳川義寛《よしひろ》はこう語っている。新嘗祭ひとつとっても、摂政はお供えまでしかできない。昭和天皇も摂政の時にはそのようにやっていた。そして昭和天皇は、こうした時期を経て、天皇として親祭をはじめてからもほぼ皆勤を保っている。二度にわたる「代拝の時代」を通過し、二十世紀に入って四半世紀を廻ったころ、ようやくにして天皇親祭による安定的な宮中祭祀が実現したのである。

4　天皇のいる国家儀礼

皇太子嘉仁親王の大婚

宮中祭祀とは異なる地位を与えられた天皇の諸儀礼、つまり成年・結婚・葬儀・即位などは、生涯に一度きりのもので、そうあることではなかった。それらの劈頭《へきとう》に立つのが、十九世紀最後の年に行われた皇太子嘉仁《よしひと》親王（大正天皇）の婚礼である。

大婚の礼当日の嘉仁親王(のちの大正天皇)と節子(のちの貞明皇后)

これはいくつかの点で実に興味深い出来事だった。第一に、大婚の礼が宮中の賢所《かしこどころ》において行われたこと。第二に、それが建国以来はじめてのことであると、メディアを通じて盛んに喧伝されたこと。第三に、賢所での儀に引き続き、洋装へ着替えて天皇・皇后と対面、馬車によるパレード・祝宴というところまでが大婚とされたこと。そのため、第四に、宮中祭祀と異なり、国民がさまざまな形で参加できたこと。

つまり、皇室婚嫁令に基づく結婚式は、英国王室などを参照して新たに創造された儀式だった。そして国民はそれを弁《わきま》えながら祝い、楽しんだ。これをきっかけにいわゆる神前結婚式が広まっていく背景には、こうした享受の仕方があった。皇太子夫妻はこの後、新婚旅行のような形で伊勢神宮や泉涌寺《せんにゅうじ》を訪ね、翌年には子宝に恵まれた。迪宮《みちのみや》（昭和天皇）である。

明治天皇の大喪

天皇の死から新天皇の即位という流れは、相次いで行われることが制度的に定まっていた。皇室典範が天皇に譲位を認めなかったため、必然的にそうなった。世に言う「代替わり」である。そして明治憲法下では二度の「代替わり」があった。まずは明治から大正への移行である。明治天皇の最期は急だった。病に臥して僅か一〇日ほどで亡くなったからである。そのため、準備も万全とは言えず、関連する法令には未公布のものも多かった。

最初に行われたのは践祚《せんそ》の式である。三種の神器のうちの剣と璽《じ》を、国璽・御璽とともに新天皇のもとへ遷し、同時にその旨を賢所へ告げる儀式で、皇位の継承を示す。明治天皇の亡くなった当日すぐに行われた。ただし当日というのは、明治天皇の死亡時刻が公表通り明治四十五年（一九一二）七月三十日の午前零時四十三分だとした場合。生物学的にはその二時間ほど前に亡くなっていたことが、『原敬日記』ほかから分かっている。そうなると践祚までのあいだに日を跨いだことになろう。また一世一元の制により、践祚からまもなくして元号も大正に改められた。

践祚に続くのは大喪《たいそう》である。大喪と陵に関する皇室令は、帝室制度調査局の草案が明治天皇の手許におかれたままで、公布に至らなかった。天皇の意に沿わない規定があったことが理由であろう。皇室陵墓令の草案は、陵墓の位置を「東京府下に在る御料地内」に限っていた。すると皇室喪儀令《そうぎ》による大喪も東京でとなるだろう。ところが天皇は、死んだら京都の伏見《ふしみ》桃山《ももやま》に葬るようにとの言葉を遺していた。また女官に対し、京都で昔風の葬儀をしたいとの希望を洩らしてもいる。おそらく草案を店晒《たなざら》しにすることで、自らの遺志を実現しようと試みたのではあるまいか。関係者も、明治天皇一代に限りそれで致し方ないと考えていた節がある。明治天皇はその言葉遣いと同様、最期まで京都人だった。

明治天皇の大喪　伏見桃山陵への斂葬鹵簿（れんそうろぼ）。八瀬童子（やせどうじ）にかつがれた霊輦（葱華輦・そうかれん）が御陵道を進む。朝日新聞社提供

こうした経緯から、明治天皇の大喪は、部分的には皇室喪儀令の草案に準拠して執り行われ、先例の踏襲や公式令以降の新方針、あるいはそれ以降へは引き継がれなかった措置などが並存することになる。

形式は、次章に見る英照皇太后のときと同じく、玉串を奉《ささ》げて拝礼する形が採られた。宮中に大喪使が設けられて全般を取り仕切ったところも同様である。総裁は伏見宮貞愛親王《ふしみのみやさだなる》。だがその官制は勅令によった。公式令にともなう新機軸であ

る。葬儀は、英照皇太后が縁深い京都の大宮御所で行われたのに対し、居住地である東京の青山で営まれた。乃木希典《のぎまれすけ》夫妻が自死したのは、この葬列の出発にあわせてのことである。そして柩《ひつぎ》は鉄道でそのまま伏見まで運ばれ、埋葬された。費用は国費より支出され、その審議のため臨時議会が開かれた。

大正天皇の大礼

最後を飾るのが即位の礼と大嘗祭《だいじょうさい》である。当初は大正三年（一九一四）秋に予定されていたが、同年四月に昭憲《しょうけん》皇太后（明治天皇皇后）が亡くなったため、翌年に延期して実施された。明治天皇のときにも、それ以前のものとは大きな変化があった二つの儀式だが（第一章第3節）、大正天皇のときにもまた変革が加えられた。

まず即位の礼・大嘗祭ともに京都で行われた。明治天皇の大嘗祭が史上はじめて東京で開催されたことからすると、元に戻った形になろう。これが明治天皇の意向によることは前節で触れた。ただそのためには、維新期に東京に遷した神鏡を京都御所の春興殿《しゅんこうでん》に動かし、賢所を構えるといった作業も必要となる。約半世紀ぶりの一時的な里帰りだった。

そしてなんといっても即位の礼と大嘗祭が一続きのものとなった。これは登極令《とうきょくれい》で定められていた（第四条）。明治天皇の場合、即位の礼から大嘗祭まで三年が経過している。それが今回、即位の礼が十一月十日、大嘗祭は同月十四〜十五日という日程となった。理由は京都に二度行くことの手間と費用であると、立案者は枢密院《すうみついん》で説明している。二十世紀の現実に適合した合理的な改編ではあるだろう。だが必ずしも芳しい評価ばかりではなかった。たとえば柳田国男《やなぎたくにお》は両者を切り離し、即位の礼は京都でなく東京で開くよう提言している。

大礼を取り仕切った大礼使という機関をめぐる論争も発生した。大喪の際の大喪使と同じように、大礼使の官制は勅令で定められ、内閣総理大臣の管理に属したが、登極令の規定により宮中に置かれた。このため、宮中に置かれるのに首相が管理するというのはおかしいなどと、「宮中・府中の別」を乱すものと批判が上がったのである。

大正天皇大礼　京都御苑に入る鳳輦（天皇の馬車）。屋根には鳳凰の飾りがつけられている

世間がこういったことに敏感になっていたのは、大正政変の記憶が生々しかったためである。内大臣兼侍従長を務めていた桂太郎《かつらたろう》が内閣を組織したことについて、「宮中・府中の別」を破壊するものだと非難が捲き起こって憲政擁護運動へと発展、桂内閣が総辞職を迫られた事件である。「宮中・府中の別」はいうなれば流行語だった。

もっともここでの論争内容には、既視感があるだろう。そう、皇室令が登場してくる過程で繰り広げられた議論と、同じ構図である。帝室制度調査局による「宮中・府中の別」という方針の転換の企ては、ほとんど定着していなかった。最終的に大礼使は当初のまま、即位の礼は実施された。

キリスト者の対応

大喪・大礼とも、国民の大多数はとくに疑念を抱くことなくその儀礼を受け容れた。だがそうすんなりとばかりは行きそうにない人びともいた。たとえばキリスト者である。しかしそう言ったからといって、かれらが揃って反対したわけではない。むしろ逆である。

教会の連合組織である日本基督《キリスト》教会同盟は、明治天皇の病状が報じられると平癒の祈禱会を実施するよう呼び掛け、亡くなるとすぐに宮内省に出頭、追悼の意を表した。ついで大喪と大礼への参列を要求した。大喪については許可された。大礼は認められなかったが、同志社の創設者である新島襄《にいじまじょう》らへ贈位が行われた。荻生徂徠《おぎゅうそらい》への贈位がないのを犬養毅《いぬかいつよし》が批判したのと同じ時であり、新島は、福羽美静《ふくばびせい》の師である国学者の大国隆正《おおくにたかまさ》らと同じ従四位《じゅしい》を贈られた。

キリスト者は一連の儀礼をどう捉えていたのか。関連する雑誌の論調をまとめると、およそこうしたところだろう。なるほど今回の大喪には神道的なところがある。しかし天皇が主宰しており、教派神道による神葬祭とは異なって、宗教によるものではない。大嘗祭についてもほぼ似た理解を示している。まるで政府の論理をなぞるかのようである。だがこれを見て、キリスト者は政府に屈服したということほど、的外れな理解はあるまい。

かれらは自らが少数派であること、それも二重にそうであることを知っていた。キリスト者であること。そして宗教を真に大事に思う者であること。両者は重なり合いながら、その広がりにおいて異なる。たとえばなにかにつけキリスト者たちは、国民の宗教に対する無理解・冷淡さを嘆いた。国民がキリスト教徒でないからといって悲しんでいる面もあるかもしれない。だがそれだけではない——そういった二重性である。

そして一連の行事についても、こうした観点から見つめていた。確かに神道色の感じられる儀式ではある。だが一国の君主たる天皇がそれに勤《いそ》しむ姿は、たとえ自らの信仰とは異なるものであるとしても、少数者たる自分たちを勇気付ける行為であり、国民に向けて大きな意義を持つ。大嘗祭における天皇に「敬虔」を見出した小崎《こざき》弘道《ひろみち》の考えは、そういったものだった。君主のいる国で、その君主とは異なる信仰を持つ者が、世俗化という現象に対応しつつ君主の信仰をどう考えるべきなのか。そうした広く存在する難問へ真摯に取り組んだひとつの回答と見るべきものである。

明治神宮の出現

大喪・大礼という政府が用意した一連の儀礼だけでは飽き足らない人びとが数多くいた。なかでも東京の人びとの喪失感は大きかった。東京へ都を遷し、そこに住み、そこで亡くなった明治天皇の陵が東京にないということに。そうして考え出されたのが、天皇を祀る神社の創建である。明治神宮という構想の出現である。

実現にあたって大きな役割を果たしたのが、内苑＋外苑という着想である。葬儀会場に使った青山一帯を、絵画館などの文化施設を集めた外苑とし、代々木の内苑と一体となってひとつの神社を構成するという計画は、明治天皇を記念する博物館をつくろうとか、競技場をつくろうといった競合する案に対し、それらを外苑にて行うと約束することで支持者へと変え、実現へと漕ぎ着けた。だがそんな明治神宮も国からすると、想定していないものだった。天皇が亡くなると、その柩は陵に、霊は宮中三殿の皇霊殿へ鎮まる。それで完結していたのだから。裏を返せば明治神宮の創建とは、これら二ヵ所以外に死後の居場所をつくりだしたものになる。ではなぜ伏見桃山陵と皇霊殿だけでは足りないのか。

当時のある新聞はこんな言い方をしている。宮中三殿も陵も、国民はたやすく近寄ることができない。そこで神宮を造営するのだ、と。天皇親祭の空間は国民とは隔絶していた。国民が近づくことのできる施設が必要で、それが明治神宮だった。つまり明治神宮をつくって天皇を神として祀ることとは、国民と天皇との距離を広げるどころか、接近させるものだった。国民が明治天皇を神として宮中から町中へと引き出したのである。明治神宮の創建は、天皇と国民、そして神社との距離を一挙に縮めた点で、一過性の諸儀礼よりはるかに大きな事件だった。

大正から昭和へ

明治神宮の内外苑が完成してまもなく、再び一連の行事を行う時期を迎えた。大正天皇の病勢がつとに明らかだったこともあって、関係法令も事前に発布されるなど、今回は準備も滞りなかった。そしてなにより前回からまだ日が浅かった。ただし変わった点もある。

大正十五年（一九二六）十二月の践祚の式は、大正天皇の亡くなった地である神奈川県の葉山で行われた。そして大正天皇陵は京都でなく東京に築かれた。天皇陵を東京近郊に置くというのは、明治後半からの既定路線だった。明治天皇とは違い、大正天皇は東京生まれの東京育ちであり、貞明皇后もそうである。東京に葬られることにあまり抵抗はなかったろう。ただこれにより、大正神宮が創建される可能性はほぼ潰え去った。都《みやこ》に陵がないという、明治神宮造営のきっかけとなった事態が解消したのだから。

そしてこれ以外、とりわけ即位の礼と大嘗祭については、前回と大きな違いは見られない。もちろん量的な拡大を遂げている。「これに参与する国民の数の、いづれの大御《おおみ》門《かど》の御時よりも、遥《はるか》に立勝《たちまさ》つて居る」（柳田国男）。ただ前回とほぼ同じ日程で、同じ場所、同じような行事であることも間違いなかった。

しかしそれを取り巻く環境は着実に変化していた。大典を祝うより革命記念日を祝えというビラが撒かれたりしている。環境の変化はいかなるものだったのか。続きは第四章で述べることにしよう。

第三章　天皇家の宗教

1　皇族に信教の自由はあるのか？

英照皇太后の大喪

明治三十年（一八九七）一月、孝明《こうめい》天皇の女御であった英照《えいしょう》皇太后が息を引き取った。皇室典範の規定で陛下と敬称される皇族が亡くなったのは維新後はじめてのことであり、その葬儀にも注目が集まった。政府は検討の結果、大喪使を宮中に設け、その長官となった有栖《ありす》川宮威仁《がわのみやたけひと》親王を喪主に、宮内省の式部官らが玉串を奉《ささ》げ拝礼する「古式」にて京都で行うと発表した。だがこれに異議を唱えた人物がいた。後七日御修法《ごしちにちのみしほ》の復活で活躍した僧侶・釈　雲照《しゃくうんしょう》である。

釈雲照の主張は、孝明天皇までの葬儀と同じく、泉涌寺《せんにゅうじ》の関与を認めて欲しいというものであり、論拠は、当人の信仰に従うのが、明治憲法に規定された信教の自由に適うというものだった。そのため英照皇太后がいかに仏法に熱心であったかを、泉涌寺との関係などを交えて説いていく。また孝明天皇の葬儀と様式をあわせるのが当然とも述べて、仏葬の正当性を唱え、教派神道に任せるなど論外と否定する。二年前に行われた有栖川宮熾仁《たるひと》親王や北白《きたしら》

釈雲照　真言宗京都学園提供

川宮能久《かわのみやよしひさ》親王の葬儀では、出雲の大社教管長が斎主となっていた。だが、今回のように式部官が葬祭を執り行うというなら、それはそれで構わない。ただそれならば、その式の前か後に、泉涌寺住職が相伝してきた「仏教の秘法」を行うことを許されたい、と雲照は訴える。その実現を、かれは山県有朋《やまがたありとも》を通じて働きかけた。

皇太后の柩《ひつぎ》は東京から京都の大宮御所《おおみやごしょ》に運ばれ、大喪はその地にて政府の発表通りの方法で営まれた。ついで泉涌寺の山内にある孝明天皇陵の傍らへと葬られる。大喪に泉涌寺僧侶の参列が認められたことは確認できる。だが「仏教の秘法」の実施は、いまのところ不明というほかない。『泉涌寺史』所引の史料などからすると、秘密裏に敢行した可能性も排除できないためである。いずれにしろ、英照皇太后の死をきっかけに、皇族の葬礼という論点が浮上した。ただしそれは当人の意思を措《お》いた形であった。

仏式での葬儀を望んだ皇族

英照皇太后の大喪があった翌年の二月、山《やま》階宮晃《しなのみやあきら》親王が亡くなった。晃親王は子供や兄弟にこう依頼していた。「かねて帰依する仏式にて葬儀を営みくれよ」。その条件を事細かに記した遺言書も残されていた。

晃親王は伏見宮邦家《ふしみのみやくにいえ》親王の第一王子として

山階宮晃親王　勧修寺紋付きの額におさめられている。学習院大学史料館編『写真集 近代皇族の記憶—山階宮家三代』より

生まれたが、邦家親王が未婚であったため祖父・貞敬《さだゆき》親王の子とされ、生後まもなく勧修寺《かじゅうじ》門跡を相続した。法名は済範《さいはん》。ところが数え年で二六のとき、貞敬親王の王女・幾佐宮《きさのみや》（公的には実妹、実際は叔母）と西国へ駆け落ちし、これがもとで謹慎を余儀なくされる。東寺などで蟄居すること十余年。行状はともかくもなかなかの人物（徳川慶喜《よしのぶ》）、開国の意味が本当に分かっている唯一の皇族（勝海舟《かつかいしゅう》）というほどの見識を見込まれ、元治《げんじ》元年（一八六四）に還俗《げんぞく》し国事《こくじ》御用掛《ごようがかり》に任じられるなど、波乱に富んだ生涯を送った。しかし晩年は京都に住み、朝二時に起きて五時まで経を上げ、七時から神社仏閣をひとまわり、食事は湯豆腐に大根おろしという、判で押したような穏やかな日々を過ごし、八三歳でこの世を去った。そうした親王が自らの葬儀を仏式で行うよう遺言したのである。

これを知って釈雲照も再び運動を起こした。雲照は無住と化した勧修寺の住職を務めたことがあった。山県有朋を介して田中光顕《たなかみつあき》宮内大臣の手許に届けられた意見書のなかで、雲照は、仏式との併用こそが正しいと、前年と同じく力説している。

いかんせん先例のない事態であり、非公式に枢密院《すうみついん》へ諮詢《しじゅん》するなど、政府も慎重な対応を期した。親王の希望通りに葬儀をするかどうかなど、瑣末な問題に見えるかもしれない。しかし、宗教か否かが葬儀を行えるかどうかの基準だったことを考えると（第二章第1節）、葬儀の形式を決めるものが宗教という考え方もできる。すると、葬儀についてどこまで当人の意向を尊重するのかという今回の問題は、まさに信教の自由にかかわる論点となる。山階宮晃親王の遺言は、皇族に信教の自由があるかを問うものだった。

皇族に信教の自由はない、しかし……

親王の願いを政府は拒んだ。維新以後、皇室の葬祭は「古式」に拠っており、前年の英照皇太后の葬儀もそのように執り行った。この期に及んで仏葬を許可すれば、典礼に乱れが生じるという理由だった。いうなれば維新以来の先例を踏襲する立場からの拒絶である。それでは、皇族に信教の自由はないことになるのか？

その通り、と田中光顕宮内大臣は回答した。信教の自由は臣民のものであり、臣民にあらざる皇族に信教の自由はない、と。もっとも、敢然とした断定とは裏腹に、その主張に見合う法的規定は存在しなかった。すなわち、明治憲法に規定された信教の自由が皇族には適用されないというのは、このとき宮内省によってはじめて打ち出された解釈だった。先例踏襲という横着な決断が、皇族の信教の自由を否定する結果を招いたと、ひとまずは言っておこう。こうした「新方針」に沿う形で、これ以降、皇族の葬儀は東京の豊島岡《としまがおか》墓地（文京区大塚）で「古式」によって営まれるのが原則となっていく。

ところが宮内省の対応はこれがすべてではなかった。仏葬を却下する一方で、葬儀以外はすべて晃親王の遺志に従って差し支えないと指示したのである。そのため親王の墓は泉涌寺に営まれた。それどころか葬儀の際も、「古式」に則った式のあと、泉涌寺の長老を導師とする式が行われた。釈雲照の主張からすれば十分な成果であろう。このように実際には運用も随分と緩やかだった。たとえばその後も明治四十二年、神宮祭主だった賀陽宮邦憲王《かやのみやくにのりおう》の葬儀は泉涌寺境内で行われている。これらを勘案すれば、皇族の信教の自由を政府が否定したという見方だけでは済まなくなってくる。

明治になっても剃髪し、寺院を棲み処とした皇女たちがいた（第一章第4節）。山階宮晃親王と同じ伏見宮邦家親王の子などであった。維新以前に仏門に入り、明治以降も仏の道を選びとった人びとである。だがこうした人びとはやがて消えていく。その最後の一人となった文秀《ぶんしゅう》女王《じょおう》の葬儀は、大正十五年（一九二六）二月、まず仏式、ついで「古式」という形で行われた。よって、かれらには例外ないし過渡的な措置として対応し、他の皇族については信教の自由を厳格に否定する選択も、政府にはあったはずである。しかし、政府はそうしたことはしなかった。あるいはそうはできない事情があった。

2　宮中に息づく仏教

大乗寺に祈願する側室

明治天皇のいわゆる側室のうち、子を生《な》した者は五名。その名前と墓所を掲げてみよう。

葉室光子《はむろみつこ》・橋本夏子《はしもとなつこ》＝護国寺《ごこくじ》　柳原愛子《やなぎわらなるこ》＝祐天寺《ゆうてんじ》　千種任子《ちぐさことこ》＝伝通院《でんづういん》　園祥子《そのさちこ》＝西光庵《さいこうあん》

すべてが東京にある寺院内の墓である。そのなかには大正天皇の生母にあたる柳原愛子も含む。彼女の葬儀は昭和十八年（一九四三）十月、白根松介《しらねまつすけ》宮内次官を葬儀委員長に、東京の青山斎場で仏式にて行われた。

大乗寺で祈る柳原愛子（左）　大正15年12月1日、大正天皇の御平癒祈禱式が執り行われた。朝日新聞社提供

これら五名の女性は皇族には入らない。そのため晃《あきら》親王とは違って葬儀の規制を受けない。するとこうした結果になる。このことは、奥と呼ばれる宮中の空間の主要な構成員が、どういった人びとであったかを教えてくれる。多くは亡くなれば仏葬、そして寺院内に葬られるような人たちであった。

そうした彼女たちのことである、心底祈らねばならぬような事態に遭遇すれば、寺院への祈願をためらうことはない。たとえば天皇の大患。柳原愛子は、明治天皇のときにも、そして大正天皇のときも、東京の白山《はくさん》にあった大乗寺《だいじょうじ》（日蓮宗）に自ら参拝しており、その姿は写真付きで報じられた。

寺院に病気平癒を祈る大きなきっかけとなったのが、嘉仁親王《よしひと》（大正天皇）の病勢である。幼少期の嘉仁親王は次々と病気に罹《かか》った。そのときに養育係を務めていた明治天皇の生母・中山慶子《なかやまよしこ》が願掛けしたのが、この大乗寺の鬼子母神《きしもじん》だったようだ。明治天皇も、公然の沙汰にはし難いが、と留保を付けつつも、慶子の父・中山忠能《ただやす》に、皇太子の健康を神仏に祈願することは妨げない旨をわざわざ伝えている。明治十七年（一八八四）のことである。慶子は孝明天皇が亡くなった際に剃髪《ていはつ》するつもりだったが、奥の事情でかなわなかった。そのせいか、姪の嵯峨仲子《さがなかこ》によれば、「有髪の僧」の気持ちで一生を送る固い決心をし、題目を毎日書写していたという。

そしてこの後も、佐佐木高行《ささきたかゆき》の日記によれば、違例にあたって寺院へ祈願する行為は、皇太子の代参であるとあからさまに諂いでもしない限り、内々のこととして容認されていた。神とともに仏が天皇を護ってくれる——奥の女性たちはそう考え、その通りに実行することができた。佐佐木はこうも述べている。現状からすると、宮中に仏教迷信の弊はあってもキリスト教の方はまず懸念はない。

なお、天皇家の子供たちは、奥を超える広がりのなかで育てられた。昭和天皇が生後まもなく川村純義《かわむらすみよし》に預けられたことは、よく知られていよう。この川村邸にて、例の釈雲照が天皇に加持を授けたとする記録がある。また大正十五年（一九二六）には、久邇宮邦彦王《くにのみやくによし》が「御夫婦にて道了山へ詣り、俗坊主を相手とし皇孫内親王の御祈禱をせられた」ことが問題となったこともある。祈禱を受けたのは昭和天皇の第一皇女・照宮成子《てるのみやしげこ》内親王で、邦彦親王の孫でもある。こうしたところでは、奥よりさらに多くのことが起こり得たのだろう。

題目を勧める貞明皇后

さて、奥を統轄する位置にいる皇后はどうか。明治天皇の皇后である昭憲《しようけん》皇太后（一条美子《いちじようはるこ》）について、公にしなかっただけで、「徹頭徹尾仏作仏行の御一生」を送ったとする類いの書物も世の中にはある。証拠として、東京遷都のとき英照皇太后の同意を得て念持仏を持参したとか、生家の一条家が行った東福寺への寄付は実のところ昭憲皇太后からの下賜だったといった話が並んでいる。ただ、天皇家と仏教のつながりを強調しようとした書物の記述をそのまま信じられるのなら、歴史学の出番はあるまい。こ

貞明皇后

こでは、宮中での仏教信仰について尋ねられた柳原愛子が、昭憲皇太后について次のような含蓄ある答えを残していることを記すにとどめよう。「いろいろ御信心は遊ばしましたが、御所内に御祀りは遊ばしませんでした」。

そうしたなか、大正天皇の皇后である貞明《ていめい》皇后は、しっかりした史料に基づいた記述が可能な点で、稀有な存在である。昭和八年（一九三三）、皇后が五〇歳の年に高松宮《たかまつのみや》妃の喜久《きく》子《こ》へ宛てた長文の直筆書簡にこんな一節がある。「今までに御題目御唱への事あり候《そうろう》や」。

喜久子は母（徳川実枝子）が入院し、不安な日々を過ごしていた。そのことを心配した貞明皇后は、喜久子の心を楽にするには「神仏による外はこれなし」として、題目を唱えるよう勧めたのである。手紙の続きには、題目や寿量品《じゅりょうぼん》などの文句のほか、人前で唱えると噂になるからただ口のなかで唱えるようにといった注意事項、そして自らの実践をも披露している。皇后の実兄・九条道実《くじょうみちざね》が病気の節、見舞いへ行き、病床の傍らで目をつぶり、「口の内にて、御題目並に寿量品の略経」を唱え、このたびの柳原愛子の病気に対しても、日々「薬《やく》王菩薩《おうぼさつ》の略経と陀羅尼品《だらにほん》の略経とをひそかに唱」えている、と。要するに、自らの実践に裏打ちされた貞明皇后による法華経《ほけきょう》の勧めである。

貞明皇后の信心

明治三十二年に嘉仁親王との婚約内定が発表された前後には、九条節子《くじょうさだこ》、のちの貞明皇后を包む仏教色を危惧する声が一部にはあった。たとえば華族女学校教授で、明治天皇の皇女

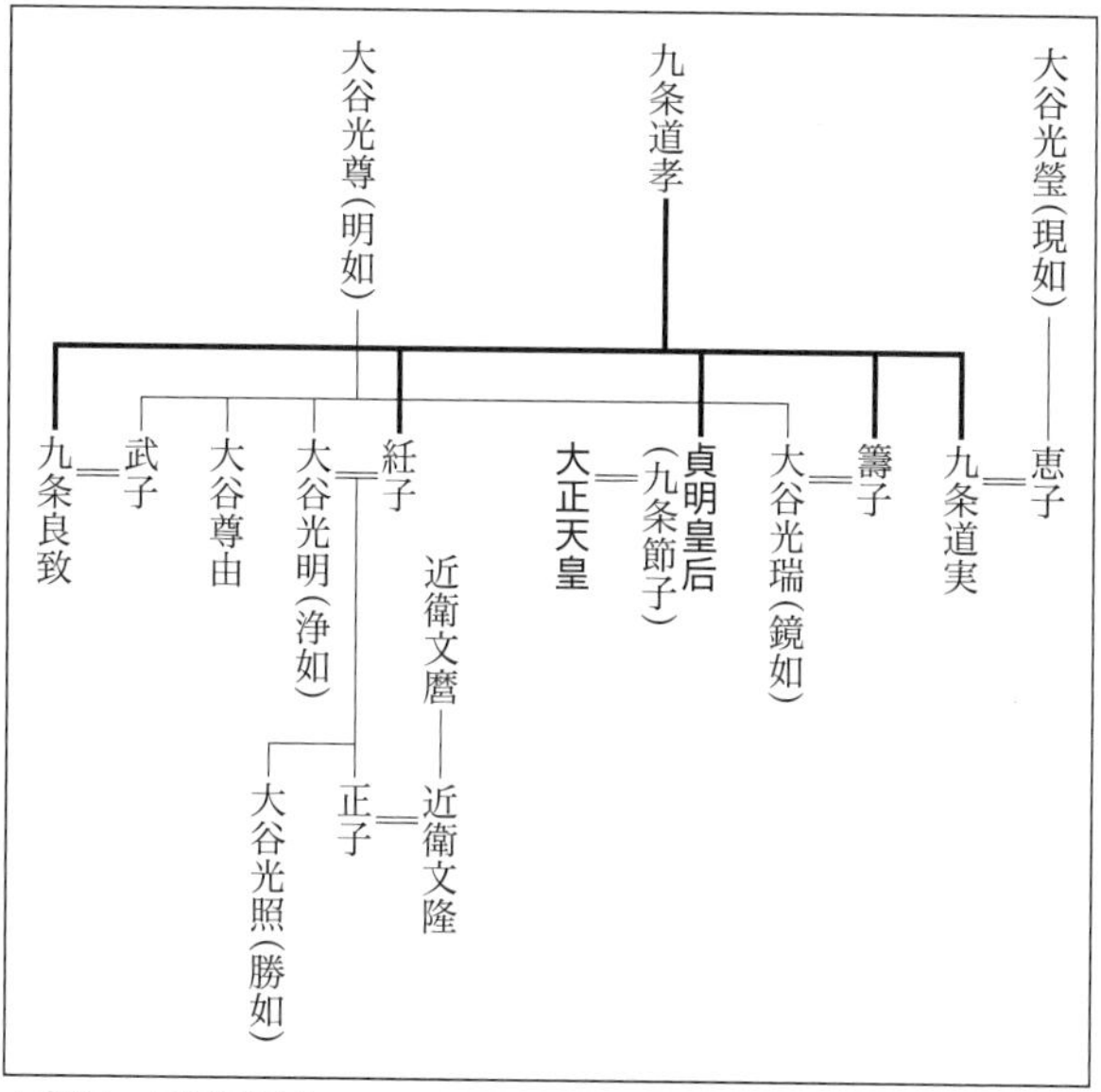

九条家・大谷家系図

たちの教育にも携わっていた下田歌子は、節子の姉・籌子《かずこ》が西本願寺の大谷光瑞《こうずい》（鏡《きょう》如《にょ》）の妻であることを指摘し、宗教上の公平について天下に疑念を生じさせかねないと問題視している。もっとも九条家と大谷家との絆は、下田の指摘にとどまるわけではない。

　九条節子の妹の紝子《きぬこ》の夫は大谷光瑞の弟である光明《こうみょう》（浄《じょう》如《にょ》）。さらに光瑞の先代の法主である光尊《こうそん》（明如《みょうにょ》）の次女・武子《たけこ》は九条良致《よしむね》（公爵家の分家で男爵）と結婚。九条武子、世に言う大正三美人の一人である。そして先の手紙にも出てきた兄・道実は、掌典長《しょうてんちょう》などを歴任し、明治中期から昭和にかけての宮中祭祀や大喪・大礼を取り仕切った人物であるが、その夫人は東本願寺の法主を務めていた大谷光瑩《こうえい》(現如《げんにょ》)の三女恵子《やすこ》。

おそらくこうした事実から、婚約の過程そのものに疑惑を抱いた者もいた。はじめ内定していた伏見宮禎子《さちこ》女王との婚約が解消され、九条節子との成婚に至ったのだが、その背後に本願寺の運動があったと、『東京朝日新聞』の記者が触れ歩いていることを、佐佐木高行が日記に書き残している。むろん裏付けがあるわけではない。

こうした声があったものの、節子との婚約内定に直接関与した人びとのあいだで、両家の関係が問題となった形跡はない。そしてその後この関係が話題に上ることも滅多にない。せいぜい大正三年に西本願寺と田中光顕《みつあき》ら宮内省高官とのあいだで贈収賄が取り沙汰されたときぐらいだろう。いずれにしろ、この時期の話に登場してくるのは真宗であり、題目を唱えて法華経を勧める境地とはやや距離がある。

その一方で、現在ではむしろ、貞明皇后の信心といえば神道という印象が定着しているかもしれない。大正十三年の歌会始で「あら玉の年のはじめにちかふなる神ながらなる道をふまむと」の歌を発表、同年二月以降、筧克彦《かけいかつひこ》から「神《かん》ながらの道」と題した進講を受けたことあたりに起因するものだろう。昭和天皇が宮中祭祀に熱心だった理由のひとつに、こうした貞明皇后の影響を見る説まであるようだ。

法華経と神ながらの道——いったいこれはどう考えたらよいのだろうか。

筧克彦と法華経・神ながらの道

鍵を握るのは筧克彦であろう。筧は東京帝国大学法学部の教授（法理学）であったが、『古神道大義』などの著作のあることから、神道に一家言ある人物としても知られていた。貞明皇后への進講録は皇后宮職蔵版『神ながらの道』として刊行された。また筧には『大正の皇后宮御歌謹釈』という著書もあり、進講に関して貞明皇后となされた遣り取りの一部が採録されている。そこで皇后は、法華経をめぐって突っ込んだ問いを発している。なぜか。それは法華経を信仰として「最上のもの」と考えてのことと、皇后は記している。

さて筧のいう神ながらの道は、「ことあげ」、すなわち言語化とそれにつきまとう排他性といったことから超越したものとされていた。『万葉集』にある「葦原《あしはら》の瑞穂《みずほ》の国は神ながらことあげせぬ国」といった言葉を思い起こさせよう。そのため、仏教やキリスト教は「ことあげ」にとどまる低次元のものと捉えられることになる。しかしそれらが否定されることはない。それどころか神ながらの道への階梯として、積極的に位置づけられていた。なぜなら、否定といった排他的な行為とは無縁なものとして、神ながらの道はあるのだから。

よって自分の選ぶべき宗教を定めた以上、まずはその宗教の「ことあげ」を通して神ながらの信仰を修めるのが本道であろう――筧はこう述べている。たとえば法華経を選びとった者は、まずそれを通じて神ながらの道へ近づいていけばよいというのである。神ながらの道か法華経かの二者択一ではなく、それらは両立し得るものとされ、神ながらの道を目指していれば、法華経を修めることになんらの問題もない。貞明皇后は、筧の進講を聞いて、外来の宗教などに対する心得方の根拠を得られたと、牧野《まきの》伸顕《のぶあき》内大臣に伝えている。つまり皇后は筧の神ながらの道によって、法華経信仰の理論的裏付けを得たのである。ただし筧の教説は、貞明皇后のような確固とした信仰を保持していなかったその三男には、まったく別の顔を見せることになる（第四章第3節）。

三笠宮崇仁親王の進路

筧の書には、このほかにも貞明皇后の興味深い肉声が引用されている。大正十三年八月末に書いた手紙として次のような一節がある。引用中の中略は筧によるもので、おかげで内容が理解しづらいのだが、そのまま引く。「幼年の頃より其《その》つもりで日々神宮遥拝をいたさせ申《もうし》居候《おりそうら》へども（中略）先づ順序として漢学を此《この》春より学ばしめ始め申候。今は味を知らしめ候為《ため》のみにして（中略）扨《さて》観世《かんぜ》音菩薩《おんぼさつ》によりて出生せられたるなれば、永代毎朝礼拝はさせ申度《もうしたく》、之《これ》はふくみおき下され度。古神道に障害はならずと存じ候」。筧は別の箇所にこんな記述を残している。「大正の皇后宮は、皇子様の中あるいは御一方は何とかして軍人ではなく専ら宗教を学修せしめられ度《た》き御熱心なる思召《おぼしめし》であられた」。この根拠のひとつが、右に引用した貞明皇后の文と考えれば、おおよそのところが見えてくる。すると時期的に言って、該当するのは大正四年生まれの澄宮《すみのみや》、すなわち三笠宮崇仁《みかさのみやたかひと》親王。皇后は崇仁親王に宗教の「学修」を希望していたということである。親王自身も戦後になって、貞明皇后から、軍人でなく文科に進ませたかったという意味の発言を聞いている。

皇族男子の武官任官を明文化した皇族身位《しんい》令（明治四十三年制定）には、「特別の事由」に基づく例外規定が設けられており、制度的には不可能ではなかった。また実際にその例もあった。山階宮晃親王の孫・藤麿王《ふじまろおう》は、将来は神宮祭主にという明治天皇の意向で、武官へは任官せずに、学習院から東京帝国大学文学部国史学科に進学、その後に皇籍を離れて筑波公爵となり、戦後は靖国神社宮司を務めた。よって崇仁親王にもその可能性がなかったわけではない。しかし皇后の希望はかなわず、親王は陸軍士官学校へ進む。観世音菩薩によって出生したという大正天皇の末子が、宗教を「学修」する機会は訪れなかった。しかしながら戦後になってあらためて東京大学に通い、オリエント学者として諸宗教を研究したことを思えば、皇后の願いは遠回りをしつつも届いたと言えるかもしれない。

三笠宮崇仁親王

法華題目を柩に納める

覚の進講から二年後の大正十五年（一九二六）十二月二十五日、葉山で大正天皇が亡くなった。侍医頭として天皇の最期を看取った入沢達吉《いりさわたつきち》は、翌日も御用邸に赴き、霊柩を拝した。その日の日記にこうある。

皇后宮の御自身の御所願にて「南無妙法蓮華経」の文字を一枚の紙に四十八個認めたるもの（或は木印にて捺したるもの）多数を造る。予も一枚を書きたり。

「皇后宮」とあるが、正確には皇太后となったばかりの貞明皇后のこと。これにより、大正天皇の柩が安置された隣室で題目を認める作業が行われていたこと、そしてそれが貞明皇后の発願であったことが分かる。題目を写して大正天皇の供養をしていたのである。

では題目を記した紙はどうしたのだろうか。昭和三年三月、昭和天皇の第二皇女・久宮祐《ひさのみやさち》子《こ》内親王が生後半年ばかりで亡くなった。ときの侍従次長・河井《かわい》弥八《やはち》は日記にこう記した。「法華題目を御棺中に納むべきやに付《つき》、奇異なる取扱あり。聖旨に依り、久宮殿下に対する各員の供養としては之を受くべきも、書付を焼却に決す。題目の外、念仏辞、弥栄《いやさか》等もあり」。昭和天皇の命により今回は焼却処分としたというのだが、それまでは法華題目を柩に納めてきたような書き振りである。これから類推すれば、南無妙法蓮華経などと記された多くの紙とともに、大正天皇は眠っていることになるのかもしれない。

天皇の命にもかかわらず、この慣例が止むことはなかった。昭和二十一年八月、伏見宮博《ひろ》恭《やす》王が息を引き取った。その通夜に出掛けた高松宮宣仁《のぶひと》親王の日記に、「南無阿弥陀仏を一紙かいた」と出てくる。同様の記述は、皇族から臣籍降下した音羽《おとわ》正彦《ただひこ》が戦死した時にも見られる。そして昭和二十六年五月、貞明皇后が急死した。その御舟入り（納棺）の様子を、三笠宮崇仁親王妃百合子《ゆりこ》らがインタビューに答えて語っている。それによれば、柩が置かれたのとは別の部屋に墨と硯が用意されており、皇族から女官から誰から、ちょっとでも時間が空けば全員が南無妙法蓮華経とか南無阿弥陀仏と書くのだという。紙は半紙を一〇センチ×二〜三センチに切って、書いたものをおひねりにし、それらをいっぱいためてクッションのようにして柩にいれる。そして貞明皇后以降もした記憶がある。たしか高松宮宣仁親王のときだったか、と。宣仁親王が亡くなったのは昭和六十二年。昭和の終わる二年前である。

完成した大正天皇多摩陵

天皇と仏教とのつながり

さてここまで来ると気になるのが天皇の動静だろう。周囲に抗し天皇のみが仏教を頑なに拒んだとは想定しづらいが、この点に関し史料から言えることはほとんどない。ただ注意すべきは、天皇の場合、制度的に仏教とさまざまな関係を持っていたことであろう。

正月に加持を受ける後七日御修法《ごしちにちのみしほ》や師号宣下《せんげ》などが代表的なものであり、また三〇近い寺院に年金を下賜していた。これらはすでに述べたように、維新期において一度廃絶したものを復活し、新たに組織したものだった

（第二章第1節）。そして二十世紀に入ると、師号宣下の回数が増加するなど、より積極的な運用がなされていく。

同じ頃、神社との関係が大きく変化したため（第四章第1節）、その陰に隠れてしまったところはある。だが、宮中に仏教は息づいており、天皇は仏教とのあいだに確乎たる関係を築いていた。天皇および天皇家は、基本的には、神仏という枠のなかで生きていたのである。

3　天皇に宗教なし？

世襲原理が生み出した仏教

天皇家における仏教的要素を現在に近いところまでたどってきた結果、これらが単なる明治以前からの残存物でないことは、もはや明らかであろう。それは維新における排除を経たのちに、柳原愛子《やなぎわらなるこ》や貞明《ていめい》皇后ら奥の人びとによって呼び起こされ、導き入れられたものだった。つまり維新以降に新たに再創造されたものなのである。そしてこうしたことが起きた要因を突き詰めていくと、世襲を原則とする王権というものへとたどりつく。

後継者を血統で決める世襲王権の存立基盤は、王が子を生《な》すことにある。そのために配偶者が置かれ、ときには側室が配される。皇室典範によって男系男子による皇位継承を明確にした明治以降の日本では、皇后が置かれ、また明治天皇にはそれ以外の女性も配された。すなわち天皇家はそうした女性たちを不可避的に受け容れなければならない。するとその女性やその生家の信仰が持ち込まれる可能性が生じる。

とは言っても、これを防ぐ簡単な方法が実はある。女性に改宗を求めれば良い。改宗を迫るなど穏やかでない、と思われるかもしれない。だが明治日本も範に仰いだ西洋の王室ではむしろこのやり方が一般的である。たとえば英国王室から一例をあげれば、エリザベス二世との結婚にあたって、その夫となるフィリップ・マウントバッテン（エディンバラ公）は、正教会からイギリス国教会へ改宗している。このときに改宗する先のものが国教である。国教とはそういうものだった。

これに対し、貞明皇后をはじめとして、近代の天皇家に外から入った女性たちは改宗を要求されていない。改宗を求めようにも不可能だった。

皇族に求められたのは、山階宮《やましなのみや》の葬儀からも分かるように、定められた儀礼に従うことである。政府関係者が「古式」とか「国式」と称した諸儀礼を行うことである。ところが、まずこの儀礼の整備が一向に進まない。二十世紀に入る頃に遅まきながら着手したものの、その後も必要が発生する都度に発布する形が続く。人生における主要な通過儀礼に関する法令が一通り揃うのは大正十五年。すでに維新から半世紀以上も経っていた（第二章第3節）。儀礼への服従しか要求しないのに、その儀礼がなかなか明確にならない。またたとえ明確になったとしても、それらは斑《まだら》にしか存在せず、たとえば唯一の皇子が病気になったときどうすれば良いかなど、なにも教えてはくれない。

しかもそれらの儀礼は、わざわざ「古式」・「国式」と呼ばれていたように、神道儀礼とは異なるものと位置付けられていた。さらに、もしそれらが神式、すなわち神道儀礼と見做《みな》されたとしても、その神道とは、宗教たる教派神道とは区別された非宗教的な存在とされていた。すなわち皇族が従うべき儀礼は、制度的には二重に宗教ではないものとされていた。元来が宗教でないものと設計されているのであるから、それに向かって改宗などされても困るのである。

にもかかわらず、もし天皇家から仏教的要素を排除しようとすれば、信仰を全面的に禁圧するほかない。だが、その方法が採られることはなかった。加持を受け、師号を宣下し、寺院に年金を支出していた天皇にそれができると考えることに無理があろう。こうして、明治以降の天皇家には、あたかも信教自由が許されているかのような状態が現出する。

つまり世襲原理と、外部から天皇家に加わる女性に改宗を要求できなかったことで、事実上の「信教自由」が発生し、天皇家における仏教的要素が再生産されていったのである。

神仏と生きる

ただし、儀礼を履行しさえすれば、あとは認められた「信教自由」はどこまでのものか、より直截に言えば、仏教以外の宗教でも良かったのかについては明確でない。おそらくそうした事案が発生するまで、検討されることはなかったろう。キリスト教のことが本格的に浮上してくるのは戦後の皇太子成婚、すなわち美智子《みちこ》皇后のときのことになる（第五章第2

節）。その意味でここでの「信教自由」とは、現実には仏教を奉ずる自由とほぼ同義だった。言い換えれば、天皇家は神道的な儀礼を非宗教として行い、仏教を宗教として信仰できたのである。

天皇ないし天皇家の宗教はなにかという釈宗演《しゃくそうえん》が悩んだ問題も、これらを踏まえて答える必要がある。当事者たちの主張に従えば、そうしたものはない、あるいはせいぜいそうしたものから天皇は超然としているというのが、明治憲法下については適切な回答となるだろう。宗教でなく天皇を機軸にするという方針のもと、宗教にさして関心のない人びとが中心になって制度を設計すれば、そうなるのも当然ではあるまいか。

宗教がないというのは単なる公式見解ではなく、かなりの程度まで実態でもあったようだ。明治三十八年に生まれた高松宮宣仁親王は、昭和十一年（一九三六）にこう記している。一般の家庭なら神棚か仏壇があったり、鎮守の祭りや仏寺の法話があったりすることだろう。しかし皇族にはそうしたものがない。自分は御所と離れて生活していたため、「御奥での宗教的なる（ソコノミハ神事の神事としての残姿があった）行事」にも触れる機会がなかった。「私が成身して最も憾《うら》ミとしたのは、宗教的教育をうけなかったことである」。

高松宮のこの述懐から分かるのは、天皇家では外部からの信仰の再生産と比べ、世代間の再生産が弱かったという事実である。信教自由は事実上成立しただけで、「御奥での宗教的なる行事」も大っぴらに認められていたわけではない。また天皇家が「近代家族」のごとく、同じ家庭で多くの時間をすごす親子関係になかった以上、母から子へ直に伝えることは難しい。世代的再生産が容易でない環境にあったのは確かだろう。「御奥での宗教的なる行事」はあっても、皇族がすべてそれに与ったわけでなく、エア・ポケットのような空間が出現し、高松宮のようにそこにはまった者もいたのである。

第四章　国体の時代――二十世紀前半

1　天皇に絡みつく神社

政教分離と民主化がもたらした神社への厚遇

憲法を核として明治中期に形づくられた仕組みは、さまざまな方向から変容を迫られた。まずは皇室制度の整備である。伊東巳代治《いとうみよじ》らの意図通りになったわけではないが、それでも天皇や皇族の行動を皇室令によって細かく規定する仕組みが登場した（第三章第3節）。

しかしより大きかったのは政府の外からの力、なかでも神社関係者のそれである。神社に「独立自営」を求める政府の施策に神社界は反発した（第一章第4節）。藩閥政府が取り合わなかったため議会へと働きかけ、全国組織を立ち上げ、神祇官再興を旗印に運動を繰り広げた。明治初年のように、神祇官によって天皇の祭祀と神社を一元的に管掌することで、宮中のなかへ封じ込められた宮中祭祀を「解放」するとともに、それと神社とを結び付けることで神社の地位向上をはかろうというものだった。そしてまず明治三十三年（一九〇〇）に神社局を勝ち獲る。明治二十七年に改正された条約を実施する一環として、キリスト教を「公許」することになり、それにともなって従来の社寺局は改称が必要となった。そのときに神社局と宗教局へ区分されたのである。ついで日露戦争後の三十九年、立憲政友会を与党とした西園寺《さいおんじ》公望《きんもち》内閣の下で政策転換に成功する。これまで官国幣社への国庫支出は自営のための準備とされてきたが、国が永遠に支弁すべき経費として法制化され、また官国幣社以外の神社の一部に神饌幣帛料《しんせんへいはくりょう》を供進する制度も創設された。神祇官設置には至らなかったものの、神社と国家との関係は一挙に強化され、これまでの仕組みは刷新される。

こうした変化を可能にしたもののひとつは、その経緯から分かるように、政治的な民主化である。憲法と議会なき時代に藩閥政府が遂行した神社政策が、維新期の諸施策への反省から国家と神社の分離という「自由化」を重視したものだったとすれば、議会を舞台にそれを覆《くつがえ》した運動は、「民主化」の成果といってよかろう。財政を盾に最後まで政策の転換に反対する大蔵省を押し切ったのは、ときの内務大臣にしてのちの平民宰相・原敬《はらたかし》だった。そしてもうひとつは、政教分離への広範な合意である。

神社を優遇せよという運動は、神社は宗教でないという、それ自体は十九世紀に広く共有されていた主張にその論拠を置いていた。いわゆる神社非宗教論である。ところが神社非宗教論だけでは実のところなんら神社の特別待遇を約束しない。なぜなら同じ十九世紀には、国教という形で宗教として優遇する選択も、十分にあり得たのだから。つまり国教などあってはならない、宗教は国家から分離されるべきだとする考え――伊藤博文をはじめ当事者の多くが同意していた――と一体となってはじめて、宗教でないことに意味が芽生え、宗教でないから優遇してもよいとの主張を意味あるものにする。政教分離という発想が広く共有されていったことで、神社非宗教論は神社優遇を可能とする論理となったのである。

官国幣社以下の扱いが反転するとともに、伊勢の神宮への厚遇は、それとして進んでいった。

皇室と一体化する神宮に入った泥棒

神宮にとって最大の行事である式年遷宮《しきねんせんぐう》は、造神宮使庁という内務省の管理下にある特別な機関があたり、国費でまかなわれた。造神宮使庁の長には祭主が就く。祭主は明治八年（一八七五）に久邇宮朝彦《くにのみやあさひこ》親王が就いて以降、皇族が務め、不行跡を理由に不適当とされた皇族もいるなど、人選にも配慮がなされていた。なお、国が遷宮を行えば、必ずその中身が丁重であるという保証はない。明治四十二年（一九〇九）の遷宮へ向け、当時の内相・宮相によって改革案が示された。柱の下に礎石を置いてコンクリートで固め、それによって二〇〇〇年保《も》たせようという革命的な内容のものだった。もっとも明治天皇が難色を示したため、実施されなかった。

こうした手厚い保護にもかかわらず、いまだ不十分とする声が間歇《かんけつ》的に上がる。造神宮使庁を内務省が管理している現状について、「府中」の俗吏が神聖なる神宮を他の社寺と同等に扱うものだとする批判が絶えなかったためである。明治三十一年五月には放火と見られる火災で皇大神宮《こうたいじんぐう》（内宮《ないくう》）の正殿が焼け、神体を風日祈宮《かざひのみのみや》に遷す事態となった。このような「不祥事」が発生すると、神宮の特別扱いを求める声はとくに高まった。

政府が実際に採用したのは、不敬罪の対象に神宮を加えるというものだった。明治四十年の刑法改正にあたり、その第七四条の不敬罪に傍線部分を追加した。「神宮又は皇陵に対し不敬の行為ありたる者また同じ」。神宮を天皇陵と同列にし、それに対する罪も皇室への罪としたのである。皇室と神宮との一体化をはかったものと言えよう。だが、一方で神宮以外の神社はこれまで通り、仏堂や墓所その他と同じく、いわゆる礼拝所不敬（第一八八条）で対応することも明確となった。

ところが新設された神宮への不敬罪は、その発動が容易ではなかった。明治四十五年三月、神宮で盗難事件が発生した。賊は皇大神宮の正殿に土足で侵入、欄干《らんかん》の擬宝珠《ぎぼし》を捻りとり、扉の脇の弓や鉾《ほこ》などを取り外して逃走した。原敬内務大臣は、事件を秘密裏に処理する方針で臨んだ。正殿の造り替えは予算の計上が要り、そのためには盗難を公表せざるを得なくなるので行われず、お祓いで対応することにし、明治天皇の賛同を得て実施した。捕まった犯人も普通の窃盗罪として裁かれた。なお同じ年の七月には橿原《かしはら》神宮にも盗賊が入った。扉の錠前を破壊し、神霊・神鏡を盗み出したが、こちらも同様に処理された。

国教・合祀と神社の宗教性

明治末期における神社政策の転換。神宮への不敬罪適用。そして大正いっぱいを要した明治天皇を祀る明治神宮の創建（第二章第４節）。二十世紀に入って起きたこれらの出来事は、内部に微妙な差異を孕みながら、ある方向で一致する。神社と天皇の接合という方向である。

一口に神社といってもその数、明治中期で一九万以上。村の鎮守をはじめさまざまなものがあり、すべてに天皇との縁があるわけではない。むしろある方が稀だろう。しかしそうした身近な社も、神宮と同じ神社であると捉える想像力が普及し、それにつれ、寺院や教会などとは異なり、神社一般が天皇と抜きん出て深い関係を持つとする考え方が広まってくる。それを支えたのが神職らによる地道な活動である。国家の儀礼を行う場に率先して神社を提供し、神社を地域における国家儀礼遂行の場と位置付けることで、国家ひいては天皇との一体化を追い求めた。行政も次第にこれを後押ししはじめる。

明治四十三年、早稲田大学教授の有賀《あるが》長雄《ながお》は論文を発表し、もはや神社は国教になったと断じた。それ故に、今後は神社を宗教と見做して制度を整備すべし、と。有賀は、帝室制度調査局の中軸を担った人物である。そうしたかれが、神社を国教に位置付け直すよう提言するに至った。しかもそれを明確に宗教とする形で。提言は実現しないものの、有賀のような認識は、やがて憲法解釈において主流を形成していく（本章第2節）。

ちょうど同じ頃、各地で神社合祀が遂行されていた。六万社、三割にも及ぶ神社が合併によって消滅するという事態である。儀礼遂行に相応しい神社の維持という欲求と、行政による補助金政策とが交錯したところに発生した事件だった。敬神を掲げながら神社を減少させるこの現象への対応は分かれた。合祀を推進する神職がいる一方で、反対派の代議士・中村啓次郎は議会でこう糾弾した。出征兵士の氏神詣やその妻女の凱旋祈念といった麗しき宗教心、それらを宗教でないとする感覚が合祀を強行したのだ、と。神社合祀への批判は、神社非宗教論へのそれをも呼び起こす。

中村の演説に資料を提供したのは南方熊楠《みなかたくまぐす》だった。南方は神社合祀と社会主義を結びつけた。明治四十三年に明治天皇の暗殺計画が発覚、それに関与したとして幸徳秋水《こうとくしゅうすい》らが刑死する。このいわゆる大逆事件において、和歌山県は「全国最多数の大逆徒」を出した。それは同県が全国屈指の激しい合祀を行って人心の荒廃を来したため、と南方は言った。社会主義を対極に置くことによっても、神社は天皇と重なるものとなっていく。

宗教観念の変容と宗教学

神社が天皇と接近していく一方、神社を非宗教とすることへの批判も増えてきた。この点を考えるには、宗教についての見方そのものに変容があったことを踏まえねばなるまい。

十九世紀の宗教概念は、キリスト教に対抗してようやく仏教がそれに加わった程度で、現在と比べるとかなり狭かった。明治期につくられた仕組みはこれを前提としていた（第二章）。ところがそうした捉え方は、新たに登場してきた宗教学者——その代表は東京帝国大学の初代宗教学講座教授・姉崎正治《あねさきまさはる》——からきびしい批判にさらされる。そんなものは仏教・キリスト教中心主義的で、古くて不十分な宗教観である。個人の内面における信仰を核としてはじめて宗教は理解できる、と。世紀が移り変わる前後のことである。

これによると、宗教の範囲は、仏教とキリスト教をはるかに超えて拡大していく。もちろん誰もがすぐにこうした宗教概念を是としたわけではない。しかし宗教学者、すなわち特定の宗教をあからさまに宣揚する宗教者ではなく、かといって単なる素人とも違う専門家を自称する人びとの発言は、徐々に重きをなしていく。すると、当然の帰結として次のような考えが登場してくる。神社に対する心情も信仰ではあるまいか。もしそうなら、神社も宗教なのではあるまいか。これは、神社を宗教とは別のものとしてきたこれまでの方策を、根底から覆しかねない考え方であろう。宗教学という学知の出現は、関連する領域に、地殻変動をもたらした。

神職のなかにも、こうした動向に共鳴する者が出てくる。神社非宗教論を桎梏《しっこく》と感じる者もいたからである。宗教ではない、葬儀をしてはならないといった否定形でなされる自己規定に、我慢ならなかった人びとである。国からの保護の反面には、経費の使い道から祭祀からなにから、それ相応の義務がともなう。それを煩わしいと思う人びとである。

神社は宗教にあらずという前提でつくられた仕組みへの疑念は、このように各方面から出されていた。メディアでも神社対宗教問題としてしばしば話題となり、政府の審議会でも繰り返し議論された。だが、神社は宗教にあらずという見解は、すでに「国是」の如く固定しており（柳田国男）、敗戦まで変更されることはなかった。なぜなのか。

「神社は宗教でない」が堅持された理由

神職の多数が現状をよしとしていたこと。行政側も同様に考え、制度変革を行うリスクをとしていた。たとえば葬儀にかかわる局面である。そしてまた、仏教者やキリスト者もそれをよし忌避したこと。この二つがもっとも大きい。

原則として神職は葬儀を執行できなかった（第二章第1節）。ところがその壁を越え神職が葬儀への参入を試みようとする。きっかけは戦争である。相次ぐ対外戦争は数多くの戦死者を生んだ。かれらが靖国《やすくに》神社に祀られたことは、今日でもよく知られていよう。では、かれらの葬儀はどのようになされたのか。それは戦死者の遺族に任されていた。よって多くは仏式だった。公葬といって、出征した地域の行事として執行された場合も同様である。神職に依頼したくとも、葬儀に関与できないのだから、大勢はそうなるほかない。つまりほとんどの戦死者は僧侶に引導を渡され、寺に葬られつつ、英霊となったのである。戦死者というとすぐに靖国神社を思い浮かべるのは、戦死にともなう一連の生々しい記憶が消えた果てのことである。

なお、戦前の神社というと、反射的に靖国神社を思い起こす人がいるかもしれない。だが明治二年（一八六九）に東京招魂社《しょうこんしゃ》として設立され、十二年に現在の名前に改称されたこの神社は、相当に例外的な神社だった。祭神が戦争等の国難に殉じた国民であること、そのため合祀によって祭神が増加していくこと、そして内務省のみならず陸軍省と海軍省が管理・運営に関わっていたことなどが、ほかの神社との主な違いである。こうした点から、同時代には神社といわれてすぐに靖国神社を思い出す人は少なく、その地位も必ずしも高いものとは考えられていなかった。しかし靖国神社は戦争とともに、その重みを増していく。たとえば、明治天皇の靖国神社への行幸回数が七回なのに対し、昭和天皇は終戦までで一〇回に及んだ。ただそれでも、満州《まんしゅう》の建国神廟をめぐる日本での論争（本章第4節）や、敗戦直後の神社移管問題（第五章第1節）などに見られる程度のものだった。そうした靖国神社が戦前の神社を代表するかのような地位へと上り詰めたのは、戦後になって、靖国神社の国家管理を目指した日本遺族会などと、それを批判する勢力のいずれもが、靖国神社を軸とする歴史像に基づいて論争を繰り広げたことが大きい。

　話を葬儀に戻そう。神職の葬儀執行を政府が禁じていたことに神社界は不満だった。靖国神社に祀られる人びとはその葬儀もそれに相応しい方式によるべきで、少なくとも公葬は「国式」に統一せよ、そのためにまずは神職の葬儀関与を認めよと主張した。満州事変以降、とりわけ昭和九年（一九三四）の東《とう》郷平八郎《ごうへいはちろう》の国葬を機に本格化したこの運動に対し、「既得権」を侵害される仏教界は強く反対した。宗教者にあらざる神職が葬儀を行うことは認められない、葬儀は当人たちの信仰に基づいて行われるべきで、神職たちの主張は憲法の規定する信教自由に違反する、と。仏教側は、神社が宗教へ「解放」されることを拒

靖国神社臨時大祭に参拝する昭和天皇　1940年4月25日

み、それを宗教でないものへ押しとどめておくことを望んだ。そしてかれらの希望通り、「国式」による公葬統一はおろか、神職の葬儀執行すら政府は認めない。宗教とそれ以外とのあいだに横たわる壁は、それほどまでに高かった。

偽りの「ルール」に拘束された誤れる時代?

神社が宗教でないとの前提で組み立てられた仕組みは、二十世紀に入ると、その前提から して心許なく、すべてを受け容れられるものでは到底なかった。にもかかわらず、神社非宗教論は「国是」の如く堅持された。それを活用して自説を展開する人びとが、神社界の内外に広く分布していたためである。「ルール」である以上、それを踏まえるべきとの態度の広範な存在である。「国是」が敗戦まで不変だったのは、こうした態度が支えていた。

これによく似た現象は、実はわれわれの身近にも存在する。自衛隊は軍隊ではないというのがそれである。

自衛隊が軍隊でないなど虚偽かもしれないし、それを軍隊だという人は、自衛隊の内外にいるだろう。しかしそうした批判を承知しつつ、多くの日本国民はそれを「ルール」として受け止め、国の制度もそれを前提に設計・運営されている。「ルール」が「正しい」かどうか、それが国外でどう思われているかとは関わりなく、あたかも「国是」のように。

国の制度とは往々にしてこういうものなのかもしれない。なお、傍からは不思議な「国是」に固執するのはなにも日本国のみではない。市場経済を導入しながら資本主義ではないという「社会主義国家」もあるように。

2　天皇制 vs. 国体

宗教は人民の阿片

明治国家の仕組みを変容させたものは数々あった。なかでもマルクス主義は、天皇と宗教をともに否定した点において、際立った存在である。

十九世紀を生きたマルクスの思想が二十世紀の日本で大きな力を持った転機は、ロシア革命である。これにより世界最初の社会主義国家・ソビエト社会主義共和国連邦が成立した。また革命を世界へ拡大するための国際組織・共産主義インターナショナル（コミンテルン）も創設された。これらの影響は世界各地に現れる。

もちろん日本も例外ではない。第一次世界大戦後の日本には、社会の改造や革新を求める理論と実践が充満した。そうした多様な動向の枢軸に位置したのがマルクスである。有力雑誌にはマルクス主義的な言説があふれ、それに没入する者はもちろん、そうでない者も、それとの距離で自らの議論を提示するような状況が出現した。そのマルクス主義の重要な要素に宗教批判があった。

宗教は観念論でブルジョアによる階級支配の道具である——マルクス主義者は唯物論《ゆいぶつろん》の立場から、そう攻撃した。「宗教は人民の阿片《アヘン》」という周知の物言いであり、無神論者インターナショナルに加盟した日本戦闘的無神論者同盟などがその中心となっていた。ところが活動家たちは意外な困難に出喰わす。敵であるはずの日本のブルジョアは、宗教になどさして関心のないことを見出したからである。敵の姿は自らと瓜二つだった。こうした認識を理論と整合させるため、さまざまな工夫がなされた。たとえば、宗教への無関心を強要するブルジョア無神論こそ、プロレタリア無神論が戦うべき真の敵であるといった具合に。

かれらは、宗教を宗教であるが故に否定した。戸坂潤《とさかじゅん》は言う。インチキな宗教があるのではない。唯物論からすれば、宗教はすべてインチキなのだ、と。よっていわゆる新宗教を淫《いん》祠《し》邪教扱いするのはもちろんのこと、それらが弾圧されるのも当然と見做していた。内務・司法官僚らとこの点ではなんら変わるところはない。その意味でかれらマルクス主義者たちは、明治以来、いや近世後期以来のエリートの直系に位置していた。

天皇制の出現

大正十一年（一九二二）、コミンテルン日本支部として日本共産党が創立される。マルクスへ敬意を表す人びとが広範にわたったのに比べると、共産党の党員は最盛時で数百人程度。実際の政治的力量は微々たるものだった。だがその影響には甚大なものがあった。革命による天皇制の廃止を公言したためである。

ただし発足当初の共産党で天皇制の廃止が本格的に検討された様子はない。しかしやがて明確な目標となり、昭和三年（一九二八）の総選挙では、前年にコミンテルンが打ち出したいわゆる二七年テーゼに対応する形で「君主制の廃止」がスローガンに掲げられた。そのため治安維持法違反で検挙される（三・一五事件、四・一六事件）。だが法廷闘争を通じてかれらの主張は繰り広げられ、三二年テーゼの「天皇制の転覆」で頂点に達する。

天皇制という今日広く用いられている言葉は、この三二年テーゼではじめて一般に登場したものである。原語はMonarchie（独）。このときから六〇年ほど前、福沢諭吉が「大君のモナルキ」と書簡に記したのと同じ単語である。それまで君主制と訳されていたのだが、ロシアのツァーリズムに引きつけて解釈されていくなか、それと同じように、日本の君主制を一義的に示し得るものとして、河上肇《かわかみはじめ》によって天皇制という訳が選ばれた。天皇制という語は、転覆すべき敵として出現したのである。

天皇制に対抗して浮上する国体

共産主義運動によって打倒対象とされた側、三二年テーゼ風に言えば「絶対主義的天皇制の支配体制」のなかから、そうした運動に対抗する機軸とされたのが国体である。

水戸学によって独特な意味を付与された国体という語には、明治中期以降、大きく分けて二通りの使われ方があった。ひとつは、教育勅語中の「我が国体の精華」のように、水戸学にある程度まで沿ったもの。サポーター用語としての国体である。内容は論者によって区々《まちまち》だが、日本国の日本国たる所以《ゆえん》を天皇と関わらせて説明し、それを国体と呼ぶのが主流だった。もうひとつは法学的概念としての国体である。ドイツ語のStaatsformの訳語としての国体である。主権の所在に基づいて国家の分類をするときに君主国体・民主国体などのように用いられ、政体という主権の行動様式を表す概念（立憲政体・専制政体など）と対になって使用された。

こうした二つの国体は、大正十四年（一九二五）に治安維持法で合流する。ソビエト連邦との国交樹立（一月）、普通選挙法の成立（三月）などを視野に、それらを推進した護憲三派内閣のもとでつくられた法律である。「国体を変革し、又は私有財産制度を否認することを目的として結社を組織し、又は情を知りて之《これ》に加入したる者は、十年以下の懲役又は禁錮に処す」（第一条）。ここにはじめて国体は法文上に登場した。

国体の変革と私有財産制の否認を並列するのはおかしい、国体と資本主義はなんの関係もないとの批判は、戦後の三《み》島《しま》由《ゆ》紀《き》夫《お》を待つまでもなく、同時代にも存在した。だがこの「おかしさ」には相応の理由があった。立法の過程を見ると、当初の過激社会運動取締法案では「朝憲《ちょうけん》」という至極漠然とした言葉だったのが、「国体若《もし》くは政体」と修正され、さらにそこから「政体」が除かれている。つまり対象は国体へと限定されたのだ。このことと、私有財産制度の否定、それに「結社を組織し」という条文を考え合わせれば、これらは天皇制と資本主義の廃棄を公言する共産党に的を絞ろうとしたものと分かる。反共を掲げる自由民主主義という選択はそう突飛ではあるまい。治安維持法は、普通選挙法とともに、その実現を目指す立法だった。そしてそのとき「天皇制の転覆」に対抗するものとして浮上してきたのが国体だった。

しかし国体なる語には、毛色の異なる用法が混在していた。そのため法文における国体とはなにか、議会でも再三議論になった。だが政府は、国体とは憲法第一条の「万世一系の天皇之を統治す」のことであると押し通した。この定義を通じて国体は憲法と結びつき、国体の変革は憲法違反であるとされていく。

国体と美濃部憲法学

明治憲法には国体を想起させる言辞がいくつかあった。教育勅語には国体という語もあった。だが藩閥政府はそれを法として定位しなかった。国体は法とは別の次元に漂っていた（第二章第2節）。ところが政党内閣は、戦前期における民主化の頂点ともいうべき段階で、国体を法の世界へと導き入れた。理論的な支えがあったためである。美濃部《みのべ》達吉《たつきち》の憲法学説である。

天皇機関説として知られる美濃部の学説であるが、それは、できることならすべてを憲法のなかで理解しようとする指向を持っていた。たとえば天皇の祭祀である。天皇が祭祀を行っている根拠はなにか。皇室祭祀令で規定されているからには、その規定の法的根拠がどこかにあるはず、と美濃部は考える。そしてそれに祭祀大権と答える。ただし統帥大権などと違い、憲法上の明文はない。しかし天皇には祭祀大権があり、それに基づいて祭祀をしていると断言する。こうすることで天皇の祭祀は憲法のもとに位置付けられる。

だが憲法のどこにも条文の存在しない祭祀大権はどこから導かれてくるのか。美濃部はこう説明する。それは憲法の「精神」である。明治憲法はすべてについて満遍なく規定しているわけではなく、欠けているところを解釈で補うのは当然のことである。ただしそのときには必ず憲法の「精神」に基づいていなければならない。そしてその「精神」を明らかにする極めて重要な要素が「日本古来の国体」である、と。

美濃部のいう国体は、かれ以前の法学者たちが使用してきた法学的概念としての国体ではない。主権は国家にある以外にはないとする美濃部において、君主国体や民主国体といった主権の所在で国体を区分する論議などまったく意味がないものだった。そうではなく、その国体はもうひとつのいわば水戸学的な国体である。そしてそれは、かれによれば、万世一系の皇統とそれへの国民の態度からなる。そこにおいて天皇は最高祭主であり、神社は「国家的宗教」であるというのが美濃部の考えだった。

このように美濃部の説は、法の概念を拡張することで、それまで法のなかで位置付けが難しかった国体、それも天皇に神社が絡みついた以降の国体を、法へ取り込むことに成功した。そしてこれに依拠することで、護憲三派内閣は国体を憲法のなかに導き入れたのである。

国体の革新

国体についての考え方にも変化があった。これも第一次世界大戦の影響が大きい。

大戦を挟む一九一〇年代に、君主国は一挙に減少した。敗戦国のドイツとオーストリア、革命によるロシアのほか、日本の周辺でも朝鮮と中国で、それぞれ日本への併合と辛亥《しんがい》革命によって君主が消えた。こうした世界規模の現象に、日本でも皇室のあり方について、新たな動向が登場してくる。第一次大戦後には、原敬《はらたかし》内閣によって皇室と国民の接近を図る方向、いうなれば「開かれた皇室」を目指した施策が展開された。皇太子の外遊（大正十年）もその一環であった。右翼などは激しく反対活動をしたが、原内閣は押し切った。

こうした動きが摩擦を生んだことからも分かるように、従来の国体に関する議論は機能不全に陥っていた。たとえば家族国家説である。日本全体を、天皇を家長とするひとつの家族と見做す考え方で、明治中期頃から盛んに唱えられた。ところが台湾に引き続き朝鮮をも植民地とするに至った現状からすると、それらをも含めてひとつの家族と想定すること自体、いささか受け容れ難くなっていた。帝国という感覚と体感的に合わないのだ。時代の変化は、国体についての議論を揺さぶっていた。

なおこうした感覚は天皇へも向けられた。この頃になると、天皇に関し血統とは別の原理を重視する議論が見られる。昭和の大嘗祭《だいじょうさい》をきっかけに折口信夫《おりくちしのぶ》が展開したいわゆる「真床《まどこ》覆《お》（襲）衾《ふすま》」論もそうであろう。折口によれば、大嘗祭とは天皇霊を身に着ける行為である。逆に言うと、天皇たる所以は血によってはじめから備わっているものとはされていない。

そうしたなか、国体像を大胆に革新しようとする試みも数多くなされた。のちに立命館大学で国体学科を主宰する里見《さとみ》岸雄《きしお》もその一人である。この熱烈なる日蓮《にちれん》主義者は『天皇とプロレタリア』（昭和四年）でこう宣言した。これまで国体といえば、神官か高等師範の倫理の教員か法律家が説くばかり。そんな連中の阿片《アヘン》の如き観念的国体論など、無産階級にはまったく響かない。国体は日常の生活そのもののなかにある。三度の食事のなかに、工場のなかに、炭鉱のなかにあるのだ、と。まるでマルクス主義者の口吻だろう。こんな国体論まで登場してくる。しかしそのなかから優越した説が出現することはなく、結果的に国体のイメージは一層多様化した。そうした多様化の恩恵で、各自に合ったものを見つけられたからこそ、国体なるものを多くの人が認めていたのである。誰もが極端な議論を信じていたわけではない。

よく知られた『国体の本義』にしてもそうである。昭和十二年（一九三七）に文部省が刊行した同書には、天皇は現御神《あきつみかみ》ないし現人神《あらひとがみ》であると明記されている。それは「絶対神とか全知全能の神」というような神ではなく、すなわちキリスト教の神ではないが、「限りなく尊く畏《かしこ》き御方であることを示す」と。前者を上帝とでも訳しておけば、不要な一節であったかもしれない。半世紀ほど前の教育勅語では、国体という言葉は登場しても、現御神や現人神などの語は出てこないことを思い出せば、それ以後の神社と天皇との接近がいかほどであったかが分かるだろう。ところが同書には、現人神とは関連が分かりづらい国体像も並存している。仏教の主要各派をすべてとりあげ、「我が国は大乗相応の地」であり、仏教が「我が文化を豊富にし、ものの見方に深さを与へ、思索を訓練し」たなどと、その意義を高唱しているほか、「西洋思想の摂取醇化《じゅんか》と国体の明徴とは相離るべからざる」ものともある。『国体の本義』における国体ですら、神道ばかりで成り立っていたのではない。

天皇機関説事件と国体の明徴

天皇制の転覆 対 国体の擁護。お互いが全否定し合うことで、双方とも硬直化していく。現実の力関係では後者が圧倒的だった。日本共産党の関係者は治安維持法違反で検挙・投獄される。国体とは「万世一系の天皇を戴く君主制」と、大審院の判決文で明示された。内閣の施政方針のなかにも「国体観念の涵養《かんよう》に留意」といった文字が現れるようになる。

ところが弾圧の対象はやがて共産党を超えて拡がっていく。こうした事態は、日本における左翼の有り様によって正当化された。前述したように、共産党員の数は微々たるものだった。しかしマルクス主義の影響を受けた多くの人びとが、それを取り囲むかのように存在した。前衛とシンパが同心円状にいたと言ってもよい。そのため前者を潰滅するためには後者にも打撃を与える必要があるという論理が、説得力を持ったのである。だが共産党員とは異なり、マルクス主義者はその範囲からして定かではない。そうした「主義」そのものが標的とされていくことで、共産党が潰滅したのちも対象は拡大していく。

さらに国体は治安維持法からも抜け出して席捲する。天皇機関説事件である。

美濃部達吉への糾弾は、原理日本社の蓑田胸喜《みのだむねき》らによって早くから行われていた。ただそれが政治的事件となったのは昭和十年（一九三五）二月、貴族院で菊池武夫《きくちたけお》が排撃演説を行ってからである。菊池武夫は、南朝功臣の末裔として維新後に華族へと列せられた肥後・菊池家の当主である。そして右翼や軍に加え最大政党の立憲政友会が、政党に対する国民の信頼回復を目指して運動に参加、政府に断乎たる措置を求める決議が衆議院でも全会一致で可決される。はじめのうちは積極的に対応しなかった岡田啓介《おかだけいすけ》内閣も、二度にわたる声明の発表を迫られる。国体の本義は万世一系の天皇に統治権があることである。よって統治権の主体を国家とし、天皇はその機関とするがごとき説は、神聖なる我が国体に悖《もと》るとの内容である。

国体に悖る学説を公にしていたはずの美濃部だが、結社を組織していなかったため治安維持法で起訴されることはなく、不敬罪でも起訴猶予となる。しかし国体をいわば否定形で定義したこの国体明徴《めいちょう》声明により、明治憲法の通説的解釈として政府も認めてきた美濃部憲法学は否定された。ひとたび憲法のなかに取り込まれた国体は、それを可能にした学説を葬り去る。声明について当時の有力紙は社説でこう断言した。これは国民の抱いている国体観念と完全に一致している。政友会の見込みは、どうやらそう外れてはいなかったようだ。

祭政一致と国体のあいだ

国体明徴が国民の声であるならば、それに乗るのは政友会だけではあるまい。『国体の本義』を刊行した林銑十郎《はやしせんじゅうろう》内閣は、その政綱の筆頭に次のような文句を掲げた。国体観念を明徴にし、敬神崇祖の大義を闡明《せんめい》し、「祭政一致の精神を発揚」する。

ところが祭政一致は不評だった。メディアの多くは呆《あき》れ、知識人の多くは嗤《わら》った。元老西園寺公望《さいおんじきんもち》は、「自分の所に来て、祭政一致などといふ話をされては実に困る。強ひていへば或《ある》いは憲法違反になる」とまで述べている。

国体は天皇中心のものであり、また天皇と神社との接合の結果、神社的なるものへと大きく傾いていたことも間違いない。しかしたとえば里見岸雄のごとく日蓮をかざした国体論者もいたように、それは神社とだけ特権的に結びついていたわけではない。国体論革新の成果であり、またそれ故に国体という観念は広く受容されたのである。なにかといえば神祇官のあった明治の初年を引き合いに出してくる祭政一致とは、比べ物にならなかった。国体明徴と祭政一致の世評の差は、主としてこの点に由来する。しかしそんな祭政一致を掲げる内閣が登場したのも、また事実であった。

3　兄の格律、弟たちの反抗

直宮たちの「思想問題」

天皇と神社の接近、そして国体の浮上。これらは二つの経路で、天皇やその周辺に影響を与えた。ひとつはこうした動向に呼応するかのような皇族の出現。そしてもうひとつは国体などを掲げ天皇へ申し立てを行う諸運動。前者のなかでも注目すべきは、直宮《じきみや》と呼ばれる昭和天皇の弟たちである。年齢的にも若く活動的で、皇室継承順位でも昭和八年生まれの皇太子明仁《あきひと》親王（現天皇）を除けば最上位にあるという、皇族のなかでも特別な存在であった。そうしたかれらに「思想問題」（牧野伸顕《まきののぶあき》）が発生する。

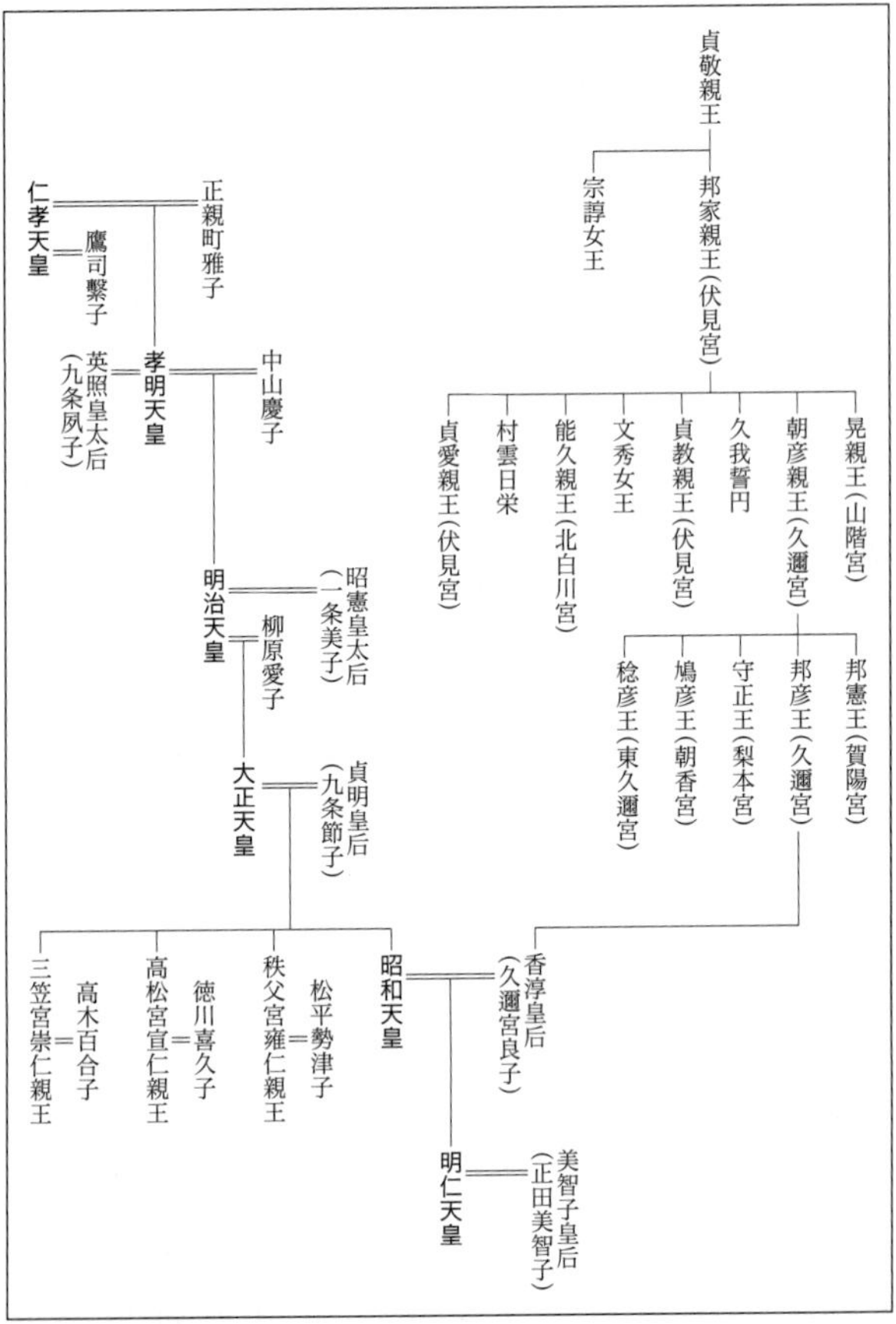
貞敬親王
邦家親王（伏見宮）
宗諄女王
晃親王（山階宮）
朝彦親王（久邇宮）
久我誓円
貞教親王（伏見宮）
文秀女王
能久親王（北白川宮）
村雲日栄
貞愛親王（伏見宮）
邦憲王（賀陽宮）
邦彦王（久邇宮）
守正王（梨本宮）
鳩彦王（朝香宮）
稔彦王（東久邇宮）
正親町雅子
仁孝天皇
鷹司繫子
中山慶子
孝明天皇
英照皇太后（九条夙子）
昭憲皇太后（一条美子）
明治天皇
柳原愛子
貞明皇后（九条節子）
大正天皇
香淳皇后（久邇宮良子）
昭和天皇
松平勢津子
秩父宮雍仁親王
徳川喜久子
高松宮宣仁親王
高木百合子
三笠宮崇仁親王
美智子皇后（正田美智子）
明仁天皇

天皇家関連系図

秩父宮雍仁親王

昭和天皇の一歳下の弟である秩父宮雍仁親王《ちちぶのみややすひと》は、昭和六年（一九三一）九月に起きた満州事変のあと、親政の必要と憲法停止を訴えたため、昭和天皇と激論となった。この件について天皇は鈴木《すずき》貫太郎《かんたろう》侍従長にこう述べた。親政といっても自分は憲法の命ずるところにより大政を総攬しているのであって、これ以上なにをしろというのか。明治天皇の創成した憲法を破壊する憲法停止は断じて不可、祖宗の威徳を傷つけるがごときことには同意できない、と。昭和天皇は、皇祖皇宗や明治天皇まで動員して憲法を擁護し、親政を否認した。生粋の立憲主義者である昭和天皇は、それ故に、憲法と一体となった国体を擁護するのである。

機関説事件のときにも昭和天皇は同様の態度を示した。本庄《ほんじょう》繁《しげる》侍従武官長に対して、機関説に好意的な言辞を繰り返し、機関説が国体に悖《もと》るものとは考えられぬ、自分も肉体的には武官長等となんら変わるところはないと語っている。

高松宮と神ながらの道

天皇より四歳若い高松宮宣仁親王《たかまつのみやのぶひと》にも、秩父宮に同調する傾きがあったようだ。そして高松宮にはさらに別の一面もあった。筧克彦《かけいかつひこ》と交わり、神《かん》ながらの道を鼓吹したのである。

高松宮宣仁親王と喜久子妃

機関説事件で二度目の国体明徴声明が出されてから二月後の昭和十年（一九三五）十二月、高松宮と寛は次のように語りあった。「現在の傾向は最も神ながらの教をおこすに適した機なり」。「皇族がこの信仰の問題、精神的の問題について会議をすることが急務なり。そしてそれを助けるものとして神祇官が必要になる」。皇族よ、信仰に目覚め、神ながらの教を拝せ、いまぞその時——高松宮はそう考えた。神祇官の構想は寛の手で具体化され、教学刷新評議会に提出された。

高松宮家は、威仁《たけひと》親王の死によって廃絶した有栖《ありす》川宮《がわのみや》家の祭祀を継承した。だが宣仁親王はその祭祀に疑問を抱いていた。そうしたときに寛克彦と親交を深め、次のような認識を持つ。宮中での祭祀は神事を人事のごとく扱うもので、「極めて形式的な単なる一時的な敬礼」に過ぎぬ。皇族の行動の根底には神道への信仰がなくてはならないのに、実に残念なことである、と。寛はかつて貞明皇后に進講したが、皇后はそこから法華経信仰の裏付けを得ていた（第三章第2節）。貞明皇后と高松宮のこの違いは、大正十年（一九二一）と昭和十年という時間的な差であるとともに、それぞれの環境によるところが大きい。生来の信仰を保持し、それを前提に筧の説を選んで受容した母と、天皇に宗教なしという仕組みのなかに生を享け、「宗教的教育をうけなかつた」のを自ら遺憾としていた子（第三章第3節）との差である。そしてこのように見てくれば、高松宮の行動は、天皇に宗教なしという明治国家の制度化に対する反抗であったといえよう。

二・二六事件と国体の争奪

高松宮が筧と話をした二日前、出口王仁三郎《でぐちおにさぶろう》ら大本《おおもと》教の関係者が一斉に検挙された。理由は、出口の主宰する政治団体・昭和神聖会が国家転覆を計っているというもの。関係者は治安維持法や不敬罪で起訴された。同会は機関説を排撃しており、その綱領には、祭政一致の確立や国体の闡明《せんめい》といった言葉が並ぶ。にもかかわらず、かれらは弾圧される。このように国体明徴以降、国体を掲げながら、しかも国体に反すると処断される事件が頻発する。

まず翌昭和十一年の二・二六事件である。周知の事件であり、ここでは五点だけ触れておく。

第一に、蹶起《けっき》の趣意は、「奸賊《かんぞく》を誅滅《ちゅうめつ》」して「国体の擁護開顕《かいけん》」に心身を尽くすとされていたこと。少なくとも青年将校にとって、蹶起は国体明徴の実質化を目指したものだった。第二に、かれらが秩父宮に期待していたこと。昭和天皇が反対した場合には秩父宮を擁して天皇に代えようと企んでいた。とかく青年将校の気分でいる（牧野伸顕）という秩父宮だけあり、革新を目指す軍人から信頼を集めていたのである。第三に、かれらの望みが天皇にも秩父宮にも届かなかったこと。昭和天皇は今回の事件に対する皇族の態度を評定して広幡忠隆《ひろはたただたか》侍従次長に告げた。高松宮が一番よろしい。秩父宮は五・一五事件の時よりはよほどよろしい。評価の基準はむろん、天皇が先頭に立った鎮圧への協力の度合いである。

第四に、クーデタは軍法会議で「聖諭」に悖ると断罪されたこと。第一と合わせれば、青年将校たちの掲げた国体を否定したのは昭和天皇の言葉ということになる。そして第五に、天皇に「裏切られた」と感じた将校のなかから、明確に昭和天皇を否認する者が現れたこと。蹶起の中心人物の一人であった磯部浅一《いそべあさいち》は、獄中日記にこう書き付けている。「国体を徹底すると国体を侵す者を斬らねばおれなくなる。而《しこう》してこれを斬ることが国体であるのだ」。「皇祖皇宗におあやまりなされませ」。「如何《いか》に陛下でも、神の道を御ふみちがえ遊ばすと、御皇運の涯《は》てる事も御座ります」。国体の観点から現実の天皇が批判される。

元東宮女官長の不敬事件

磯部浅一が獄中で法華経を日々読誦していたその年の八月、元東宮《とうぐう》女官長の島津《しまづ》治子《はるこ》が不敬事件で勾引されるというスキャンダルが発覚する。

島津治子は男爵・島津長丸《ながまる》夫人。香淳《こうじゅん》皇后（昭和天皇皇后）の従叔母（治子の祖父・島津久光は香淳皇后の曾祖父）にあたる。こうした関係から当時の牧野宮相らが招聘《しょうへい》、皇太子時代の昭和天皇に女官長として仕えた。夫の死を機に治子は退官したが、以後も多くの役職を歴任。一方でいくつかの宗教結社と接触を持つ。嘉悦敏《かえつさとし》のきよめ会、大本系の神政龍神会《しんせいりゅうじんかい》、『竹内文書』で知られる天津教《あまつきょう》などである。そしてやがて自ら法座を主宰するようになる。

私達の信仰とは「国体を明徴にし、維神の道を樹立する」こと。そう島津治子は供述する。またも国体明徴である。だが治子は、磯部浅一と同じく、昭和天皇を認めない。昭和天皇は前世の因縁で維神の道を樹立できずに早晩亡くなるという。すると皇太子が即位する。だが未成年のため摂政が要る。摂政には秩父宮ではなく「高松宮殿下を擁立しなければならぬ」。高松宮擁立による維神への希求である。そのもとで、自らは女官長に復帰するつもりであった。

二・二六事件の青年将校らと異なり、擁立するのが秩父宮でなく高松宮であるのは、前述した高松宮の主張を知っていれば頷《うなず》けよう。神政龍神会の『大御神業御進捗記《おおみわざ》』（昭和十年）によれば、皇室には血統とは別の「霊統」があり、それをめぐって争奪戦が繰り広げられているという。そして悪辣なる「金毛九尾《こんもうきゅうび》」の働きで、昭憲皇太后─貞明皇后─秩父宮はすでに敵の手に落ち、逆に正しい「霊統」の筆頭に高松宮がいるという。木戸幸一の日記に、神政龍神会の主張を要約したメモが収められており、そこに、貞明皇后・秩父宮夫妻は自由主義思想を抱き、神ながら道を「オミット」しているとあるのと対応していよう。なお、「金毛九尾」はフリーメイソンと同視されている箇所も多い。だが貞明皇后などの「霊統」の部分では、興味深いことに、「日蓮系仏魔」へと置き換えられている。

島津治子は精神疾患を理由に不起訴処分となった。だがほかの関係者は多くが起訴され、法廷で国体は争われ続ける。

国体と昭和天皇のあいだ

これらの事件を惹き起こした人びとは、揃って国体の明徴を目指していた。だがかれらの行動は国体明徴と認められず、国体に反すると断じられる者まであった。国体が治安維持法を介して法のなかに導き入れられたことで、国体に沿っているかどうか、国が最終的な判断をでき、またせざるを得なくなったことによる。かくて国体を謳う運動が、国体の名のもとに国家によって否定されるという現象が現れる。

だがそのよって来るところはさらに深くにある。国体という観念が喚起する力である。

水戸学以来、国体という言葉は、天皇という存在を、いままさに在位している天皇を超えた尺度で見ることを可能にするものだった。たとえば万世一系こそが国体であるとすれば、現在の天皇はその時間軸のなかで見つめられることになる。国体とは、天皇という存在に歴史的な意味を与えるものだった。

ところがこの国体による天皇の意義付けは、同時に次のような問題をはらむ。国体と現実の天皇とが齟齬《そご》し、両者に亀裂が生じたら、そのときはいずれにつくべきなのか。

もちろん亀裂などなければ、なんの雑作もない。ただもし齟齬を発見し、そこで仮に国体の方を優先させれば、現実の天皇が批判されることになろう。国体への思考を深め、そこから築かれたあるべき姿と引き比べ、いまの天皇が相応しくないと認定されれば、それはまさに国体の立場からする天皇の否定に帰着する。現実の天皇を超える想像力を生み出した国体は、天皇を支える根拠にも、またそれを否定する根拠にもなり得た。そして昭和天皇を否定しかねない勢いの者に対し、国家は最後のところで昭和天皇をとった。その範囲内での国体こそ正しい国体であるという形で。

国体の時代が以上のような様相を呈していたのなら、そのなかでもっとも過酷なところにいたのが誰かは明白だろう。まさに位にある天皇、昭和天皇である。国体と齟齬はないか、その行動は常に点検され続けていたのだから。国民、軍、歴代の内閣、そして皇族からまでも。こうした国体というフィルターを通した衆人環視の状況を念頭に置く時、昭和天皇にできたのは、次のようなカント的な定言命法《ていげんめいほう》に従うことしかなかったのではあるまいか。

自らの意志の格律が国体の原理として妥当し得るように行動せよ。

こんなことを銘とした天皇はこれまで例がない。国民の目や声をここまで気にすることはなかったし、そもそも国体に照らして行動を解釈すること自体、稀なことだった。明治天皇・大正天皇ですらそうである。

だがこの定言命法の実践は至難の業というほかない。なにせ国体の原理など少しも明確でないのだから。民間では各人各様の気ままな国体が乱舞し、国による定義も「万世一系の天皇が統治する」より先は否定形ばかり。国体に誰より悩まされたのは昭和天皇だった。

そうしたなか、天皇はなにに国体を見出したのだろうか。

4　国体を護持し得て

満州国における建国神廟の創建

天皇はこれまで通りに祭祀を続けていた。ただ見方によっては不思議なことかもしれない。少し遠回りをして隣国の様子を見ながら、このあたりを考えてみよう。

康徳《こうとく》七年（昭和十五年〈一九四〇〉）六月、満州国皇帝・溥儀《ふぎ》が来日した。紀元二六〇〇年祭を慶祝しての訪問だったが、もうひとつ別の目的があった。それは新たに首都・新京《しんきよう》（長春《ちょうしゅん》）に創建する建国神廟の神体を受けること。神廟の祭神には天照大神《あまてらすおおみかみ》が予定されていた。

発端はこれより五年ほど遡る。はじめは満州建国の犠牲者を祀る廟の建設が計画されていた。日本の靖国神社のような「護国廟」であると、関東軍司令官兼駐満大使の南次郎は述べている。ところが計画が動き出すと、ほかの祭神も祀ってはどうかとの案が出てくる。清朝の太祖や明治天皇、果ては孔子《こうし》、釈迦《しやか》、イエスなど多くの候補があがり、やがて天照大神が有力になっていく。皇帝が天照大神を祀るとなると、どうしても伊勢神宮や賢所《かしこどころ》が想起される。これに日本の神道界は猛反発した。最高至尊絶対なる天照大神を満州国の英霊と同座合祀するとはなにごとか、と。賢所や伊勢神宮を靖国神社と一緒にするなど怪しからんとの反対である。結局のところ、皇帝の宮殿内に建国神廟を、そして市中に建国忠霊廟をそれぞれつくることで落着する。そのうち前者の霊代《たましろ》を受けることが、溥儀訪日の隠れた目的だった。

しかし日本国側はこれを歓迎しなかった。建国神廟の霊代とする鏡を、昭和天皇から皇帝に親授してほしいと満州国側は願い出たが、宮内省はこれを断った。満州国は外国であって、植民地の神社、たとえば台湾神社や朝鮮神宮と同列に扱うべきではないという理由をつけて。どうやら昭和天皇が乗り気でなかったようだ。満州国側は仕方なく自分たちで鏡を発注して伊勢神宮にて修祓《しゅうふつ》を受けたが、これすら米内光政《よないみつまさ》首相が昭和天皇にこう内奏してようやく許可を得た。「我々普通臣下の者が、伊勢大廟からお札《ふだ》を奉戴いたしまして、之《これ》を各々の家の神棚に奉安し、朝夕之を拝むというふやうな性質のものではないかと存じます」。そして皇帝帰国後の七月に鎮座祭が挙行された。神鏡の如き霊代によって天照大神を祀る満州国版の賢所はこうして誕生した。

昭和天皇の出迎えをうける満州国皇帝溥儀　東京駅。昭和15年（1940）6月26日

祭祀府と神祇院

これにより、五族協和をはじめとした満州国の建国理念は明らかに変質し

満州国建国神廟

た。それは国の仕組みにも及ぶ。満州国の憲法ともいうべき組織法が改正され、①「皇帝は国の祭祀を行ふ」との条文が加わり、②祭祀府が新設された。祭祀府は皇帝に直隷し、建国神廟・忠霊廟など国の祭祀を一元的に管掌する機関である。①②を日本で言えば、明治憲法の改正で祭祀大権が明記され、賢所と靖国神社をあわせて管轄する神祇官ができたようなものだろう。むろんどちらも日本にはない。満州国のこの仕組みは、日本の現状とその「問題点」を踏まえ、それらの解消をも目論《もくろ》んだものと思われる。満州国において皇帝の祭祀を支える体制は、たちどころに、そして日本より強固に整備されていった。

満州国皇帝が変貌を遂げた年、日本では神祇院がつくられた。これによって昭和天皇にも変化が訪れた——そう思われるかもしれない。だがほぼ変化は皆無だった。

その理由は神祇院官制の第一条を見れば一目瞭然であろう。そこには、「神祇院は内務省の管理に属し、左に掲ぐる事項を掌《つかさど》る」として、神宮・官国幣社以下の神社などが列挙されている。宮中祭祀は管轄外。それどころか、敬神思想の普及が明記されたことを除くと、所管事項はすべて神社局そのまま。神祇官復興運動の目指したところが、天皇の祭祀と神社を神祇官のもとで一元的に掌握することにあったとすれば、その目的はまったく達成されていない。ありていに言えば、神祇院は神祇官ではなく、内務省の神社局をひとまわり大きくしただけのものだった。満州国が仰ぎ見た日本国では、天皇の祭祀を支える体制が再構築されることはなかった。

宮中祭祀の戦時

制度的には変わらなかったが、昭和天皇はそのなかでいくつか新しい試みをはじめた。

神祇院創設と同じ昭和十五年（一九四〇）の九月に日独伊三国同盟が結ばれた。これについて天皇は、情勢の推移によっては重大な危機に直面するのだから、賢所に奉告して「神様の御加護を祈りたい」と木戸幸一内大臣へ告げた。臨時の祭典はそれまでも宣戦・講和のときなどに行われ、日清戦争のときには、明治天皇が政への不満を祭で示したこともあった（第二章第3節）。昭和天皇に関しても、大正十年（一九二一）の外遊や十二年の虎ノ門事件のときなど、臨時の祭典が行われていた。だが条約の締結のみで行われた先例はなかった。これは十月の神嘗祭《かんなめさい》にあわせて執り行われた。そして対米英蘭開戦に際してはその翌日（昭和十六年十二月九日）に賢所で臨時大祭を行った。また東条英機《とうじょうひでき》首相の提案により、開戦一周年を目途にした伊勢神宮行幸が企画される。昭和天皇は昭和十七年（一九四二）十二月に参拝した。「戦時下に於て、天皇親しく御参拝御祈願あらせらるゝことは真に未曾有《みぞう》のこと」（木戸幸一）であった。

ただしときには「粗相」もあった。ほかのことに気をとられていたのか、賢所の入り口を過ぎてしまったことがある（十八年八月）。だがそれでも天皇は祈った。これまで通り、いやおそらくはそれ以上に。しかし戦局は祭祀の継続を難しくしていく。

明治二十二年から使われている宮中三殿（賢所・皇霊殿・神殿）は木造建築であり、空からの攻撃には無防備だった。そのため防空対策を施した場所へ遷すことが検討された。はやくも昭和十七年四月、東京各所がはじめて爆撃を受けた日に天皇の許しを得ている。なお日露戦争の時は、まだ航空機が戦争に使われておらず、悠長なことに、戦争の最中に屋根を檜《ひ》皮葺《わだぶき》から銅板葺へ葺き替えている。

もっとも実際には宮中三殿よりも天皇が先に移動する。十八年四月、吹上御苑《ふきあげぎょえん》内に御文庫が完成、宮殿からこちらへ動いた。剣璽《けんじ》も一緒に遷り、地下にはそのための部屋もあった。ただし漏水等があって、剣璽は政務室とのあいだを行き来している。そして宮中三殿の動座は十九年十一月一日に実行された。屋根を葺き替えた時に使った仮殿の西北地下に鉄製の斎庫を設け、そこに遷した。ちょうど予行演習中に空襲に遭ったため、そのまま運び込んだ。これにより、従来と同様の祭祀を続けることは著しく困難となった。

遷座と同月の新嘗祭《にいなめさい》は御文庫にて行った。祭儀を行う神嘉殿《しんかでん》にあたる空間が仮殿には存在しなかったためである。翌二十年元日の四方拝《しほうはい》は、仮殿でする準備を整えていたが、空襲警報の発令で御文庫前の庭に変更、衣装も軍装で行った。翌月の紀元節祭も警報によって途中で引き返している。そして四月十三～十四日の空襲では本殿・仮殿とも僅かだが被災する。

　こうしたなか、さらにアメリカ軍による本土上陸の危機への対応も迫られる。十九年七月、昭和天皇は小磯国昭《こいそくにあき》首相に対し、自分は帝都東京にとどまりたい、あくまで「皇大神宮のある此《こ》の神州にありて死守せざるべからず」との意向を示した。帝都東京の賢所でなく伊勢の神宮の存在を通じて、日本列島から離れぬとの決意を示したのである。そして二十年四月には自らの名代として高松宮を神宮へ派遣した。伊勢・熱田の被弾を機に、高松宮自身が考案したものだった。こうして徐々に焦点が伊勢へと集まり出す。

国体——明徴から護持へ

「神州」にとどまる覚悟を天皇が述べてから約一月後の昭和十九年九月、小磯首相は議会で次のように演説した。「我が本土に対する敵の来襲は漸《ようや》く頻繁且《か》つ大規模ならんとし、又《また》敵の本土上陸をも考慮すべき現段階に於《お》きましては、真に総力を結集し一切を捧げて国体を護持するの一念に燃え、飽くまで戦ひ抜く決意を新たにし……」。おおよそこの頃から、国体の護持が盛んに言われるようになってくる。

　明徴ではなく護持。国体の変革を目指す勢力が逼塞《ひっそく》を余儀なくされたこともあり、しばらくのあいだ国体もまた逼塞していた感があった。だが本土決戦すら検討される状況になると再び表に出てくる。ただ敵は国内ではなく国外。しかもそこから護り通し、救い出すべきものとして。国体の護持は戦争を戦い抜くための目的へと据え付けられた。宣戦の詔書にあった「東亜の安定」と比べると、どれだけ目的が小さくなったかが分かろう。

ところが国体護持という目的は、そのためのより適切な方法があれば、そちらをも後押しする。「国体護持の立場よりすれば、一日も速に戦争終結」の方途を講ずべしと、近衛文麿《このえふみまろ》はいわゆる近衛上奏文（二十年二月）で述べた。終戦を模索する人びとも、その目的に国体の護持を掲げた。こうして国体の護持は、戦争を継続するか、終結させるかという立場の相違を超えた共通の目的となっていく。ポツダム宣言に対し、国体の護持のみが条件とされ、そしてそれが満たされたとして受諾されるのには、こうした経緯があった。

国体の象徴としての三種の神器

だがここにおいて護持すべき国体とはなんだったのだろうか。それはもはや護ることのできそうな最低限の国体、その芯ともいうべきものに限定される。すると「万世一系の天皇を戴く君主制」に舞い戻ってくる。日本側が最後まで固執した国体とはこれであり、いままさに君主である昭和天皇にとって、それは自らに現在の地位を与えた仕組みであった。

そしてこの国体を象徴するのが三種の神器である——天皇はそう考えた。側近もそう考えた。すると三種の神器の「本体」のある伊勢と熱田は、あるいは賢所以上の重要性を帯びてくる。神宮への度重なる祈願はそう考えての行動だったろう。木戸幸一内大臣は言う。三種の神器は「皇統二千六百有余年の象徴」であり、これを失えば国体の護持もできない。天皇は答える。伊勢のことは誠に重大であり、伊勢神宮の神鏡と熱田神宮の宝剣は、「万一の場合には自分が御守りして運命を共にする外ないと思ふ」。なお、熱田の宝剣は神社側が飛騨

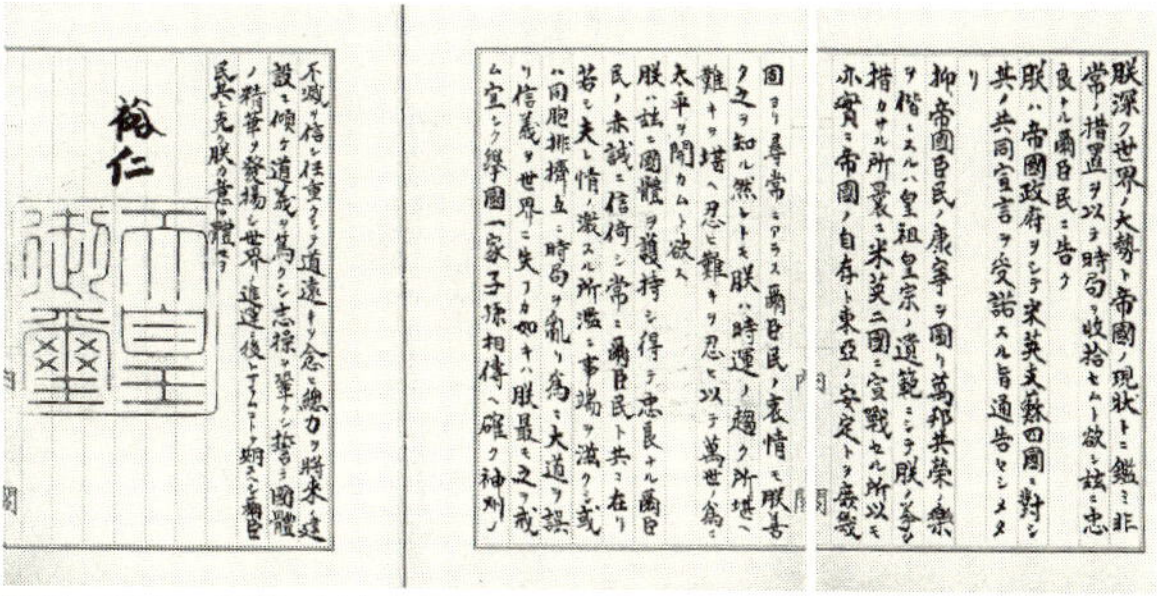
朕深ク世界ノ大勢ト帝國ノ現狀トニ鑑ミ非常ノ措置ヲ以テ時局ヲ收拾セムト欲シ茲ニ忠良ナル爾臣民ニ告ク
朕ハ帝國政府ヲシテ米英支蘇四國ニ對シ其ノ共同宣言ヲ受諾スル旨通告セシメタリ
抑〻帝國臣民ノ康寧ヲ圖リ萬邦共榮ノ樂ヲ偕ニスルハ皇祖皇宗ノ遺範ニシテ朕ノ拳々措カサル所曩ニ米英二國ニ宣戰セル所以モ亦實ニ帝國ノ自存ト東亞ノ安定トヲ庶幾

固ヨリ尋常ニアラス爾臣民ノ衷情モ朕善ク之ヲ知ル然レトモ朕ハ時運ノ趨ク所堪ヘ難キヲ堪ヘ忍ヒ難キヲ忍ヒ以テ萬世ノ爲ニ太平ヲ開カムト欲ス
朕ハ茲ニ國體ヲ護持シ得テ忠良ナル爾臣民ノ赤誠ニ信倚シ常ニ爾臣民ト共ニ在リ若シ夫レ情ノ激スル所濫ニ事端ヲ滋クシ或ハ同胞排擠互ニ時局ヲ亂リ爲ニ大道ヲ誤リ信義ヲ世界ニ失フカ如キハ朕最モ之ヲ戒ム宜シク擧國一家子孫相傳ヘ確ク神州ノ

不滅ヲ信シ任重クシテ道遠キヲ念ヒ總力ヲ將來ノ建設ニ傾ケ道義ヲ篤クシ志操ヲ鞏クシ誓テ國體ノ精華ヲ發揚シ世界ノ進運ニ後レサラムコトヲ期スヘシ爾臣民其レ克ク朕カ意ヲ體セヨ

裕仁

天皇御璽

終戦の詔書　冒頭（右）と「国体ヲ護持シ得テ」とある部分。国立公文書館蔵

にある水無《みなし》神社へ疎開させている。

かつて喧々と論じられ、ときには天皇に刃を向けたこともあった国体は、三種の神器にまで凝縮された。ところが「敵が伊勢湾附近に上陸すれば、伊勢・熱田両神宮は直ちに敵の制圧下に入り、神器の移動も余裕もなく、その確保の見込が立たない。これでは国体護持はむずかしい」。いわゆる『独白録』のもとになった聞き取りで天皇はこう述べている。だれよりも国体に悩んだ昭和天皇による回答であった。終戦の詔書でも、草案の段階には「神器を奉じて爾《なんじ》臣民と共にあり」とあったのが、それと置き換わるように「朕《ちん》は茲《ここ》に国体を護持し得て」となっていく。国体の象徴は神器であり、それを護持し得たとして戦争は終わった。もし東京遷都の際の神宮遷座計画が実現していたら、どこか事情は変わっていたのだろうか。

戦闘は停止され、空襲を避けて仮殿へ遷っていた宮中三殿も、八月三十日にもとに還った。四日後には戦争終熄奉告祭《しゅうそくほうこくさい》が行われる。だが天皇はどうしても伊勢親拝にこだわった。木下道雄侍従次長にこう語っている。

「神宮は軍の神にあらず平和の神なり。しかるに戦勝祈願をしたり何かしたので、御怒りになったのではないか」。

側近たちが危惧するなか、十一月に伊勢行幸が実施された。これなくして昭和天皇の戦争は終わらなかった。自らに課さざるを得なかった国体の定言命法の帰結というべきかもしれない。

太平洋戦争の末期に焦点となった国体の護持は、国体という考え方が広まり、法制化され、さらには憲法と一体化し、立憲君主たらんとした昭和天皇がそれを格律とするに至った昭和戦前期という時代に、深く規定されたものだった。たとえそれが、神器に象徴される万世一系なる時間を背負っていたとしても。

第五章　天皇制の果実——二十世紀後半

1　国体の行方

裕仁法皇

戦後の天皇について、なにがしかの構想を持っていたのは、国体を護るべく戦争の終結へと動いた人びとだった。近衛文麿《このえふみまろ》は、上奏文を提出してしばらくした昭和二十年（一九四五）四月に次のように述べている。外国より譲位を要求される前に「御上《おかみ》の御意志によって遊ばさるゝに非《あら》ざれば、恐らく国体は保たれじ」。天皇の自発的退位という計画である。すると近衛がとるべき行動は、昭和天皇もそう考えるよう、工作を行うことになってくる。だが、かりにそれが上手くいったとしても課題は残る。位を退いた昭和天皇をどうするかである。

落飾。近衛の案はこれだった。昭和天皇は出家して裕仁法皇となり、京都の仁和寺《にんなじ》の門跡になるという案だった。近衛は、宇多《うだ》法皇の先例にならいたいと仁和寺側に述べ、賛成を取り付けた。宇多天皇は最初の法皇にして仁和寺の開祖とされる。

だが昭和天皇が出家することはなかった。それどころか退位もしなかった。あるいはできなかった。昭和天皇はその地位にとどまりながら、巨大な変革へ立ち向かうことになる。

信教自由と神道指令

連合国軍最高司令官総司令部（GHQ／SCAP）が主導した日本の宗教に対する改革案は、大きく三点からなっていた。自由の保障、国家神道の廃止、そしてキリスト教への支援。

自由の保障は問答無用の大原則であった。昭和二十年十月に覚書「政治的、公民的及び宗教的自由に対する制限の除去の件」（いわゆる人権指令）を発し、治安維持法をはじめ人権に制限を加えている法律の廃止などを求めた。東久邇宮稔彦王《ひがしくにのみやなるひこ》の内閣はこれを拒んで総辞職、あとを受けた幣原喜重郎《しではらきじゅうろう》内閣のもと実施される。

第二は、同年十二月の「国家神道、神社神道に対する政府の保証、支援、保全、監督並に弘布の廃止に関する件」（いわゆる神道指令）である。国家による神社への支援を廃し、政教分離（国家と教会／宗教との分離）を実現しようとしたものである。この指令は、神社は宗教にあらずという「国是」の如き「ルール」を変更し、神社を宗教へと再編制した改革をはじめ、巨大な変動を呼び起こす。神社関係者は神社本庁をつくり、宗教法人となっていく。

発令の経緯をみると、神道指令には主に二つの役割が込められていた。ひとつは信教自由の保障を確実にすること。もうひとつは国家主義的ないし軍国主義的な要素の排除。相互に重なりつつも少々目的を異にするこの二つを繋いだのが、国家神道という観念だった。

国家神道という語は、直接的にはState Shintoの訳語である。神道指令を方向付ける勧告書をGHQに提出した米国の神道学者D・C・ホルトムが用いたもので、かれが依拠したのは加藤玄智《かとうげんち》が『神道の宗教発達史的研究』（昭和十年）ほかで展開した国家的神道説だった。加藤玄智によれば、国家的神道とは、宗教である教派神道とは区別された神道すべてのことであり、外形的には神社神道として立ち現れ、精神的には国体神道として教育や政治といった方面において実行されているという。「国家的神道も勿論《もちろん》宗教」であった。

加藤＝ホルトム説の最大の特徴は、国体神道なるものを措定したことにある。これによって神道は神社に限らず、その「精神」と関わりそうな言葉が出てくるところには、どこにでも見出され、神道の包摂する範囲は大幅に拡大した。ただ教派神道や神社神道と比べ、国体神道は必ずしも明晰ではなく、それもあって加藤らの見方は、同時代的には少数派にとどまった。ところがGHQ内の担当部局である民間情報教育局（CIE）の指向とは見事に符合した。すなわち無害な宗教的慣習に干渉することなく、しかも神道国家主義（Shinto Nationalism）を根絶することを目指したCIEにとって、この学説は、その論拠と方向性を明快に指示してくれるものだった。要するに、国家神道から国体神道を排して神社神道に戻せばよいのだ。

登場とともに廃される国家神道

ただ神道指令がこの説に依拠したことは、いくつか厄介な問題を生んだ。まず、国体神道がどこにどうあるのか、分かりにくかった。指令では、『国体の本義』の頒布禁止や、「大東亜戦争」・「八紘一宇《はっこういちう》」といった語彙の公文書における使用禁止を規定しており、国体神道を那辺《なへん》に見出していたのかが窺われる。だが後述するような経緯で、国体という語そのものは禁じられなかったため、国体神道の排除という目的は見分けがたかった。そしてそれらがどの程度まで神道なのかという疑念もつきまとった。『国体の本義』ですら、神道的なだけではなかったがために、それなりに広く受け容れられたのだから（第四章第2節）。

また神道指令の原題でState Shinto（*Kokka Shinto, Jinja Shinto*）、その日本語訳が「国家神道、神社神道」と表記されたことで、国家神道と神社神道との関係も混乱し、国家神道とはなにか摑み難いものになった。未知の用語の登場した文書がこれでは、理解しろという方が無理な注文だろう。指令のあった翌月、雑誌『ライフ』の質問に昭和天皇がこう返したのは、率直な感想だった。「所謂《いわゆる》国家神道の問題は私にもよく判らぬ点がある。まして貴国民にはなかなか理解出来ぬことと思う」。

さらに加藤たちに従って国家神道が宗教であるとすると、それに改変を加える企ては国際法に抵触する恐れがあった。占領者は、占領地における宗教的信念と実践を尊重する義務があるとされていたからである（いわゆるハーグ陸戦条約第四六条）。この点は次のように回避された。国家神道ないし神社神道は宗教ではない。なぜなら日本政府がそのように取り計らってきているから。故に国家／神社神道への介入は違法ではない。ただし本来それらは宗教であるので、宗教として扱うよう改革する必要がある、と。

かくて国家神道は、その登場とともに廃止された。新たな用語に基づくこうした変革は、占領という事態が、観念そのものの変容をもたらすものであることを広く知らしめる。

米軍艦ミズーリ号上で演説をするマッカーサー　1945年9月2日

精神革命とキリスト教

改革案の第三、キリスト教への支援は、ＧＨＱの総意というよりも、元来はマッカーサーの個人的な信条であった。しかしかれが比類なき最高司令官であったことで、ときに一般的方針として宣言され、現実に精神的・物質的支援がなされていく。

降伏文書調印式のあと、マッカーサーは次のように演説した。

平和の維持。これなくして、人類はハルマゲドンへ足を踏み入れてしまう。平和は基本的には神学的な問題であり、そのためには精神の再生と人間性の改善が行われなければならない。肉体を救おうと思うなら、まず精神からはじめねばならない。われわれは九十二年前のペリー提督と似た姿でいまここに立っている。日本はペリーがもたらした文明を利用し、迷信と武力に訴えることで、国民を奴隷状態に置くという暴挙に出た。われわれの使命はそこからの解放である。（大意）

マッカーサーには、政治や経済の改革だけでは十分に思えなかった。日本の民主化には、かれが根源的と見做す精神面における革命が必要であり、それにはキリスト教が必須であると確信していた。デモクラシーに加えてキリスト教ということである。

実際の行動として、まず、最高司令官による好意あふれる発言の数々があった。たとえば昭和二十二年五月に片山哲《かたやまてつ》が首相に就任したときの声明では、歴史上ここにはじめて、日本がキリスト教徒の指導者を得たことを祝い、これはキリスト教の神聖な観念の確実な前進であると、その精神的意義を説いた。こうした声明は、占領後期になると、反共産主義という方針とも絡めて正当化され、かれが日本を去るまで、新聞各紙の一面を間歇《かんけつ》的に飾ることとなる。またより制度的なものとして、宣教師の優先的な入国やチャペルなどの供用がＧＨＱによってとりはかられ、宣教師には米軍の軍事郵便の利用も認められていた。

ただしこれらは、ＣＩＥ内でも抵抗が強かった。自らが打ち出した政教分離という原則に反したからである。マッカーサーによる再三の慫慂《しょうよう》にもかかわらず、キリスト教への優遇が、あえて言えば右の程度で収まったのは、自身の言葉を借りると「日本国民に対して事実上無制限の権力をもっていた」最高司令官をも拘束する神道指令の力であった。そこでは、神道のみならずあらゆる宗教が、政府と特別な関係を持つことを禁じている。

ところでマッカーサーの考え方は、文明にはキリスト教が不可欠だとする見方が有力だった十九世紀を思い起こさせよう。明治日本はその見方とは異なる道へと賭けたのだった（第二章第1節）。しかし敗戦によって、岩倉使節団がその信仰の篤さに驚いた国からきた人びとから、かつてと同じ問いを突きつけられたのである。ただしこうしたマッカーサーの態度を、もしキリスト教に限らぬ宗教全般の重視と捉えるなら、CIEに調査スタッフとして勤務していた人物が、将軍の発言は「官僚、実業家、知識人がいずれも宗教に無関心だった日本の社会における宗教の地位を高めた」と言っているのも、ある面では頷《うなず》けよう。

戦争へ至ったのは宗教心の不足

そしてどこかマッカーサーと響きあうところのあることを、昭和天皇が言い出す。『独白録』という名で知られる昭和天皇の聞き書きは、昭和二十一年（一九四六）三月・四月、松平慶民《まつだいらよしたみ》宮内大臣や寺崎英成《てらさきひでなり》宮内省御用掛らによって実施された。即位後の政局・戦局を時系列に沿って語ったのち、昭和天皇は結論として、戦争へと至った原因をこう分析した。

かように国民性の落ち着きのないことが、戦争防止の困難であった一つの原因であった。

将来この欠点を矯正するには、どうしても国民の教養を高め、又《また》宗教心を培《つちか》って確固不動の信念を養う必要があると思う。

こうして「日本人の宗教心の刷新」という指針が導かれてくる。聞き書きの記録の続きには、さらに括弧に括られ次のようにある。「現状をもってすれば、国民の宗教心が潑剌《はつらつ》になれば基督《キリスト》教徒は増加するであろう」。昭和天皇は戦争の有力な原因に宗教心の欠如をあげ、その矯正を考えていた。もしかすると、宗教的教育を受けなかったことを心残りに思っていた弟の高松宮と同じ感覚を、天皇も共有していたのかもしれない。聞き書きに前後して、自らの発案により、板沢武雄《いたざわたけお》（神道）・鈴木大拙《すずきだいせつ》（仏教）・田中耕太郎《こうたろう》（カトリック）・斎藤勇《たけし》（プロテスタント）から相次いで宗教に関する進講を受けている。

昭和天皇は、宗教が大事であるという考えを明確にし、キリスト教徒が増えると予測もしたようだ。だが自らが改宗する意志はなかった。二十三年八月、オーストラリアの記者がキリスト教への帰依につき質問したのに対し、敬意を払っているが、「自分自身の宗教」を体していた方がよいと思うと、はっきり答えている。

だがここでいう「自分自身の宗教」とはなんであるのだろうか。

人間宣言で否定されたもの

この点は順を追って見ないと混乱するだろう。まずはいわゆる人間宣言から見ていこう。

昭和二十一年（一九四六）の元旦に発せられたこの詔書は、新日本の建設という方向を力強く示したのち、現状の日本に思想混乱の兆しを見出す。

然《しか》れども朕《ちん》は爾等《なんじら》国民と共に在り……朕と爾等国民との間の紐帯《ちゅうたい》は、終始相互の信頼と敬愛とに依《よ》りて結ばれ、単なる神話と伝説とに依りて生ぜるものに非ず。天皇を以《もっ》て現御神《あきつみかみ》とし、且《かつ》日本国民を以て他の民族に優越せる民族にして、延《ひい》て世界を支配すべき運命を有すとの架空なる観念に基くものにも非ず。

いうなればこれは天皇版の神道指令である。天皇から国家主義的・軍国主義的要素を切り離すことで「無害」なものにし、新たな時代のなかに定位させていこうというものである。GHQの考案になる。ただその方法として、GHQによる指令ではなく、天皇の発話という形をとった。究極的には問題が天皇と天皇への見方にある以上、天皇による宣言がもっとも有効であるというのは、至って合理的な判断だろう。だがこのため神道指令などとは異なり、事前に天皇や側近、そして幣原喜重郎内閣など日本側との調整が必要となる。そしてこの段階で、些細《ささい》とも枢要とも考えられる変更が加えられた。

ひとつは昭和天皇の発案で、五箇条の御誓文が冒頭に入ったことである。のちに天皇は、この点が詔書の一番の目的であり、五箇条の御誓文こそ民主主義の基盤と述べている。

もうひとつは木下道雄侍従次長の抵抗が、かえって天皇は「現御神」であることを明確に否定する文面を引き出したことである。英文原案の邦訳では、日本人ないし天皇が「神の裔《すえ》」であるのは架空の観念であるとしていた。木下は、日本人はともかく、天皇が「神の裔」であることを架空とするのは許し難いと感じ、天皇については「現御神」であることだけを否定する文面に修正した。否定の範囲を限定しようとの試みであり、天皇の同意のもとに行ったと、かれの日記にはある。ところが日本人が「神の裔」云々という部分はその後の修正で消滅、結果として天皇が「現御神」であることの否定が浮き上がる。そして一層複雑なことに、「神の裔」の神も「現御神」も、英文ではどちらもdivineだった。

木下が試みたのは、『国体の本義』などに見られた天皇像を否定することで、天皇のそれ以外の部分を極力救い出す作業だった。これは「国体の時代」を打ち消すものではあるが、それ以前を無効とするものではない。この歴史観は、五箇条の御誓文が掲げられたことでより強調された。明治維新以来の民主主義がどこかで機能しなくなり、今日の惨禍を招いたが、もう一度初心に立ち返って新日本の建設に邁進しようという歴史=将来像である。これはポツダム宣言公認のものでもあった。そこでは「民主主義的傾向の復活強化」が要求されており、復興するに足るものがあるのは前提だった。天皇や側近は、律儀にそれを探す作業をしたのである。

もっともこうした抗戦がどこまで意味を持ったかは、大いに疑問がある。高松宮宣仁親王は詔書の感想を日記に、「まことに結構なるものだつたが、「現御神」の三字は別の「神」と云《な》ふだけの字か何にかにしたかつた」と記している。かつて神ながらの道に心酔した高松宮にすら、「現御神」に限定したことは伝わらなかった。その後も現在に至るまで、この詔書が漠然と神格否定・人間宣言とばかり解釈されてきているのも、木下たちの抗戦の意図が伝わっていないからであろう。ただ文書を執筆者の意図通りに読まねばならぬという決まりがあるわけではない。

国体と教育勅語

続いて明治憲法と皇室典範の改正である。「民主主義的傾向の復活強化」を日本側がほとんど明治憲法の延長上で構想したのに対し、ＧＨＱがそれとまったく異なる草案を提示、以後はこの草案をもとに改正作業が進んでいくこと。そしてその過程で、天皇の地位の変更にともなって国体が変革するのかどうか、議会の内外で激しい論争を捲き起こしたことは、よく知られていよう。ところがこの国体論争自体、危うく禁じられるところだった。

宗教学者で東京帝大助教授の岸本英夫は、神道指令を発令以前に見た唯一の日本人だった。岳父である姉崎正治《あねさきまさはる》の代理のような形で、ＣＩＥに日本の宗教について助言を行っていたためである。秘かに手渡された草案を読んだ岸本は、それなりに筋は通っており、意見を加える余地はないと思った。だがひとつ心にかかる点は、国家神道などを想起させるとして、公文書での使用を禁止する語彙のなかに、大東亜戦争や八紘一宇《はっこういちう》とならんで国体が挙がっていたことだった。これでは教育勅語が廃止されてしまう──そう考え、ＣＩＥに談じ込む。これが容れられて指令文から国体が外れたことで、国体論争は可能となった。

なお、教育勅語であるが、その排除・失効は昭和二十三年（一九四八）六月の衆参両院での決議を待つことになった。日本国憲法公布（二十一年十一月）はおろか、教育基本法公布（二十二年三月）と比べても随分と遅い。これはGHQ内部にも、教育勅語で問題なのは内容ではなく、それにまつわる儀礼であるとの声があり、文部省はそれに呼応する形で、二十一年十月に教育勅語の奉読式を停止する一方、教育勅語の存続や新勅語の発布を模索していたためである。敗戦後の文部大臣、すなわち前田多門《まえだたもん》、安倍能成《あべよししげ》、そして教育基本法の策定を主導した田中耕太郎のいずれもそうだった。このうち前田と田中は当時の著名なキリスト者である。しかし民政局（GS）が介入したことで、国会で教育勅語の失効が唐突に確認される。

憲法改正によって国体は変わったのか？

話を憲法と国体へと戻そう。岸本英夫のおかげでなしえた国体論争のことである。敗戦を甘受しても護持しようとした国体は、憲法改正によってどうなるのか、誰しも気になった。万世一系の天皇が統治する国から、日本国民の象徴として天皇がいる国へと転換するというのだから、当然だろう。憲法担当の国務大臣である金森徳次郎《かなもりとくじろう》は、議会で何度も同じ質問を浴びせられ、飽くことなく答弁した。それらはある意味で一貫していた。国体には様々な意味がある。法律学者がいうような国体、すなわち主権の所在を表すような意味での国体は、改正で明らかに変わる。しかしもうひとつの国体、水戸学に淵源し教育勅語などで用いられたような意味での国体は、憲法改正とは無関係である。すなわち国体は変わったとも変わらないとも、国体の定義によっていずれとも言えるということである。そんなことはどちらでも構わぬということを、含意していよう。

議院内で国体の問題を執拗に追及した憲法学者の佐々木惣一《ささきそういち》は、院外では和辻哲郎《わつじてつろう》と論争を繰り広げた。佐々木は、国体は変わった、本来は変える必要などなかったのにと主張した。これに対し和辻は、天皇が国民統合の象徴であるという点で、国体は変わっていないのではないかと問い返した。金森徳次郎ならきっとこう言うに違いない。二人の言っている国体が違うだけだ。

人権指令以前なら、国体の変革にあたるかどうかは、治安維持法にも関わる一大論点だった。だが政府はもはやこれに本気で付き合ってはいない。また佐々木―和辻論争に決着が付かないからといって、もはやどうということもなかった。この国体論争を最後に、あれほど必死に護ったはずの国体は、人びとの関心を呼ばなくなってしまう。どうしてなのか。

国体から天皇制へという静かなる「革命」

それは国体とは別の語によって思考するようになったためである。天皇制がそれである。天皇制という語は、日本共産党が打倒すべき対象として選びとったものだった。いわば共産主義サポーターの用語だった。そして天皇制の転覆を主張するかれらに、治安維持法によって国体の変革を目的とする者という網をかけたのである。国体と天皇制に重なるところのあるのは当然であろう。しかしそれぞれの語の来歴もあって、「国体の時代」には互換的に使われることはなく、その使用者も明確に色分けされていた（第四章第2節）。

ところが占領下に入ると、次第に天皇制が国体を駆逐していく。この点で重要なのは、戦後の憲法が万世一系を排したことである。「万世一系の天皇を戴く君主制」という国体から万世一系を抜くと、それは天皇制とさらに近いものとなる。「国体の護持」に代えて「天皇制の擁護」という表現を用いる人びとが現れ、これまでなら決して口にしなかったような人まで、天皇制について議論しはじめる。国体の変革を企てる連中というレッテルをはられた人びとの用語が、その打倒対象にまで受容され、敵味方を超えた共通語へと転化したのである。占領期における変革が観念の変容をも含んでいたことを、これ以上明解に示してくれる例はあるまい。

現在、天皇制という語の出自を気にする人は少数派であろう。出自への共感がなくとも、それを忘れるか、あるいは気にしないかのどちらかで、言葉というものは抵抗なく使用できるのだ。かつての国体だけがそうでなかったと、どうして言えようか。

国体は変わったのかもしれないし、変わらなかったのかもしれない。しかしそんなことはどうでもよくなってしまったのである。いわば国体は蒸発したのだ。そしてそこに天皇制が注がれた。天皇制は間違いなく国体の後継者だった。おそらく、嫡子ではあるまいが。

この点との関係で興味深いのが剣璽《けんじ》動座《どうざ》の中止である。天皇の行幸は、三種の神器のうち剣と璽と共に移動するのが原則であった。ところが昭和二十一年二月にはじまった昭和天皇の地方巡幸は、以前の統制された巡幸とは勝手が違い、剣璽の動座に種々の困難を生じ、六月の千葉巡幸の直前、天皇の同意のもと中止された。その理由を、大金益次郎侍従長は、剣璽は皇位の象徴であり、個人として行う巡幸には必要ないと説明している。国体を行動の規範とし、その象徴を三種の神器に見出していた昭和天皇にとって、神器と離れての行動は、国体からの「解放」と感じられたのではあるまいか。なお剣璽動座は、神道界の運動によって昭和四十九年の伊勢神宮参拝時に復活したが、以後も神宮参拝の時に限られ、それ以外では行われていない。

宮中祭祀と伊勢神宮

「天皇は祭祀並《ならび》に儀礼を司る」。『天皇とプロレタリア』などで国体論に新風を吹き込んだ里《さと》見《み》岸《きし》雄《お》が、昭和二十一年一月に発表した「大日本帝国憲法改正案私擬」の第一〇条である。

明治憲法に天皇の祭祀についての規定がないことは、しばしば論議となった。美濃部達吉は祭祀大権を捻《ひね》り出し、満州国は組織法に追加した。里見は憲法改正にあたってこの問題を解決してしまおうとしたのである。しかし実際に出来上がった日本国憲法では祭祀の規定は置かれなかった。天皇の国事行為のなかに「儀式を行ふこと」が掲げられたが（第七条）、この儀式に宮中祭祀は含まれないというのが、政府の見解だった。

だからといって祭祀が廃絶したのではない。それは少々の変容とその位置付けを変えながら、現在に至るまで続けられている。

まず、神道指令の意を汲んで、二十年の末に皇室祭祀令が改正された。祭典で天皇が「皇族及官僚を率ゐて」とある部分を削除するなど、国家との繋がりをさらに絶つ措置である。

これによって天皇祭祀の空間は、安泰なるアジールの如く見做され、神道指令で存続の危ぶまれた神社をそこへと移管する案が構想された。姉崎正治や南原繁《なんばらしげる》らは、伊勢神宮を中心にその他数社の所管を、神祇院から宮内省へ移す提案をしている。たといすべての神社が閉鎖されても神宮だけは残したいという日本側の基本方針（岸本英夫）に基づくものだった。姉崎は宗教学界の重鎮。南原は内村鑑三の弟子の無教会主義キリスト教徒で、同年末に東京帝国大学の総長に就任する。ところがこの案は実現しない。規模が大幅に縮小されることになった宮内省には、もはや余力がなかった。閣議決定ののち、おそらくは天皇への上奏を経て、神宮も他の神社同様に宗教法人として存続していくこととなる。国との関係が絶たれた伊勢神宮の神鏡の取り扱いは、熱田神宮ともども、その後も一部で問題とされていく。

宮中祭祀は私的なものとして

ついで宮中祭祀は第二の波をかぶる。昭和二十二年（一九四七）五月の新憲法施行である。

これによって皇室典範は廃され、新たに国会の議決を経た法律として同名の皇室典範が施行された。旧皇室典範に基づく法形式であった皇室令は効力を失い、皇室祭祀令も消滅、祭祀を行う法的根拠はなくなった。ただし宮内府（旧宮内省、現宮内庁）は通牒を発し、「新しい規定ができていないものは、従前の例に準じて事務を処理する」として対応した。その結果、若干の例外——二十三年の「国民の祝日に関する法律」で紀元節と明治節が廃されたため、以後は臨時御拝としたなど——を除けば、宮中祭祀は新憲法下へもそのまま移行、GHQもこれを認めた。なぜこうしたことが可能だったのか。

宮中祭祀も、神社のように、戦後は宗教という扱いになった。よって国の機関が執り行うのは、憲法第二〇条にある政教分離規定に抵触するため無理だった。しかし「私生活ということは語弊がありますけれども、公生活でない面、その面におきましては従前通りのお祭り等は行わせらるる」（金森徳次郎）。つまり宮中祭祀は、天皇の私的な信仰のようなものとして認められたのである。その根拠も同じ憲法第二〇条の信教自由、ないしその援用である。具体的には、宮中祭祀に要する費用を公費である宮廷費ではなく内廷費から支出し、奉仕する掌典も内廷費にて雇用される内廷職員として、一般の公務員とは区別した。

ではどうして衣替えができたのか。簡単である。宮中祭祀はすでにほとんどそのようなものだったのである。CIEは、その占領報告書ともいうべき本のなかでこう記している。「皇室の祭儀は国民全体にとっては単に間接に関係があるに過ぎない」。宮中祭祀は国民と乖《かい》離《り》した「天皇の私生活の行事であって、天皇は参拝したいとき自由に参拝できる」。神道指令に宮中祭祀が登場せず、その後もGHQから祭祀については干渉がなかったと、旧宮内省関係者が口を揃えているのは、GHQが宮中祭祀をこのように評価していた当然の成り行きである。

ＧＨＱと同様の認識は、日本側にもずっと存在した。宮中三殿を、祭祀を宮中に隠蔽《いんぺい》して国民との関係を遮断するものと批判し、神祇官の復興によってそれを打破しようとした人びととの認識がそれである。藩閥政府と明治天皇が協力する形で、宮中祭祀は、天皇のいる国家儀礼とは異なるところに位置付けられた（第二章第3節）。そのことは、神祇官を欲した人びとにも、またＧＨＱにも一目瞭然だったのであり、宮中祭祀はそれほど綿密に閉ざされていた。

宮中へと封じ込め、外部との関連をほとんど断った天皇親祭という仕掛けは、少し手を加えその位置付けを変える程度で、厳格な政教分離規定にも対応できるほど、しっかりと制度化されていたのである。

私的な信仰としての神道

以上でおおよそ占領による改革は一段落した。そしてここまで来てようやく、昭和天皇のいう「自分自身の宗教」について考えることができる。

明治憲法下では、「古式」・「国式」は宗教にあらずとされたことで、結果的に天皇には宗教がなくなった。だが新憲法下では同じものが「神式」の神道儀礼であり、宗教とされた。そのため、天皇の宗教はなにかという、かつて人びとを悩ませた問いには答えやすくなった。天皇の宗教は神道である。昭和天皇がいう「自分自身の宗教」はこれを指していよう。

ただこの宗教は、私的信仰ないしそれに近いものと位置付けられていた。宮中祭祀をできるだけ変えることなく継続するために案出された説明であり、確かにその効果はあった。私的な信仰という考え方は、公私の分離というもうひとつの考え方と組み合わさると、政教分離を厳格に適用しながら、なおかつ公に関わる者の信仰を認める論理として機能する。

しかし思わぬ副作用も生じた。ひとつは神道が宗教とされたことにともなって、天皇家のなかで事実として成り立っていた仏教を信仰できた環境が、変化した可能性である。ただし史料的な制約で確実なことを言うのは難しく、ここでは問題の所在を指摘するにとどめておく。

なお、皇室と仏教との関係であるが、こちらも宮中祭祀と同じく、ほとんどは若干の手直しだけで日本国憲法下へと引き継がれていく。後七日御修法《ごしちにちのみしほ》は今日も行われているし、泉涌寺《せんにゅうじ》ほかへの下賜金も継続している。師号宣下《しごうせんげ》も同様で、法然《ほうねん》の八〇〇年遠忌《おんき》にあたる本年(平成二十三年)には、新たに法爾大師《ほうにだいし》が贈られた。

そしてもうひとつは、なぜ神道なのかという問いに関わる。私的信仰に信教自由が適用されるとすれば、それが神道であるのは、自由を行使した結果ということに理論上はなる。いわば昭和天皇が選んだものがたまたま神道だという構図である。普段はこれでなんの問題もなかろう。だが神道以外のものを選んだらどうなるのか、あるいはそうしたことが可能なのかという問いを発することはできる。私的な信仰とされたことで、なぜそれが現状の神道なのか、その根拠は頗《すこぶ》る危ういものとなったのである。

2　象徴を探して

政教分離が見つからない

昭和二十六年（一九五一）五月に貞明《ていめい》皇后が急逝した。ところが皇室令下なら大喪《たいそう》となる葬儀の規定がどこにもない。

吉田茂《よしだしげる》内閣は「皇太后大喪儀挙行要綱」を作成、廃止された皇室喪儀令にほぼ則って、国費による国葬扱いの「大喪儀」として執り行った。形式も「国式」、あるいは神式。亡くなった人の信仰を考えた、との理由である。そのまま受け取っておこう。直前に亡くなった幣《しで》原喜重郎《はらきじゅうろう》の衆議院葬が築地本願寺にて仏式で行われており、そのときと同じ説明である。まだ占領下なのでGHQにお伺いを立てたところ、宗教と結びつかない葬儀は考えられないとして異論はなかった。この点は世間でも同様だった。

翌年十一月には明仁《あきひと》親王（現天皇）の立太子礼と成年式が実施された。これについても法的規定はない。そのため、今回もすでに効力のないはずの立儲令《りっちょれい》と皇室成年式令を参考に、国事として行われた。ただし憲法第二〇条を意識して、旧令では賢所《かしこどころ》ですることになっていた行事を宮殿でするなどの改変も施された。ところがかえってこれが批判を浴びる。

いちばん著しい印象は、宗教的色彩が全然ないことであった。……立太子のような儀式に、宗教的色彩をもつことは、憲法に保障する信教の自由と少しも抵触するものではない。日本の天皇が人間であることを明らかにせられたのは、宗教を無視することとは、全然ちがうので、むしろ神の前に自己の謙遜な人間としての地位を自覚し、国王としての責任を感ずることこそ、もっとも人間宣言の趣旨にそうものと私は考える。

明仁親王（現天皇）立太子礼　1952年11月10日。宮内庁提供

信仰面では内村鑑三《うちむらかんぞう》の弟子である東京大学総長・矢内原忠雄《やないはらただお》は、『朝日新聞』にこう寄稿した。岸本英夫もこれに満腔《まんこう》の賛意を示し、皇室にも信教の自由をと説く。これらは、大正の大《だい》嘗祭《じょうさい》に「敬虔」を見た小崎弘道に通じる感覚だろう（第二章第4節）。かれらにとって、宗教は国家の儀礼から排除され得るようなものであってはならなかった。矢内原や岸本は、そう考えるキリスト者の系譜の最後に位置する人びとだったかもしれない。若き代議士・中曽根康弘も同じ点を糾《ただ》したが、政府は、憲法の趣旨に合わせたの一点張りだった。

こうした様相であるから、「臣茂」という首相の表現が問題となった程度で、これらの儀礼と政教分離との関係が世間でどうこう言われることはなかった。まだ政教分離という武器は見つかっていなかった。

皇太子妃の信仰

立太子と成年式に続いて皇太子に期待されるものはなんだろうか。

宮内庁長官を辞して以後も、世に言うお妃《きさき》探しに携わっていた田島道治《たじまみちじ》は、昭和三十二年（一九五七）四月にある候補者（美智子《みちこ》皇后とは別人）の自宅を訪問した。「第一に洗礼未済、を確め、四人だけの秘密たのみ数回」。どうやら将来の皇后が洗礼をした者では駄目だったようだ。田島個人の行動とは考えにくく、「長男の嫁」に対する両親の意向とするのが自然だろう。

それにもかかわらず、相手に選ばれた正田《しょうだ》美智子は、中学から大学までカトリックの修道会である聖心会経営の学校に通った人物だった。このことは清新な印象を与える一方、一部で反対が起こった。皇室典範に基づいて開かれた三十三年十一月の皇室会議で、岸信介《きしのぶすけ》首相はこの点を直截に尋ねた。「正田家はキリスト教と聞いています。皇室は神道だが、問題はありませんか」。宇佐美毅《うさみたけし》宮内庁長官は待っていたかのようにこう答弁した。ご本人は洗礼を受けておりません。宗教的問題があるなどというのは世間の思い過ごしです。

しかし皇太子妃がこうした経歴であったことは、やはり影響があった。今回の慶事は信教の自由を皇室自ら実践したものと『キリスト教新聞』が礼賛すれば、『神社新報』は、皇太子妃殿下には皇室のご信仰と祭祀への精進を、と注文をつけた。三十四年四月の結婚の儀を国事行為として、それも立太子礼と成年式のときは避けた賢所で執り行ったのは、後者のような声への配慮と考えられる。現にかれらはこれを歓呼で迎えた。

ただかれらの希望通りでもなかった。なぜ賢所での式が国事行為として可能なのかとの質問に対し、宇佐美長官は参議院でこう答えている。「その家の方式で行う、その信ずるところで行うことが、むしろ憲法の精神に沿う」。これは、天皇家の信仰（家と個人との関係はここでは措いておく）に基づいて行うことこそ、信教自由の原則に則し、新憲法の趣旨に合っているという説明である。しかし神道人はこの前提を認められない。『神社新報』主筆の葦津《あしづ》珍彦《うずひこ》はこう言い切った。どこの国でも国王には一般国民と同じような基本的人権は認められておらず、日本の天皇や皇族にも信教の自由はない、と。信教の自由は「改宗」による神道からの離脱をも正当化してしまうからである。以前は仮定にとどまっていた問題は現実のものとなった。そしてサポーターはやはり天皇に負荷をかける。

皇太子明仁親王と正田美智子結婚の儀　宮中三殿賢所。1959年4月10日。宮内庁提供

結婚の儀にまつわる諸決定は、誰の勝利とも言い難かった。そして、宇佐美長官が答弁を迫られていたように、天皇のいる国家儀礼には、政教分離という観点からの疑義が呈されはじめていた。

簡素化する宮中祭祀

そうしたなか、粛々と続けられてきた宮中祭祀にも転機が訪れた。

まずは昭和天皇の老い。明治百年の歓声と、それを打ち消そうとする全学連の喚声がこだました昭和四十三年（一九六八）頃から祭祀負担の軽減措置がはじまり、二年後には本格的に実施された。この年、天皇は六九歳。祭祀の調整は、明治天皇をはじめこれまでも実行されており（第二章第3節）、ごく常識的な判断であろう。問題となるのはその方法である。

昭和天皇のときには、通例の代拝ではなく、祭祀を簡素化しできるだけ天皇が親祭する方針で臨んでいる。そうなった理由は、昭和天皇自身が代拝に強く抵抗したためであろう。四十八年五月、増原恵吉《ますはらけいきち》防衛庁長官が内奏に対する天皇の発言を公表して政治問題となった際、天皇は「もうはりぼてにでもならなければ」と嘆いている。ほとんどはりぼてという自己認識は、かつて統治権の総攬《そうらん》者としての経験を持つ天皇にとって、物足りなさの残るものだったに違いない。それを埋める重要なものが、祭祀であったとは考えられまいか。侍従たちの日記からは、少しでも祭祀をしようとする天皇と、それを押しとどめる側近との鬩《せめ》ぎ合いの様子が窺われる。その結果、祭祀の姿は、形式を厳格に解する人には忍び難いものになったかもしれない。洋装、椅子、賢所のスロープ、賢所の内陣における侍従の補助……。また五十年の祈年祭では祭祀の最中に賢所で天皇が倒れる事件まで発生した。しかしそうまでしても昭和天皇は祭祀を続けたかったと、考えるべきだろう。なお、明仁《あきひと》天皇においても、平成二十一年（二〇〇九）より祭祀の調整・見直しが行われたが、これは昭和の例を参考にしている。

つづいて政教分離への対応も迫られる。昭和天皇が賢所で倒れた同じ年、参議院で社会党の秦豊《はたゆたか》が、国家公務員である侍従を天皇の名代として伊勢神宮に派遣するのは、政教分離を規定した憲法に違反するのではないかと質した。政教分離を尺度に政府や地方公共団体の施策を点検する作業は、神式による地鎮祭への公金支出を違憲とした昭和四十六年の津地鎮祭控訴審判決によって活発になっていた。政府は質問を機に、侍従が関与しても問題ないという従来の解釈を改め、名代を掌典《しょうてん》に代えたのをはじめ、侍従による祭祀への関与を大幅に減らした。

宮中祭祀が政教分離と絡んで議論されることは、これまでほとんどなかった。だが天皇のいる国家儀礼から十余年遅れ、ついにこちらも俎上にのぼった。

護憲派の出現

政教分離が「発見」され活用されはじめてきたのは、憲法が定着したからにほかならない。制定されてからしばらくのあいだ、日本国憲法には、護憲勢力がほとんど存在しなかった。保守政党は、天皇の元首化を軸とする憲法改正を目指していた。これに対して日本共産党は、天皇制の廃止を明確に掲げ、天皇が置かれている憲法を否定した。日本社会党左派は、そこまであからさまではなかったものの、民主主義の到達点は共和制であり、新憲法下の天皇制は通過点に過ぎないとの立場を崩さなかった。政治の舞台に登場するほとんどだれもが、新憲法とそれに埋め込まれた天皇を支持していなかった。

　こうした状況は、安保条約改定後の昭和三十五年（一九六〇）に発足した池田《いけだ》勇人《はやと》内閣期に変容する。常に与党でありながら、憲法改正の発議に必要な三分の二の議席を占めることのできない自由民主党は、経済成長を重視する路線へ転換して改憲を断念する。一方で、自民党による改憲を押しとどめる以外に術を持たなかった社共両党は、改憲反対を自己目的化して護憲派へと転じる。こうした動向は、これを天皇制のもとにおける政治的結託と見做し、その破壊を企てるさらに過激な集団を生み出した面もある。昭和五十年には、沖縄県糸《いと》満《まん》市のひめゆりの塔で皇太子夫妻が襲撃され、それから二ヵ月後、今度は伊勢神宮の風日祈《かざひのみ》宮《みや》が放火される事件が起きている。だがこうした人間を除くと、一九六〇年代に入り、憲法のなかの天皇を、多くの人がそれでよいと考えるようになる。その事情や背景は区々《まちまち》で、本心は定かでないところもある。しかし、少なくとも人様の前ではそれを擁護するものだという「作法」ができていく。

そしてそのときの天皇は、象徴天皇制のなかの天皇だった。象徴とは、言うまでもなく日本国憲法第一条に由来する。天皇制にこれを冠した象徴天皇制という言葉は、ちょうど政治の舞台で天皇制への支持をめぐって変動が起きていた一九六〇年代の初頭、まずは憲法学者のなかで定着した。そして他の領域へ流用されていくなか、やがてその歴史的な説明がなされ、それ以前の論著も、これとの関わりのなかで再解釈されていく。天皇を象徴とすることには歴史的な正当性があるとする和辻哲郎や津田左右吉《つだそうきち》、不親政こそが天皇の本来の姿とする石井良助《いしいりょうすけ》らであり、天皇は政治ではなく文化の全体性を代表するものという三島由紀夫の議論も、一筋縄ではいかないが近いところが多い。これらは天皇に関する歴史の豊富な引き出しのなかから、政治ではなく文化、武ではなく文の糸ばかりを紡いで仕立てられた織物である。そこでは、統治権や統帥権を保持していた明治憲法下の天皇が否定的に扱われる一方、祭祀は文と見做され、ときには天皇の本質的要素とすらされる。祭祀王としての天皇という像である。

そこから導かれてくるのは、たとえば、象徴天皇制は天皇制の伝統的な形態に立ち戻ったものであるとか、あるいは憲法にある象徴天皇は日本古来の天皇の姿であるとかいった、今日ありふれた物言いである。これらは、現行憲法における天皇に歴史的な意味を付与する点で、護憲の歴史神学と呼ぶことができよう。明治憲法下の国体論によく似た機能を果たす存在である。言い換えれば新たなサポーターが登場したのである。ただしその支持は、かつての国体論ほど一本気でない分、サポーターよりもファンという方が、相応しいかもしれない。

明仁天皇はこの神学を自らのものとしている。「皇室の伝統は武でなく常に学問でした」。「象徴であるというのは決して戦後にできたものではなく、非常に古い時代から象徴的存在だった」。いずれも皇太子時代の発言である。かつて父が国体について自らに課したのと同様な定言命法を、象徴について実行しているのかもしれない。

この点で、靖国神社への親拝が停止されたことは注目に値しよう。昭和天皇は戦後も昭和五十年（一九七五）までの三〇年間で靖国神社に八回参拝したが、以後はその死まで十余年の間、一度も靖国神社に行くことがなかった。その理由はいろいろと詮索されてきたが、おそらく、五十三年になって、極東国際軍事裁判によってA級戦犯とされた人びとが合祀されたことに対し、昭和天皇が不快感を持ったというのでよいだろう。昭和天皇のこの判断には、靖国神社側の行為への反応という偶然の要素もあったかもしれない。だが明仁天皇がこれを継承し、即位してから靖国神社参拝を一度もしていないことは、偶然ではあるまい。武ではなく文という要素に皇室の伝統を見出す立場に基づき、戦争を想起させやすい靖国神社との関係を薄めようという自覚的な選択によるものと考えるべきだろう。

象徴天皇制は自らを弁証する神学を備え、そしてそれを体得した後継者を持つに至った。

昭和から平成へ

やがてその後継者が即位するときがきた。昭和から平成への移行である。

天皇のいる国家儀礼については、即位の礼と大喪の礼を行うとの規定が新皇室典範にある

昭和天皇大喪の礼（左）と葬場殿の儀（右）　新宿御苑にて。1989年２月24日。©JMPA

程度で（第二四条・第二五条）、ほかにはなにも定まっていなかった。もっとも法文上は明治憲法と旧皇室典範も似たようなものだった。だが明治にはあったその後の制度構築が昭和には欠けていた。よって明治以降の先例をもとに、憲法の趣旨に沿う形に取捨・改変して実施するという形に落ち着く。

憲法の趣旨なるものの中心は、国事行為とその他の行為への区分であり、その際の規準は政教分離に置かれた。それにより、以前なら一連の行事とされていたものが分割されることもあった。大喪の礼は国事行為だが、葬場殿の儀は皇室行事と分けられた。即位の礼は国事だが、大嘗祭はそうでないとされた。ただし国事行為でない行事も公的性格を有するとして、その費用は内廷費ではなく宮廷費から支出、宮内庁の公務員が奉仕した。またかつての践祚《せんそ》も、剣璽《けんじ》等継承の儀などとして国事行為として執り行われた。

こうした日本国憲法への対応のほかにも、いくつか大きく手が加えられた。最大の変更点は即位の礼と大嘗祭の東京開催である。旧皇室典範がこれらについて規定していたのは、実のところ京都で開催するということだけだった。この明治天皇の意向に基づいた規定を改めたのである。政府はその理由に、賓客への応対と国務への支障をあげている。

ファンに取り囲まれる象徴天皇

これにて新憲法下における天皇のいる国家儀礼は一巡した。その評価は分かれた。かたや政教分離への過度の配慮によって汚されてしまったという声があり、かたや政教分離が貫徹しておらずに違憲であるという声もあった。要するにこれですっかり満足したという人はどこにもいなかった。ただあえて言うと、こうなるほかなかったようにも思われる。

かりに象徴天皇制に相応しい儀礼なるものの創設を目指すとして、平成の諸儀礼を批判した人びとをすべて満足させることができるだろうか。そう考えたとき、実現できるかすら分からない困難に邁進するより、少々の批判は覚悟の上で、先例を取捨・改変して実施する方が、安易かもしれないが、賢い選択となってこよう。しかも先例は融通無碍《ゆうずうむげ》なところがあり、開催場所やそのやり方を大幅に変えても大丈夫だった。政府関係者はそう考え、対処したのである。宗教が大切というのは「作法」であると考えた明治の官僚の末裔たちに、それ以外の決断を期待する方が、どだい無理というものだろう。

そしてこうした「決断」の副産物として、とくに大嘗祭をめぐって、いくつもの憲法訴訟が発生した。原告たちは、天皇が埋め込まれた憲法に依拠し、なにかを違憲と訴える。憲法の「精神」や象徴天皇制のあるべき姿からの逸脱を是正しようとする行為を通じて、「作法」に過ぎなかったかもしれないそれへの支持は、否応なく実質化する。象徴天皇制は、これを通じておそらくその支持基盤を拡大したのである。

好奇心は満たされたか

日本国憲法は、大日本帝国憲法で規定されていた権限のほとんどを、天皇から奪い去った。それは、もはやなぜ天皇がいるのか、疑問に思うほどのものだった。その意味で、これを共和制への過渡とした見方も理解はできる。しかしそうした方向へと歴史が「進歩」することはなく、ほとんどなんの権限も持たない状態の天皇が存在し、そうした天皇が日本国と日本国民の象徴であることを是とする人びとが、多数を占めるようになった。

その模索の過程で、天皇制という用語が普及し、象徴天皇制が発見され、それを弁証する歴史神学が構築されてきた。いまや象徴天皇は圧倒的な支持率のもと、多くのファンに囲まれ、それを是認する「作法」はすっかり定着した。なにより天皇自身がこの神学を行動の規範としている。奇しくも、かつて天皇制の転覆を唱えて戦った人びとの心の祖国・ソビエト連邦が崩壊したのと同じ頃にはじまった平成というのは、そうした時代である。

だが、ふと、こうした思いも去来する。象徴天皇制の神学は、天皇はなぜいるのかという問いにどこまで答えられているのだろうか。昨今の神学の説明では満たされぬ好奇心は、いったいどこに向かうのだろうか。

月日	祭儀		内容
6月16日	香淳皇后例祭	小祭	香淳皇后の崩御相当日に皇霊殿で行われる祭典(陵所においても祭典がある)
6月30日	節折(よおり)		天皇のために行われる祓いの行事
	大祓(おおはらい)		神嘉殿前庭で、皇族をはじめ国民のために行われる祓いの行事
7月30日	明治天皇例祭	小祭	明治天皇の崩御相当日に皇霊殿で行われる祭典(陵所においても祭典がある)
秋分の日	秋季皇霊祭	大祭	秋分の日に皇霊殿で行われる先祖祭
	秋季神殿祭	大祭	秋分の日に神殿で行われる神恩感謝の祭典
10月17日	神嘗祭(かんなめさい)	大祭	賢所に新穀を供える神恩感謝の祭典。この朝天皇は神嘉殿において伊勢の神宮を遥拝する
11月23日	新嘗祭(にいなめさい)	大祭	天皇が、神嘉殿において新穀を皇祖はじめ神々に供えて、神恩を感謝した後、天皇自らも食す祭典。天皇自ら栽培した新穀も供える
12月中旬	賢所御神楽	小祭	夕刻から賢所に御神楽を奉奏して神霊をなごめる祭典
12月23日	天長祭	小祭	天皇陛下の誕生日を祝して三殿で行われる祭典
12月25日	大正天皇例祭	小祭	大正天皇の崩御相当日に皇霊殿で行われる祭典(陵所においても祭典がある)
12月31日	節折		天皇のために行われる祓いの行事
	大祓		神嘉殿前庭で、皇族をはじめ国民のために行われる祓いの行事

大祭・小祭は皇室祭祀令による規定。大祭は、天皇自ら祭典を行い、御告文（祝詞）を奏上する。小祭は掌典長が祭典を行い、天皇は拝礼を行う。宮内庁ホームページ「主要祭儀一覧」および鎌田純一『皇室の祭祀』を参考に作成

現在宮中で行われている主要祭儀一覧

月日	祭儀		内容
毎日	毎朝御代拝		毎朝、侍従によって行われる三殿の御代拝
毎月1日、11日、21日	旬祭 (しゅんさい)		三殿で行われる祭典。1日は御直拝、その他は侍従による御代拝を例とする
1月1日	四方拝 (しほうはい)		早朝に天皇が神嘉殿前庭で伊勢の神宮、山陵および四方の神々を遥拝する年中行事
	歳旦祭 (さいたんさい)	小祭	早朝に三殿で行われる年始の祭典
1月3日	元始祭 (げんしさい)	大祭	年始に当たって皇位の大本と由来とを祝し、国家国民の繁栄を三殿で祈る祭典
1月4日	奏事始 (そうじはじめ)		掌典長が年始に当たって、宮殿において伊勢の神宮および宮中の祭事の事を天皇に申し上げる行事
1月7日	昭和天皇祭	大祭	昭和天皇の崩御相当日に皇霊殿で行われる祭典(陵所においても祭典がある)。夜は御神楽がある
1月30日	孝明天皇例祭	小祭	孝明天皇の崩御相当日に皇霊殿で行われる祭典(陵所においても祭典がある)
2月11日	二月十一日臨時御拝	(大祭)	天皇の思し召しにより、神武天皇即位相当日に三殿で行われる祭典
2月17日	祈年祭	小祭	三殿で行われる年穀豊穣祈願の祭典
春分の日	春季皇霊祭	大祭	春分の日に皇霊殿で行われる先祖祭
	春季神殿祭	大祭	春分の日に神殿で行われる神恩感謝の祭典
4月3日	神武天皇祭	大祭	神武天皇の崩御相当日に皇霊殿で行われる祭典(陵所においても祭典がある)
	皇霊殿御神楽		神武天皇祭の夜、特に御神楽を奉奏して神霊をなごめる祭典

学術文庫版あとがき

本書のもととなった版が刊行されてから七年近く。その間には実にさまざまなことがあった。

なかでも私が執筆した第二部ととりわけ関連の深いものに、「生前退位」のきっかけとなった平成二十八年（二〇一六）八月八日の「象徴としてのお務めについての天皇陛下のおことば」（以下、「おことば」）がある。あとがきとしては少々異例かもしれないが、本書第二部の観点から「おことば」はどう読み解くことができるのか、その一端を示してみよう。それは、もし第二部の続きで平成史を扱うとしたらどこに着目すべきかを考える恰好の素材でもあるはずだ。なお、以下の記述は、別稿（「宮中祭祀と「平成流」――「おことば」とそれに映る天皇像」、『平成の天皇制とは何か――制度と個人のはざまで』岩波書店、二〇一七年）と重複する点のあることを断っておく。

「おことば」で語られた内容の多くは、当然のことながら、明仁天皇によるこれまでの発言の範囲内のものだった。たとえば、自らの歩みを、象徴として望ましい在り方を模索してきた軌跡と説明した箇所などのように。しかし、「おことば」によってはじめて明らかにされたこともいくつかある。そのうちとくに重要なのが、宮中祭祀をどのように考えているのか、そして宮中祭祀とほかの「お務め」との連関はどうなっているのか、自らの言葉で国民に伝えた点であろう。関連する部分は次の通り。

私が天皇の位についてから、ほぼ二十八年、この間《かん》私は、我が国における多くの喜びの時、また悲しみの時を、人々と共に過ごして来ました。私はこれまで天皇の務めとして、何よりもまず国民の安寧と幸せを祈ることを大切に考えて来ましたが、同時に事にあたっては、時として人々の傍らに立ち、その声に耳を傾け、思いに寄り添うことも大切なことと考えて来ました。天皇が象徴であると共に、国民統合の象徴としての役割を果たすためには、天皇が国民に、天皇という象徴の立場への理解を求めると共に、天皇もまた、自らのありように深く心し、国民に対する理解を深め、常に国民と共にある自覚を自らの内に育てる必要を感じて来ました。こうした意味において、日本の各地、とりわけ遠隔の地や島々への旅も、私は天皇の象徴的行為として、大切なものと感じて来ました。皇太子の時代も含め、これまで私が皇后と共に行《おこな》って来たほぼ全国に及ぶ旅は、国内のどこにおいても、その地域を愛し、その共同体を地道に支える市井《しせい》の人々のあることを私に認識させ、私がこの認識をもって、天皇として大切な、国民を思い、国民のために祈るという務めを、人々への深い信頼と敬愛をもってなし得たことは、幸せなことでした。

まず、天皇の務めとして大切にしてきたものに、明仁天皇は、「国民の安寧と幸せを祈ること」と「事にあたっては、時として人々の傍らに立ち、その声に耳を傾け、思いに寄り添うこと」の二つをあげる。

前者は、明確な言い換えこそないものの、宮中祭祀を指していると考えられる。一方の後者は、その例として日本各地への旅を取り上げ、象徴的行為という言葉で概括する。象徴的行為というのは、天皇の行為を①国事行為、②象徴的行為ないし公的行為、③私的行為ないしその他の行為、に三分類する説に基づくものである。なお、この分類において、宮中祭祀は③のなかに含まれる。「おことば」における象徴的行為は、主として被災者に膝をついて寄り添う姿など、世に「平成流」と称され、明仁天皇と美智子皇后の代名詞ともなっている行為とほとんど重なるものである。そしておしまいに、明仁天皇は、後者があったことで、前者を「人々への深い信頼と敬愛をもってなし得たこと」の幸せを述べる。以上を要約すれば、これは、宮中祭祀と象徴的行為とが両輪関係にあったという明仁天皇による告白にほかならない。

あえて告白と言おう。というのは、第一に、こうした内的な連関は、そもそも天皇自身が述べない限り、外からは推測にとどまるほかないからであり、第二に、そのことを公表すべき義務などどこにもないことだからである。

明仁天皇がこうした告白をするに至った筋道は、右で引用した「おことば」の前後の文章などから判断すると、本書第二部の第五章第2節で示したもので、ほぼ良さそうである。すなわち明仁天皇は、憲法における自己についての規定である象徴としての在り方を追求していくなか、天皇が象徴であるということは、現在の憲法でたまたま規定されたのではなく、歴史上も基本的に天皇はそうした存在だったのであり、また本来そうあるべきものであるとの考えを明確にし、それに相応しいと自らが考える活動を展開していく。その際、そうした天皇の本質は「武」ではなく「文」にあるとした。そしてその中心に位置するのが、直接には昭和天皇から継承した宮中祭祀であるという理解である。本書で用いた言葉で言えば、明仁天皇の行動によって、象徴天皇制の歴史神学のなかに宮中祭祀が位置づけられたということになろう。

この告白は幾重にも興味深い。ここでは三点に絞って見ていこう。

まずは明仁天皇の多様な諸活動をどう統一的に理解したら良いのか、そのための枠組を、自らの肉声で提示したという点である。明仁天皇に対しては、数限りない言及がある。伝記と思わしきものも、すでに何冊もある。それらの多くはいわゆる「平成流」の行動に注目し、特筆大書してきた。しかしそうした行動と他の活動との連関について考えてきたものが、どれほどあったろうか。「おことば」は、ある意味では、明仁天皇自身によるいわばその種明かしである。

もちろん伝記を書く人間は、必ずしも伝記を書かれる人間の自己諒解に沿った形で書く必要はない。それどころか、自己諒解も変化することのある以上、ある一時期の自己諒解に固執しすぎると、かえって理解が遠のくこともあるだろう。だがそれを完全に無視して書くこともまた不可能である。今後の明仁天皇論にこの告白がどう反映していくのか、注目していきたい。

次に、天皇と国民との関係について、貴重な論点を示した点である。「生前退位」をめぐる議論を覚えておられるだろうか。「おことば」で示唆されていると解された「生前退位」について、各種世論調査では、国民の圧倒的多数が肯定的であった。実際に「天皇の退位等に関する皇室典範特例法」は、皇室典範の改正によって対応すべきだとした自由党が退席したものの、全会一致で成立しており、「生前退位」への正面切った反対は国会ではなかった。ところが、「おことば」をうけて内閣に設けられた「天皇の公務の負担軽減等に関する有識者会議」では、半数近い有識者が「生前退位」に否定的な意見を開陳した。そのなかに君主制の打倒を目論む左翼の姿はない。それどころか、むしろいずれかと言えば、保守的ないし右翼的と見做されているような有識者が多かった。なのにどうしてかくも反対が多かったのか？

それは退位反対派が、押し並べて明仁天皇の象徴的行為に否定的な評価をするとともに、天皇の根本は宮中祭祀にあるという考えを持っていたことによる。退位をせずとも、「あとはもうお休みになって宮中の中でお祈りくださるだけで十分なのですと説得すべき方がいらっしゃるべきだった」という渡部昇一の発言は、まさにそうした考えを凝縮したものであろう。しかし、明仁天皇は、「おことば」で見たように、宮中祭祀と象徴的行為のどちらか一方を選択するような発想とはまったく異なる場所にいた。こうした構図は、本書の読者なら、天皇とサポーターという言葉ともども見覚えのある光景に違いない。そしてサポーターからファンへという天皇の主たる「支持基盤」の変化という現象もある。こうした構図は今後どう変化していくのだろうか？

またこの告白は、憲法との関わりという面においても重要である。現行の宮中祭祀には、第五章第1節で述べたように、法的根拠であると胸を張って言えるほどのものはない。むしろん日本国憲法のどこにも明記されていない。実のところこの点は、象徴的行為についても変わらない。象徴的行為ないし公的行為は、国事行為とは異なり、憲法の条文には規定がない行為——国会における「お言葉」など——を説明するために編み出された憲法解釈上の概念だからである。つまり宮中祭祀も象徴的行為も、ともに憲法に明文規定のない「お務め」なのである。ということは、天皇個人の意向を比較的反映させやすい領域ということでもあり、思考実験を許してもらえば、かりに次代以降の天皇がこれらを止めたとしても、少なくとも憲法上の問題はほとんど生じないものと予想される。

そう考えた場合、あえて自ら両者の連関を明示し、それぞれの重要性を国民に伝達した「おことば」には、そこへある種の箍《たが》をはめようとした面のあることを否定できないように思われる。そしてこのことは、「制度的な不備」を明仁天皇が「おことば」によって補ったとする見方を可能にする。明治皇室令は、当時なりの「制度的な不備」を、天皇に法の網をかける形で解消しようとした。だが今回は、それとは別の方法が採用されたという見方である。それに従えば、「おことば」には、法や制度とは異なる手法により、宮中祭祀と象徴的行為とを、その連関ともども、安定的に次世代へ継承させていこうという意図も込められていたものと考えられる。

意図についてのこの推測が正しいかどうか、現時点では分からない。しかし宮中祭祀と象徴的行為が両輪関係にあるとした「おことば」が、少なくとも今後しばらくの間、次代以降の天皇の行動指針となること。そしてそれのみならず、天皇を見る人びとのまなざしにまで作用することは間違いない。その意味で、「おことば」は、平成という時代の天皇への理解に清新な視点を提供したばかりでなく、ポスト平成時代における天皇および天皇像に決定的に重要な枠組を提示したものと言えるだろう。

平成最後の六月に

山口輝臣

参考文献

第一部

史料類については原則として省略した。

全般ならびに複数の章に関わる論考

虎尾俊哉編『延喜式』上（集英社、二〇〇〇年）
西本昌弘『日本古代の年中行事書と新史料』（吉川弘文館、二〇一二年）
岡田莊司編『日本神道史』（吉川弘文館、二〇一〇年）
岡田莊司『平安時代の国家と祭祀』（続群書類従完成会、一九九四年）
岡田精司『古代祭祀の史的研究』（塙書房、一九九二年）
西宮一民『上代祭祀と言語』（桜楓社、一九九〇年）
大津　透ほか『日本の歴史08　古代天皇制を考える』（講談社学術文庫、二〇〇九年、初刊二〇〇一年）
三橋　正『平安時代の信仰と宗教儀礼』（続群書類従完成会、二〇〇〇年）
同　『日本古代神祇制度の形成と展開』（法藏館、二〇一〇年）
小島鉦作「神事優先」（伊東多三郎編『国民生活史研究』四、吉川弘文館、一九六〇年）
上島　享『日本中世社会の形成と王権』（名古屋大学出版会、二〇一〇年）
上川通夫『日本中世仏教形成史論』（校倉書房、二〇〇七年）
横内裕人『日本中世の仏教と東アジア』（塙書房、二〇〇八年）
岸　泰子『近世の禁裏と都市空間』（思文閣出版、二〇一四年）
帝国学士院編『宸翰英華』（紀元二千六百年奉祝会、一九四四年、一九八八年思文閣出版復刊）
同　『帝室制度史』五（ヘラルド社、一九四二年）

堀　裕「天皇の死の歴史的位置」『史林』八一―一、一九九八年
橋本政宣『近世公家社会の研究』（吉川弘文館、二〇〇二年）
宮地直一「内侍所神鏡考」『神道史学』一、一九四九年

序

所　功「「年中行事」の成立」（初出一九八四～八五年、『平安朝儀式書成立史の研究』国書刊行会、一九八五年）
和田英松『皇室御撰之研究』（明治書院、一九三三年）
日野西資孝「禁秘抄の原本形態とその成立に就いて」『帝国学士院紀事』三―二、一九四四年

第一章

折口信夫全集刊行会編『折口信夫全集』三・一八（中央公論社、一九九五・一九九七年）
岡田荘司『大嘗の祭り』（学生社、一九九〇年）
祭祀史料研究会「「大嘗祭論」をめぐって」『歴史評論』四八九、一九九一年
岡田荘司「大嘗祭「寝座」秘儀説の現在」『國學院雑誌』一〇四―一一、二〇〇三年
赤坂憲雄『象徴天皇という物語』（ちくま学芸文庫、二〇〇七年、初刊一九九〇年）
同　『結社と王権』（講談社学術文庫、二〇〇七年、初刊一九九三年）
岡田精司『古代王権の祭祀と神話』（塙書房、一九七〇年）
森田　悌編『天皇の祭り村の祭り』（新人物往来社、一九九四年）
菊地照夫「ヤマト王権の新嘗と屯田」（初出一九八六年、『古代王権の宗教的世界観と出雲』同成社、二〇一六年）
寺沢　薫「三輪山の祭祀遺跡とそのマツリ」（和田萃編『大神と石上』筑摩書房、一九八八年）

和田　萃『日本古代の儀礼と祭祀・信仰』下（塙書房、一九九五年）
上田正昭編『住吉と宗像の神』（筑摩書房、一九八八年）
弓場紀知『古代祭祀とシルクロードの終着地・沖ノ島』（新泉社、二〇〇五年）
高　慶秀「韓国扶安竹幕洞祭祀遺跡の文化複合」（鈴木靖民編『古代日本の異文化交流』勉誠出版、二〇〇八年）
磯前順一『記紀神話と考古学』（角川叢書、二〇〇九年）
斎藤英喜『アマテラスの深みへ』（新曜社、一九九六年）
加茂正典『江戸時代の神宮と朝廷』（伊勢神宮崇敬会、二〇〇六年）
井上　亘「御体御卜考」（武光誠編『古代日本の政治と宗教』同成社、二〇〇五年）
吉田　孝『律令国家と古代の社会』（岩波書店、一九八三年）
西宮秀紀「伊勢神宮成立論」（梅村喬編『伊勢湾と古代の東海』名著出版、一九九六年）
三宅和朗『古代の王権祭祀と自然』（吉川弘文館、二〇〇八年）
藤森　馨『改訂増補　平安時代の宮廷祭祀と神祇官人』（原書房、二〇〇八年）
榎村寛之『律令天皇制祭祀の研究』（塙書房、一九九六年）
西宮秀紀『律令国家と神祇祭祀制度の研究』（塙書房、二〇〇四年）
小倉慈司「八・九世紀における地方神社行政の展開」『史学雑誌』一〇三―三、一九九四年
岡田莊司編『古代諸国神社神階制の研究』（岩田書院、二〇〇二年）
清水　潔「上代における毎朝御拝の伝統と神国思想」『神道史研究』四四―二、一九九六年
谷　省吾「後水尾天皇の御精神の系譜」（初出一九七六年、『祭祀と思想』国書刊行会、一九八五年）
義江明子『日本古代女性史論』（吉川弘文館、二〇〇七年）
野口　剛「神祇官に仕える女性たち」（初出一九九二年、『古代貴族社会の結集原理』同成社、二〇〇六年）
中村英重『古代祭祀論』（吉川弘文館、一九九九年）

第二章

曾根正人『聖徳太子と飛鳥仏教』（吉川弘文館、二〇〇七年）
清武雄二「ヤマト王権の仏教受容と外交政策」『國學院大學大學院紀要』文学研究科二七、一九九六年
鈴木靖民編『古代東アジアの仏教と王権』（勉誠出版、二〇一〇年）
北條勝貴「祟・病・仏神」（あたらしい古代史の会編『王権と信仰の古代史』吉川弘文館、二〇〇五年）
河上麻由子「遣隋使と仏教」（初出二〇〇八年、『古代アジア世界の対外交渉と仏教』山川出版社、二〇一一年）
中林隆之『日本古代国家の仏教編成』（塙書房、二〇〇七年）
古市　晃『日本古代王権の支配論理』（塙書房、二〇〇九年）
薗田香融「国家仏教と社会生活」（初出一九七六年、『日本古代仏教の伝来と受容』塙書房、二〇一六年）
川尻秋生「寺院と知識」（上原真人ほか編『列島の古代史』三、岩波書店、二〇〇五年）
本郷真紹『律令国家仏教の研究』（法藏館、二〇〇五年）
森本公誠「東大寺と華厳経」『南都仏教』八三、二〇〇三年
石上英一「コスモロジー」（上原真人ほか編『列島の古代史』七、岩波書店、二〇〇六年）
奥村秀雄「東大寺大仏蓮弁毛彫図の研究」『東京国立博物館紀要』一二、一九七七年
松本伸之「東大寺大仏蓮弁線刻画の図様について」『南都仏教』五五、一九八六年
石井公成「聖武天皇の詔勅に見える誓願と呪詛」（『華厳思想の研究』春秋社、一九九六年）
大平　聡「天平期の国家と王権」『歴史学研究』五九九、一九八九年
田村圓澄『古代日本の国家と仏教』（吉川弘文館、一九九九年）
早川庄八『天皇と古代国家』（講談社学術文庫、二〇〇〇年）
吉田一彦『日本古代社会と仏教』（吉川弘文館、一九九五年）

海老名尚「宮中仏事に関する覚書」『学習院大学文学部研究年報』四〇、一九九四年
堀　裕「智の政治史的考察」『南都仏教』八〇、二〇〇一年
上島　享「中世国家と寺社」（歴史学研究会・日本史研究会編『日本史講座』三、東京大学出版会、二〇〇四年）
大津　透『律令国家支配構造の研究』（岩波書店、一九九三年）
同　『日本の歴史06　道長と宮廷社会』（講談社学術文庫、二〇〇九年、初刊二〇〇一年）
山本信吉「法華八講と道長の三十講」（初出一九七〇年、『摂関政治史論考』吉川弘文館、二〇〇三年）
古瀬奈津子『日本古代王権と儀式』（吉川弘文館、一九九八年）
速水　侑『平安貴族社会と仏教』（吉川弘文館、一九七五年）
堀　裕「護持僧と天皇」（大山喬平教授退官記念会編『日本国家の史的特質』古代・中世、思文閣出版、一九九七年）
斎木涼子「仁寿殿観音供と二間御本尊」『史林』九一―二、二〇〇八年
同　「後七日御修法と「玉体安穏」」『南都仏教』九〇、二〇〇七年
堀　裕「死へのまなざし」『日本史研究』四三九、一九九九年
谷口美樹「転轍機としての空海」（歴史と方法編集委員会編『日本史における公と私』青木書店、一九九六年）
岸　俊男「天皇と出家」（同編『日本の古代』七まつりごとの展開、中央公論社、一九八六年）
勝浦令子「聖武天皇出家攷」（大隅和雄編『仏法の文化史』吉川弘文館、二〇〇三年）
西本昌弘「平城上皇の灌頂と空海」『古文書研究』六四、二〇〇七年
同　「嵯峨天皇の灌頂と空海」『関西大学　文学論集』五六―三、二〇〇七年
牛山佳幸『古代中世寺院組織の研究』（吉川弘文館、一九九〇年）
福山敏男「仁和寺の創立」（初出一九七九年、『寺院建築の研究』下、中央公論美術出版、一九八三年）
亀井健太郎「仁和寺性信を通してみた法親王の創出過程」『国史学』一八九、二〇〇六年

横山和弘「法親王制成立過程試論」『仁和寺研究』三、二〇〇二年
阿部泰郎・山崎誠編『守覚法親王と仁和寺御流の文献学的研究』論文篇（勉誠社、一九九八年）

第三章

義江明子『日本古代の氏の構造』（吉川弘文館、一九八六年）
有働智奘「欽明朝の宗教交流」『國學院大學大學院紀要』文学研究科四一、二〇一〇年
吉田一彦「多度神宮寺と神仏習合」（梅村喬編『古代王権と交流』四、名著出版、一九九六年）
佐藤眞人「平安時代宮廷の神仏隔離」（二十二社研究会編『平安時代の神社と祭祀』国書刊行会、一九八六年）
同「神仏隔離の要因をめぐる考察」『宗教研究』八一―二、二〇〇七年
高取正男『神道の成立』（平凡社ライブラリー、一九九三年、初刊一九七九年）
宮内庁書陵部編『皇室制度史料』儀制誕生三（吉川弘文館、二〇〇九年）
新野直吉「神仏習合の前提」『国史談話会雑誌』二三、一九八一年
伊藤正義「慈童説話考」『国語国文』四九―一一、一九八〇年
阿部泰郎「宝珠と王権」（『岩波講座東洋思想』一六　日本思想二、岩波書店、一九八九年）
松本郁代『中世王権と即位灌頂』（森話社、二〇〇五年）
小川剛生『二条良基研究』（笠間書院、二〇〇五年）

第四章

白山芳太郎『北畠親房の研究』増補版（ぺりかん社、一九九八年）
真木隆行「後宇多天皇の密教受法」（大阪大学文学部日本史研究室編『古代中世の社会と国家』清文堂出版、一九九八年）
永村　眞「寺院と天皇」（永原慶二ほか編『講座　前近代の天皇』三、青木書店、一九九三年）

藤井雅子『中世醍醐寺と真言密教』（勉誠出版、二〇〇八年）
辻善之助『日本仏教史』三〜六（岩波書店、一九四九〜五一年）
菅野覚明『神道の逆襲』（講談社現代新書、二〇〇一年）
岩橋小弥太『花園天皇』（吉川弘文館、一九六二年）
岩佐美代子「『花園院宸記』」（初出一九八四年、『宮廷に生きる』笠間書院、一九九七年）
同「花園天皇の思想」（『京極派和歌の研究』笠間書院、一九八七年）
奥野高廣『戦国時代の宮廷生活』（続群書類従完成会、二〇〇四年）
渡辺　修「神宮奏事始の成立」（初出二〇一〇年、『神宮伝奏の研究』山川出版社、二〇一七年）
鎌田純一『神道史概説』（神社新報社、二〇一〇年）
伊木寿一「宸筆心経に就いて」『史学』一四―三・四、一九三五〜三六年
脇田晴子『天皇と中世文化』（吉川弘文館、二〇〇三年）
盛田嘉徳『中世賤民と雑芸能の研究』（雄山閣出版、一九七四年）
杉山美絵「戦国期の禁裏における声聞師大黒の存在形態」『芸能史研究』一七五、二〇〇六年
清水克行「戦国期における禁裏空間と都市民衆」（初出一九九八年、『室町社会の騒擾と秩序』吉川弘文館、二〇〇四年）

第五章

間瀬久美子「神社と天皇」（永原慶二ほか編『講座　前近代の天皇』三、青木書店、一九九三年）
近藤好和『装束の日本史』（平凡社新書、二〇〇七年）
平井誠二「下橋敬長談「年中行事」」『藝林』五四―二、二〇〇五年
高谷朝子『宮中賢所物語』（ビジネス社、二〇〇六年、のち改編改題して『皇室の祭祀と生きて』河出文庫、二〇一七年）

川出清彦『大嘗祭と宮中のまつり』(名著出版、一九九〇年)
瀧川政次郎『律令と大嘗祭』(国書刊行会、一九八八年)
遠藤克己『近世陰陽道史の研究』新訂増補版(新人物往来社、一九九四年、初刊一九八五年)
村山修一『皇族寺院変革史』(塙書房、二〇〇〇年)
羽倉敬尚『赤塚芸庵雑記』(神道史学会、一九七〇年)
藤田勝也・藤沢　彰「京都市近世神社建築に関する研究」一『日本建築学会大会学術講演梗概集』計画系五八、一九八三年
山口和夫「近世の朝廷・幕府体制と天皇・院・摂家」(初出二〇〇六年、『近世日本政治史と朝廷』吉川弘文館、二〇一七年)
和田　萃『日本古代の儀礼と祭祀・信仰』上(塙書房、一九九五年)
福山敏男「中尊寺金色堂の性格」(初出一九六九年、『寺院建築の研究』下、中央公論美術出版、一九八三年)
西山良平「〈陵寺〉の誕生」(大山喬平教授退官記念会編『日本国家の史的特質』古代・中世、思文閣出版、一九九七年)
谷川　愛「平安時代における天皇・太上天皇の喪葬儀礼」『国史学』一六九、一九九九年
『月刊歴史手帖』一七―一二、一九八九年
総本山御寺泉涌寺編『泉涌寺史』(法藏館、一九八四年)
下橋敬長『幕末の宮廷』(平凡社東洋文庫、一九七九年、初刊一九二二年)
荒木敏夫「即位儀礼と葬送儀礼」(永原慶二ほか編『講座　前近代の天皇』四、青木書店、一九九五年)
野村　玄「江戸時代における天皇の葬法」『明治聖徳記念学会紀要』復刊四四、二〇〇七年
宮内庁書陵部編『皇室制度史料』皇族三(吉川弘文館、一九八五年)
杣田善雄『幕藩権力と寺院・門跡』(思文閣出版、二〇〇三年)
高埜利彦「近世門跡の格式」(初出二〇〇八年、『近世の朝廷と宗教』吉川弘文館、二〇一四年)

服藤早苗編著『歴史のなかの皇女たち』（小学館、二〇〇二年）
中世日本研究所ほか編『尼門跡寺院の世界』（産経新聞社、二〇〇九年）
岡　佳子「近世の比丘尼御所」『仏教史学研究』四二―二、四四―二、二〇〇〇年、二〇〇二年
久保貴子「近世天皇家の女性たち」『近世の天皇・朝廷研究』二、二〇〇九年
佐野恵作『皇室と寺院』（明治書院、一九三九年）
荒川玲子「比丘尼御所に於ける御所号勅賜の意義」『書陵部紀要』三八、一九八七年
末永雅雄・西堀一三『文智女王』（円照寺門跡、一九五五年）

第二部

未公刊の史料類は省略した。

複数の章に関わる論考・史料

宮内庁編『明治天皇紀』一三冊（吉川弘文館、一九六八～七七年）
総本山御寺泉涌寺編『泉涌寺史』二冊（法藏館、一九八四年）
佐野恵作『皇室と寺院』（明治書院、一九三九年）
宮内庁書陵部編『皇室制度史料』皇族四（吉川弘文館、一九八六年）
宮内省編『宮内省省報』大正編八冊・昭和編八冊（ゆまに書房、一九九八～九九年）
原奎一郎編『原敬日記』六冊（福村出版、一九八一年）
安在邦夫・望月雅士編『佐佐木高行日記――かざしの桜』（北泉社、二〇〇三年）
伊藤　隆・広瀬順晧編『牧野伸顕日記』（中央公論社、一九九〇年）
細川護貞ほか編『高松宮日記』八冊（中央公論社、一九九五～九七年）
木戸日記研究会校訂『木戸幸一日記』上・下（東京大学出版会、一九六六年）
原田熊雄『西園寺公と政局』九冊（岩波書店、一九五〇～五六年）

御厨　貴・岩井克己監修『徳川義寛終戦日記』（朝日新聞社、一九九九年）
渡辺　浩『日本政治思想史［十七〜十九世紀］』（東京大学出版会、二〇一〇年）
山口輝臣『明治国家と宗教』（東京大学出版会、一九九九年）

第一章

高埜利彦『江戸幕府と朝廷』（山川出版社、二〇〇一年）
同　「江戸時代の神社制度」『日本の時代史』15（吉川弘文館、二〇〇三年）
岸　泰子「近世禁裏御所と都市社会——内侍所参詣を中心として」『年報都市史研究』一五、二〇〇七年
小野　将「国学者」横田冬彦編『シリーズ近世の身分的周縁』2（吉川弘文館、二〇〇〇年）
藤田　覚『近世政治史と天皇』（吉川弘文館、一九九九年）
同　『幕末の天皇』（講談社選書メチエ、一九九四年）
岡田莊司編『日本神道史』（吉川弘文館、二〇一〇年）
藤井貞文『近世に於ける神祇思想』（春秋社松柏館、一九四四年）
広安恭寿編『宮中後七日御修法沿革記』（伝灯会、一八九三年）
橋本政宣『近世公家社会の研究』（吉川弘文館、二〇〇二年）
上川通夫『日本中世仏教形成史論』（校倉書房、二〇〇七年）
新井白石『折たく柴の記』（岩波文庫、一九九九年）
下橋敬長『幕末の宮廷』（平凡社東洋文庫、一九七九年）
吉川幸次郎『本居宣長』（筑摩書房、一九七七年）
岡田千昭『本居宣長の研究』（吉川弘文館、二〇〇六年）
村岡典嗣『宣長と篤胤』（創文社、一九五七年）
前田　勉『近世神道と国学』（ぺりかん社、二〇〇二年）

吉田真樹『平田篤胤――霊魂のゆくえ』（講談社、二〇〇九年）
尾藤正英「水戸学の特質」『日本思想大系』53（岩波書店、一九七三年）
吉田俊純『水戸学と明治維新』（吉川弘文館、二〇〇三年）
伊東多三郎編『水戸市史』中巻3（水戸市役所、一九七六年）
三上参次『尊皇論発達史』（冨山房、一九四一年）
藤井讓治・吉岡眞之監修『光格天皇実録』五冊（ゆまに書房、二〇〇六年）
『本居宣長全集』15（筑摩書房、一九六九年）
藤井讓治・吉岡眞之監修『仁孝天皇実録』二冊（ゆまに書房、二〇〇六年）
宮内省先帝御事蹟取調掛編『孝明天皇紀』五冊（平安神宮、一九六七～六九年）
藤井讓治・吉岡眞之監修『孝明天皇実録』二冊（ゆまに書房、二〇〇六年）
井上勝生『幕末維新政治史の研究――日本近代国家の生成について』（塙書房、一九九四年）
武田秀章『維新期天皇祭祀の研究』（大明堂、一九九六年）
『続再夢紀事』6（東京大学出版会、一九七四年）
稲田正次『明治憲法成立史』上・下（有斐閣、一九六〇～六二年）
尾佐竹猛『維新前後における立憲思想』（実業之日本社、一九四八年）
岸本　覚「長州藩藩祖廟の形成」『日本史研究』四三八、一九九九年
阪本是丸編『国家神道再考――祭政一致国家の形成と展開』（弘文堂、二〇〇六年）
阪本健一『明治神道史の研究』（国書刊行会、一九八三年）
佐伯有義『神祇官考証』（会通社、一九〇〇年）
阪本是丸『明治維新と国学者』（大明堂、一九九三年）
『新修福岡市史・資料編・近現代1』（福岡市、二〇一二年）
山口輝臣「『信教自由』と『国禁』――琉球藩・浄土真宗・内務省」鳥海靖ほか編『日本立憲政治の形成と変

賀』（吉川弘文館、二〇〇五年）
高木博志『近代天皇制の文化史的研究——天皇就任儀礼・年中行事・文化財』（校倉書房、一九九七年）
帝国学士院編『帝室制度史』４（帝国学士院、一九四〇年）
羽賀祥二『明治維新と宗教』（筑摩書房、一九九四年）
東京大学史料編纂所編『保古飛呂比——佐佐木高行日記』３（東京大学出版会、一九七二年）
西川順土「神宮御動座問題」神宮司庁編『神宮・明治百年史』補遺（神宮司庁文教部、一九七一年）
鎌田純一『皇室の祭祀』（神社本庁研修所、二〇〇六年）
松山　恵「首都・東京の祖型——近代日本における『首都』の表出（その一）」『建築史学』四五、二〇〇五年
石野浩司「維新期『宮中三殿』成立史の一考察——毎朝御拝『石灰壇』祭祀の終焉として」『明治聖徳記念学会紀要』四五、二〇〇八年
福羽美静『一夢の記』（私家版、一九〇一年）
石野浩司「京都御所から明治宮殿へ——継承された「剣璽之間」の来歴」『明治聖徳記念学会紀要』四六、二〇〇九年
坊城俊良『宮中五十年』（明徳出版社、一九六〇年）
加藤隆久『神道津和野教学の研究』（国書刊行会、一九八五年）
川出清彦『大嘗祭と宮中のまつり』（名著出版、一九九〇年）
大津淳一郎『大日本憲政史』９（原書房、一九七〇年）
辻善之助『日本仏教史』９（岩波書店、一九五四年）

第二章

『久米邦武歴史著作集』３（吉川弘文館、一九九〇年）
鈴木範久『明治宗教思潮の研究——宗教学事始』（東京大学出版会、一九七九年）

磯前順一『近代日本の宗教言説とその系譜――宗教・国家・神道』（岩波書店、二〇〇三年）
山崎渾子『岩倉使節団における宗教問題』（思文閣出版、二〇〇六年）
福沢諭吉『福翁自伝』（講談社学術文庫、二〇一〇年）
海老沢有道『日本の聖書――聖書和訳の歴史』（講談社学術文庫、一九八九年）
鈴木裕子「明治政府のキリスト教政策――高札撤去に至る迄の政治過程」『史学雑誌』八六―二、一九七七年
佐波　亘編『植村正久と其の時代』2（教文館、一九三八年）
山口輝臣「釈宗演――その《インド》体験」小川原正道編『近代日本の仏教者――アジア体験と思想の変容』（慶應義塾大学出版会、二〇一〇年）
伊藤博文『憲法義解』（岩波文庫、一九四〇年）
中西正幸「森有礼の神宮参拝をめぐりて」『神道研究紀要』六、一九八二年
『海後宗臣著作集』10（東京書籍、一九八一年）
稲田正次『教育勅語成立過程の研究』（講談社、一九七一年）
鈴木範久『内村鑑三日録・一高不敬事件』上・下（教文館、一九九三年）
大久保利謙編『久米邦武の研究』（吉川弘文館、一九九一年）
小林　宏・島　善高編『明治皇室典範』二冊（信山社出版、一九九六〜九七年）
高久嶺之介「一九〇七年公式令の制定意図について」『キリスト教社会問題研究』三七、一九八九年
川田敬一『近代日本の国家形成と皇室財産』（原書房、二〇〇一年）
坂本一登『伊藤博文と明治国家形成――「宮中」の制度化と立憲制の導入』（吉川弘文館、一九九一年）
西川　誠「大正後期皇室制度整備と宮内省」『年報・近代日本研究』二〇、一九九八年
伊藤博文編『秘書類纂・雑纂』1（原書房、一九七〇年）
大岡　弘「『皇室祭祀令』の起草原案と審議時期、並びに基本的性格について」『國學院大學神道研究集録』二二、二〇〇八年

多田好問編『岩倉公実記』下（原書房、一九六八年）
神祇院編『明治天皇の御敬神』（内閣印刷局、一九四〇年）
大岡　弘「明治期皇室祭祀「恒例大祭」における御代拝の急増をめぐって」『神道宗教』二〇四・五、二〇〇七年
「田中光顕伯謹話」堀口修編『臨時帝室編修局史料「明治天皇紀」談話記録集成』1（ゆまに書房、二〇〇三年）
有賀長雄『帝室制度稿本』（日清印刷、一九一五年）
徳川義寛『侍従長の遺言——昭和天皇との50年』（朝日新聞社、一九九七年）
F・R・ディキンソン『大正天皇——一躍五大洲を雄飛す』（ミネルヴァ書房、二〇〇九年）
外池　昇「大正十五年『皇室陵墓令』成立の経緯」『史潮』六三、二〇〇八年
山川三千子『女官』（実業之日本社、一九六〇年）
牟礼　仁「大礼使官制問題関係資料」『藝林』三八—一～三九—三、一九八九～九〇年
土肥昭夫・戸村政博編『天皇の代替わりとわたしたち』（日本基督教団出版局、一九八八年）
丸山真男「荻生徂徠の贈位問題」『丸山真男集』11（岩波書店、一九九六年）
山口輝臣『明治神宮の出現』（吉川弘文館、二〇〇五年）
『柳田國男全集』27（筑摩書房、二〇〇一年）

第三章

草繫全宜編『釈雲照』上・中・下（徳教会、一九一三～一四年）
草繫全宜『雲照大和上伝』（大本山大覚寺、一九六一年）
釈　雲照「御大葬に就て」『法の母』四四、一八九七年
京都市参事会『英照皇太后大喪記事』（京都市参事会、一八九七年）

石川泰志『近代皇室と仏教――国家と宗教と歴史』（原書房、二〇〇八年）
山階会編『山階宮三代』上・下（山階会、一九八二年）
学習院大学史料館編『写真集近代皇族の記憶――山階宮家三代』（吉川弘文館、二〇〇八年）
渋沢栄一編・大久保利謙校訂『昔夢会筆記――徳川慶喜公回想談』（平凡社東洋文庫、一九六六年）
勝　海舟『氷川清話』（講談社学術文庫、二〇〇〇年）
安岡昭男・長井純市「田中光顕関係文書紹介（四）」『法政大学文学部紀要』五五、二〇〇七年
田中伯伝記刊行会編『伯爵田中青山』（田中伯伝記刊行会、一九二七年）
小田部雄次『四代の天皇と女性たち』（文春新書、二〇〇二年）
同　『昭憲皇太后・貞明皇后――一筋に誠をもちて仕へなば』（ミネルヴァ書房、二〇一〇年）
坂本辰之助『皇室及皇族』（昭文堂、一九〇九年）
「嵯峨仲子刀自談話筆記」・「柳原愛子刀自談話筆記」堀口修編『臨時帝室編修局史料「明治天皇紀」談話記録集成』3（ゆまに書房、二〇〇三年）
岡　義武・林茂校訂『大正デモクラシー期の政治――松本剛吉政治日誌』（岩波書店、一九五九年）
浅見雅男『皇太子婚約解消事件』（角川書店、二〇一〇年）
大内青巒『昭憲皇太后と仏教』（鴻盟社、一九一四年）
法藏館編輯局編『昭憲皇太后と仏教』（法藏館、一九一四年）
榊原喜佐子『大宮様と妃殿下のお手紙――古きよき貞明皇后の時代』（草思社、二〇一〇年）
片野真佐子『皇后の近代』（講談社選書メチエ、二〇〇三年）
原　武史『昭和天皇』（岩波新書、二〇〇八年）
筧　克彦『神ながらの道』（内務省神社局、一九二六年）
同　『大正の皇后宮御歌謹釈』（筧克彦博士著作刊行会、一九六一年）
筧　素彦『今上陛下と母宮貞明皇后』（日本教文社、一九八七年）

三笠宮崇仁『わが歴史研究の七十年』（学生社、二〇〇八年）
入沢達吉「大正天皇御臨終記――初めて世に出る侍医頭の日記」『文芸春秋』三一―一、一九五三年
高橋　紘・粟屋憲太郎・小田部雄次編『昭和初期の天皇と宮中――侍従次長河井弥八日記』2（岩波書店、一九九三年）
工藤美代子『母宮貞明皇后とその時代――三笠宮両殿下が語る思い出』（中公文庫、二〇一〇年）

第四章

渡辺　治「天皇制国家秩序の歴史的研究序説――大逆罪・不敬罪を素材として」『社会科学研究』三〇―五、一九七九年
畔上直樹『「村の鎮守」と戦前日本――「国家神道」の地域社会史』（有志舎、二〇〇九年）
森岡清美『近代の集落神社と国家統制――明治末期の神社整理』（吉川弘文館、一九八七年）
飯倉照平編『柳田国男・南方熊楠往復書簡集』上・下（平凡社、一九九四年）
『柳田國男全集』16（筑摩書房、一九九七年）
由井正臣編『資料日本現代史』6（大月書店、一九八三年）
靖国神社編『靖国神社百年史』四冊（靖国神社、一九八三～八七年）
赤澤史朗『近代日本の思想動員と宗教統制』（校倉書房、一九八五年）
田中真人「日本戦闘的無神論者同盟の活動」『社会科学』二七、一九八一年
戸坂　潤『思想と風俗』（平凡社東洋文庫、二〇〇一年）
犬丸義一『第一次共産党史の研究――増補日本共産党の創立』（青木書店、一九九三年）
加藤哲郎「一九二二年九月の日本共産党綱領」『大原社会問題研究所雑誌』四八一・四八二、一九九八・九九年
黒川伊織「日本共産党『22年綱領草案』問題再考」『大原社会問題研究所雑誌』五九二、二〇〇八年

長尾龍一『日本国家思想史研究』（創文社、一九八二年）
川口暁弘「憲法学と国体論――国体論者美濃部達吉」『史学雑誌』一〇八―七、一九九九年
美濃部達吉『憲法撮要』（有斐閣、一九二三年）
同　『逐条憲法精義』（有斐閣、一九二七年）
高見勝利編『美濃部達吉著作集』（慈学社出版、二〇〇七年）
坂本一登「新しい皇室像を求めて――大正後期の親王と宮中」『年報・近代日本研究』二〇、一九九八年
『折口信夫全集』3（中央公論社、一九九五年）
里見岸雄『天皇とプロレタリア』（アルス、一九二九年）
宮沢俊義『天皇機関説事件――史料は語る』上・下（有斐閣、一九七〇年）
『所謂「天皇機関説」を契機とする国体明徴運動』（『社会問題資料叢書』東洋文化社、一九七五年）
官田光史「国体明徴運動と政友会」『日本歴史』六七二、二〇〇四年
本庄　繁『本庄日記』（原書房、一九六七年）
『教学刷新評議会資料』上（芙蓉書房出版、二〇〇六年）
我妻　栄編『日本政治裁判史録』昭和・前（第一法規出版、一九七〇年）
伊藤　隆・北　博昭編『新訂・二・二六事件――判決と証拠』（朝日新聞社、一九九五年）
河野　司編『二・二六事件――獄中手記・遺書』（河出書房新社、一九七二年）
井上章一『狂気と王権』（講談社学術文庫、二〇〇八年）
武田崇元ほか編『神政龍神会資料集成』（八幡書店、一九九四年）
嵯峨井建「建国神廟と建国忠霊廟の創建――満州国皇帝と神道」『神道宗教』一五六、一九九四年
波多野勝『昭和天皇とラストエンペラー――溥儀と満州国の真実』（草思社、二〇〇七年）
満洲帝国政府編『満洲建国十年史』（原書房、一九六九年）
小笠原省三編『海外神社史』（ゆまに書房、二〇〇四年）

『満洲帝国皇帝陛下御訪日と建国神廟御創建』（日満中央協会、一九四一年）
岡部長章『ある侍従の回想記――激動時代の昭和天皇』（朝日ソノラマ、一九九〇年）
外島　瀏『終戦秘録満洲国祭祀府の最後――外島祭務処長手記』（私家版、一九六七年）
中尾裕次編『昭和天皇発言記録集成』上・下（芙蓉書房出版、二〇〇三年）
「小倉庫次侍従日記」『文藝春秋』八五―五、二〇〇七年
高谷朝子『宮中賢所物語――五十七年間皇居に暮らして』（ビジネス社、二〇〇六年）
木戸日記研究会編『木戸幸一関係文書』（東京大学出版会、一九六六年）
石渡隆之「終戦の詔書成立過程」『北の丸』二八、一九九六年

第五章
細川護貞『細川日記』二冊（中公文庫、一九七九年）
森　諦円「仁和寺の歴史と信仰」『古寺巡礼京都』11（淡交社、一九七七年）
秦　郁彦『昭和天皇五つの決断』（文春文庫、一九九四年）
木下道雄『側近日誌』（文芸春秋、一九九〇年）
竹前栄治『ＧＨＱ』（岩波新書、一九八三年）
ウィリアム・Ｐ・ウッダード『天皇と神道』（サイマル出版会、一九八八年）
神社新報社編『神道指令と戦後の神道』（神社新報社、一九七一年）
大原康男『神道指令の研究』（原書房、一九九三年）
加藤玄智『神道の宗教発達史的研究』（中文館書店、一九三五年）
津島一夫訳『マッカーサー回想記』下（朝日新聞社、一九六四年）
レイ・ムーア編『天皇がバイブルを読んだ日』（講談社、一九八二年）
高橋　紘『昭和天皇　一九四五―一九四八』（岩波現代文庫、二〇〇八年）

岸本英夫『戦後の宗教と社会』（渓声社、一九七六年）
奥山倫明「岸本英夫の昭和二〇年」『東京大学宗教学年報』二六、二〇〇九年
久保義三『対日占領政策と戦後教育改革』（三省堂、一九八四年）
鈴木英一『日本占領と教育改革』（勁草書房、一九八三年）
佐々木惣一『憲法改正断想』（甲文社、一九四七年）
『和辻哲郎全集』14（岩波書店、一九六二年）
連合軍総司令部民間情報教育部宗教文化資料課編『日本の宗教』（国民教育普及会、一九四八年）
渡辺　治『戦後政治史の中の天皇制』（青木書店、一九九〇年）
冨永　望『象徴天皇制の形成と定着』（思文閣出版、二〇一〇年）
大原康男編『詳録・皇室をめぐる国会論議』（展転社、一九九七年）
加藤恭子『昭和天皇と美智子妃　その危機に――「田島道治日記」を読む』（文春新書、二〇一〇年）
服部　実「皇室とキリスト教」『文藝春秋』六七―一二、一九八九年
葦津珍彦『日本の君主制――天皇制の研究』（葦津事務所、二〇〇五年）
朝日新聞社編『入江相政日記』六冊（朝日新聞社、一九九〇～九一年）
『卜部亮吾侍従日記――昭和天皇最後の側近』五冊（朝日新聞社、二〇〇七年）
斎藤久吉『天皇の祈りはなぜ簡略化されたか――宮中祭祀の危機』（並木書房、二〇〇九年）
宮本顕治『天皇制批判について』（新日本出版社、一九八七年）
佐々淳行『菊の御紋章と火炎ビン――「ひめゆりの塔」「伊勢神宮」が燃えた「昭和50年」』（文藝春秋、二〇〇九年）
赤坂憲雄『象徴天皇という物語』（ちくま学芸文庫、二〇〇七年）
鎌田純一『即位禮大嘗祭　平成大禮要話』（錦正社、二〇〇三年）

年表

○印の数字は閏月を示す。▒の部分は、南北朝時代で、年号と天皇は記載事項にあわせた。

西暦	年号	天皇	天皇と宗教およびその他の主な事項
	崇神六	崇神	この年、天照大神をトヨスキイリヒメ命に託け祭らせる。
	七		11オオタタネコにオオモノヌシ神を祭らせる。
	垂仁二十五	垂仁	この年、天照大神をヤマトヒメ命に託け、斎宮を五十鈴川のほとりに立てる。
	欽明十三	欽明	10百済の聖明王より釈迦仏金銅像等が贈られる。
	十六		2蘇我臣、百済王子恵に邦を建てし神の宮を修理し祭ることを勧める。
	敏達十三	敏達	この年、蘇我馬子、善信尼らを出家させ、仏殿を造る。
	用明二	用明	4天皇、仏教に帰依することを群臣に諮る。ついで崩御。7蘇我馬子、泊瀬部皇子らと共に物部守屋を滅ぼす。
	崇峻元	崇峻	この年、百済より仏舎利および僧・寺工・鑪盤博士・瓦博士・画工が贈られる。善信尼らを百済に遣わす。法興寺の造営を開始する。
五九四	推古二	推古	2天皇、厩戸皇子および蘇我馬子に三宝を興隆せしめる。諸臣連ら仏舎を造る。
五九五	三		5高句麗僧慧慈来朝、厩戸皇子の師となる。この年、百済僧慧聡来朝。
五九六	四		11法興寺の塔完成。
六〇〇	八		この年、天皇、隋に使を遣わす。
六〇二	十		10百済僧観勒来朝、暦本・天文地理書・遁甲方術書をもたらす。
六〇三	十一		11厩戸皇子、仏像を秦河勝に与える。河勝は蜂岡寺を造る。
六〇四	十二		4厩戸皇子、憲法十七条を制定する。
六〇六	十四		4灌仏会と盂蘭盆会が毎年催されることになる。7天皇、厩戸皇子に勝鬘経を講説せしめる。この年、厩戸皇子法華経を講説する。
六〇七	十五		2天皇、厩戸皇子と蘇我馬子に官人を率いて神祇を祭り拝せしめる。7小野妹子を隋に遣わす。妹子は翌年隋使と共に帰国する。
六一〇	十八		3高句麗僧曇徴来朝。

六一六	二十四		7新羅より仏像が贈られる。
六一八	二十六		5隋滅亡、唐建国。
六二三	三十一		7新羅より仏像・金塔・仏舎利・灌頂幡が贈られる。入唐学問僧ら新羅使とともに帰国。
六二五	三十三		1高句麗僧恵灌来朝。
六四五	皇極四/大化元	皇極/孝徳	1玄奘、西域より戻り長安に到着。6乙巳の変。古人大兄皇子、出家し吉野に赴く。7蘇我倉山田石川麻呂が先ず神祇を祭り鎮めて後に政治を議すことを奏言。8十師が任じられる。
六四九	五		この年、常陸国の鹿島郡が神郡（評）として建評される。
六五一	白雉二		12味経宮に僧尼を招請して一切経を読誦させる。
六五二	三		4恵隠を内裏に請じ無量寿経を講説せしめる。
六五三	四		5道昭らを学問僧として唐に遣わす。この年、諱（斎）部首作賀斯が祠官頭に任じられる。御卜の式このときより始まる。
六五九	斉明五	斉明	この年、出雲国造に命じて出雲大社を修厳せしめる。
六六〇	六		5仁王般若会が催される。7百済滅亡。
六六三	天智二	天智	8白村江の戦。
六六八	七		9高句麗滅亡。
六七〇	九		3山御井のほとりに諸神の座を敷き幣帛を頒つ。
六七一	十		10大海人皇子、出家し吉野に入る。
六七二	天武元	天武	6壬申の乱。大海人皇子、朝明郡家に向かう途次に天照大神を望拝。
六七三	二		3川原寺にて一切経書写。4大来皇女が伊勢斎宮とされる。12大嘗に供奉した中臣・忌部らに賜禄される（この年大嘗祭創始）。
六七五	四		1諸社に幣帛を奉る。2祈年祭創始か。4広瀬・龍田祭創始。
六七六	五		11諸国に金光明経・仁王経を説かしめる。
六八〇	九		4国大寺を除き、造寺を援助することを止む。5宮中および諸寺にて金光明経を説かしめる。11皇后の病により薬師寺を建て一〇〇人を出家せしめる。また天皇の病により一〇〇

西暦	年号	天皇	天皇と宗教およびその他の主な事項
六八五	十四		人を出家せしめる。3諸国の家ごとに仏舎を造り、仏像と経を置いて礼拝せしめる。
六八六	十五/朱鳥元		5天皇不予につき川原寺にて薬師経を講説、宮中安居せしめる。この月以降、9月の崩御に至るまで種々仏事・神事行われる。6草薙剣を熱田社に送る。
六八七	持統元	持統	9天武天皇の国忌の斎を京師諸寺で行う。
六九〇	持統四		この年より伊勢神宮の式年遷宮開始。9武太后、即位、国号を周とする。
六九四	八		5金光明経一〇〇部を諸国に送り、毎年正月に読経せしめることとする。12藤原遷都。
七〇一	大宝元	文武	6大宝令施行。8斎宮司が斎宮寮に准じられる。
七〇二	二		2大幣を頒つために諸国国造を入京させる。
七〇三	三		12持統太上天皇が火葬に付される。
七一〇	和銅三	元明	3平城遷都。
七一二	五		11長屋王、文武天皇追善のため大般若経の書写を発願。
七一六	霊亀二	元正	2出雲国造神賀詞奏上の初見。
七二八	神亀五	聖武	5長屋王、大般若経の書写を発願。
七三三	天平五		この頃、皇后宮職にて一切経書写を開始。
七三四	六		この年、天皇、一切経書写を発願。
七三五	七		4入唐僧玄昉帰朝。
七四〇	十二		2天皇、河内国智識寺の盧舎那仏像を拝する。6諸国に法華経書写と七重塔建立を命じる。9藤原広嗣の乱。12天皇、恭仁京に入る。
七四一	十三		2国分寺建立の詔。
七四三	十五		10大仏建立の詔。
七四五	十七		1行基が大僧正に任じられる。5平城還都。
七四七	十九		3光明皇后、新薬師寺創建。
七四九	天平感宝元	聖武/孝謙	1天皇、行基より菩薩戒を受ける。4天皇、東大寺に行幸し盧舎那仏を礼拝する。7聖武

	/天平勝宝元		天皇、阿倍内親王に譲位。12宇佐八幡大神入京。
七五二	天平勝宝四		4東大寺大仏開眼供養。
七五三	五		12鑑真、大宰府到着。
七五八	天平宝字二		この頃、天皇、一切経書写事業開始。
七六二	六	淳仁	6孝謙太上天皇、出家。
七六四	八	淳仁/称徳	9藤原仲麻呂の乱。道鏡、大臣禅師に任じられる。10孝謙太上天皇重祚。
七六五	天平神護元		11大嘗祭実施。
七六六	二		10道鏡、法王に任じられる。
七六七	神護景雲元		1大極殿で金光明最勝王経講説（御斎会創始）。
七六八	二		11春日祭公祭化。
七六九	三		9宇佐八幡宮神託事件。
七七〇	四	光仁	8称徳天皇崩御。道鏡、造下野国薬師寺別当に左遷。
七七二	宝亀三		3十禅師を定める。8伊勢大神宮寺、飯高郡度瀬山房に移転。
七七八	九		10皇太子山部親王、伊勢参宮。
七八四	延暦三	桓武	11長岡遷都。
七八五	四		11天皇、郊祀を行う（六年にもこのことあり）。
七八八	七		5名神奉幣の初見。この年、最澄、比叡山寺創建。
七九一	十		10皇太子安殿親王、伊勢参宮。
七九二	十一		6早良親王の祟り発覚。
七九四	十三		10平安遷都。
七九八	十七		1神宮司・神主らを六年任期制とする。4年分度者の制定められる。9官幣国幣社制導入。
八〇〇	十九		7早良親王を崇道天皇と追尊。井上内親王を皇后に復す。
八〇四	二十三		3『止由気宮儀式帳』撰進。8『皇太神宮儀式帳』撰進。
八〇七	大同二	平城	2『古語拾遺』撰進。

西暦	年号	天皇	天皇と宗教およびその他の主な事項
八一〇	弘仁元	嵯峨	この年、有智子内親王、賀茂斎院に卜定。
八一八	九		5斎院司創設。
八二二	十三		4平城上皇・高丘親王、空海の灌頂を受ける。
八二三	十四	嵯峨/淳和	1空海に東寺を賜う。6比叡山の円頓戒壇設立勅許。この年、嵯峨天皇、空海の灌頂を受ける。
八三〇	天長七		9薬師寺最勝会始修。
八三三	十	仁明	11大嘗祭での忌部氏の神璽鏡剣の奉上停止。
八三五	承和二		1内裏真言院にて後七日御修法始修。
八四二	九		7承和の変。
八四五	十二		この年、会昌の廃仏。
八五〇	嘉祥三	仁明/文徳	3天皇、出家、ついで崩御。9八十島祭の初見。12天下諸神で有位のものは一階を昇叙し、無位のものは六位に叙すこととする。
八五一	四		2嘉祥寺建立。大原野祭公祭化。
八五二	仁寿二		1常寧殿にて大元帥法創始。
八五六	斉衡三		11天皇、郊祀を行う。
八五八	天安二	清和	8皇太子惟仁親王九歳にて践祚。12十陵四墓の別貢幣制制定。
八五九	三/貞観元		2季御読経創始。9石清水八幡宮創祀（翌年とする説もあり）。
八六三	五		5神泉苑にて御霊会開催。8石清水放生会創始。
八六五	七		10枚岡祭公祭化。
八六六	八		7最澄に伝教大師号、円仁に慈覚大師号宣下。
八八八	仁和四	宇多	10天皇、初めて毎朝御拝を行う。11一代一度大神宝使発遣の初例。
八八九	寛平元		4当宗祭公祭化。11賀茂臨時祭創始。
八九四	六		4伊勢公卿勅使差遣の初例。
八九八	十/昌泰元	醍醐	3山科祭公祭化。5十六社奉幣の初見。

八九九	二		10宇多太上天皇、仁和寺にて出家。11賀茂臨時祭恒例化。
九〇〇	三		10宇多法皇、高野山御幸。
九〇一	延喜元		12宇多法皇、東寺灌頂院にて伝法灌頂を受ける。
九〇七	七		4唐滅亡。10宇多法皇、熊野御幸。
九一〇	十		9宇多法皇、延暦寺にて三部大法灌頂を受ける。
九一八	十八		6高麗建国。
九二一	二十一		10空海に弘法大師号宣下。
九二七	延長五		12『延喜式』奏進。円珍に智証大師号宣下。
九四二	天慶五	朱雀	4石清水臨時祭創始。天皇、承平・天慶の乱終結報賽として賀茂行幸（初例）。
九五二	天暦六	村上	9正蔵率分制制定。
九五五	九		1天皇、母后藤原穏子周忌に内裏弘徽殿にて宸筆御八講を行う。
九六〇	天徳四		1宋建国。9内裏焼亡、温明殿の神鏡のうち紀伊国の御形の鏡は破損。
九七〇	天禄元	円融	6祇園御霊会。9永宣旨料物制開始。
九七一	二		3石清水臨時祭恒例化。
九七九	天元二		3石清水社行幸の初例。
九八一	四		2平野社行幸の初例。
九八三	六		3円融寺落慶。
九八五	永観三	花山	4平野臨時祭創始。源信、『往生要集』を著す。
九八七	寛和三	一条	2良源に慈慧大師号宣下。
九八九	永延三		3春日社行幸の初例。
九九一	正暦二		6吉田・北野・広田社が加わり十九社奉幣成立。
九九三	四		11大原野社行幸の初例。
九九四	五		2梅宮社が加わり二十社奉幣成立。
九九五	長徳元		5藤原道長、内覧となる。
九九六	二		2祇園社が加わり二十一社奉幣成立。

西暦	年号	天皇	天皇と宗教およびその他の主な事項
九九八	四		1円教寺落慶。
一〇〇二	長保四		この年、内侍所御神楽創始。
一〇〇四	寛弘元		10松尾社行幸・北野社行幸の初例。
一〇〇五	二		11内裏焼亡、内侍所の神鏡焼損。12宸筆宣命にて伊勢神宮に神鏡焼損を奉告。
一〇二二	治安二	後一条	7藤原道長、法成寺金堂供養。
一〇二六	万寿三		3清涼殿にて仁王経御八講。
一〇三一	長元四		6伊勢神宮託宣事件。
一〇三九	長暦三	後朱雀	8二十一社奉幣に日吉社が加わり、二十二社奉幣成立。
一〇四〇	四		9内裏焼亡、内侍所の神鏡は破片となる。
一〇五二	永承七	後冷泉	3藤原頼通、宇治平等院供養。
一〇五五	天喜三		10円乗寺落慶。
一〇七〇	延久二	後三条	8石清水放生会に勅使差遣。12円明寺（円宗寺）落慶。
一〇七一	三		10日吉社行幸の初例。
一〇七二	四		3稲荷社行幸・祇園社行幸の初例。10円宗寺法華会創始。
一〇七五	承保二	白河	8白河に法勝寺建立。
一〇七八	承暦二		10法勝寺大乗会創始。
一〇八二	永保二		2円宗寺最勝会創始。
一〇八三	三		2三条天皇皇子性信、二品に叙される。
一〇九〇	寛治四	堀河	1白河上皇、熊野に御幸。
一〇九九	康和元		9白河天皇皇子覚行、親王宣下をこうむる。
一一三九	保延五	崇徳	2鳥羽上皇、寿陵として鳥羽に三重塔を建立、落慶供養する（のちの安楽寿院）。
一一五六	久寿三/保元元	後白河	3堀河天皇皇子最雲、天台座主となる。7保元の乱。
一一六五	長寛三	二条	1顕広王、神祇伯に任じられる。
一一六九	嘉応元	高倉	12後白河天皇皇子守覚、仁和寺寺務に補される。

一一七〇	二		4鳥羽天皇皇子覚快、親王宣下をこうむる。
一一八五	寿永四(元暦二)	安徳(後鳥羽)	3壇ノ浦の戦。
一二一二	建暦二	順徳	9賀茂斎院礼子内親王退下（賀茂斎院廃絶）。
一二二一	承久三	仲恭	5承久の乱。
一二四二	仁治三	後嵯峨	1四条天皇の葬儀、泉涌寺にて執行。
一二四五	寛元三		この年、円爾、『宗鏡録』を天皇に奏進。
一二五九	正元元	後深草	5後嵯峨上皇、宸筆般若心経を亀山殿に供養。
一二七一	文永八	亀山	11モンゴル、国号を元とする。
一二七二	九		2伊勢斎宮愷子内親王退下（以後の斎宮は伊勢に赴かず）。
一二七四	十一	後宇多	10文永の役。
一二八一	弘安四		5弘安の役。
一二八八	十一	伏見	1後深草上皇、石清水八幡宮に御幸、宸筆最勝王経を奉納。3天皇、即位時に即位灌頂を受ける。
一二九一	正応四		この年、亀山法皇、禅林禅寺（南禅禅寺）創建。
一二九九	永仁七	後伏見	3亀山法皇、南禅寺に願文を奉納。
一三〇〇	正安二		3後深草法皇、伝法灌頂を受ける。
一三〇五	嘉元三	後二条	3亀山法皇、伝法灌頂を受ける。
一三〇七	徳治二		4後宇多上皇、伝法灌頂を受ける。
一三〇八	三		2益信に本覚大師号宣下。
一三一三	正和二	花園	6霖雨により天皇、内侍所に祈願。
一三二〇	元応二	後醍醐	10天皇、談天門院一周忌により宸筆法華御八講を修す。
一三二五	正中二		3後伏見上皇、宸筆最勝王経・法華経を長谷寺に奉納し、量仁親王立坊を祈る。9後伏見上皇、宸筆般若心経を熱田社に奉納し、量仁親王立坊を祈る。
一三三〇	元徳二		2花園上皇、皇太子量仁親王（光厳天皇）に『誡太子書』を授ける。
一三三三	元弘三	光厳/後醍醐	5鎌倉幕府滅亡。10後醍醐天皇、大徳寺を五山に列す。

西暦	年号	天皇	天皇と宗教およびその他の主な事項
一三三四	建武元		1後醍醐天皇、南禅寺を五山第一とし、ついで大徳寺を同格とする。9後醍醐天皇、石清水・賀茂行幸（以後、文久三まで中絶）。
一三三六	延元元		12後醍醐天皇、吉野へ逃れる。この年、兵乱により伊勢斎宮祥子内親王野宮より退下（伊勢斎宮廃絶）。
一三三九	四	後村上	秋、北畠親房、『神皇正統記』を著す。
一三四二	暦応五	光明	1花園上皇、花園御所跡を関山慧玄に管領せしめる（妙心寺草創）。
一三六一	康安元	後光厳	6天皇、宸筆般若心経を祇園社に奉納して攘災を祈る。
一三六六	貞治五		5天皇、宸筆般若心経供養。
一三六八	七/応安元		1明建国。3天皇、後伏見天皇三十三回忌仏事として御懺法講を行う。
一三七〇	三		7天皇、光厳天皇七回忌仏事として禁中にて宸筆御八講を行う。
一三九二	明徳三	後小松	7高麗滅亡（李成桂、翌年、国号を朝鮮とする）。⑩南北朝合一。
一三九九	応永六		4天皇、後円融天皇七回忌仏事として禁中にて御懺法講を行う。
一四〇五	十二		4天皇、後円融天皇十三回忌仏事として清涼殿にて宸筆御八講を行う。
一四一九	二十六	称光	11後小松天皇皇女理永、大聖寺に入寺。
一四二〇	二十七		9天皇、足利義持の病気本復祈願のため内侍所臨時御神楽を行う。
一四二八	正長元	後花園	8正長の土一揆勃発。
一四三四	永享六		9伊勢外宮式年遷宮（以後、永禄六まで中絶）。
一四四一	嘉吉元		6嘉吉の乱勃発。
一四四九	宝徳元		8二十二社奉幣（以後中絶）。
一四六一	寛正二		5天皇、宸筆般若心経を大覚寺に奉納。
一四六二	三		12伊勢内宮式年遷宮（以後、天正一三まで中絶）。
一四六三	四		11新嘗祭（以後、江戸時代まで中絶）。
一四六六	文正元	後土御門	9神嘗祭例幣使差遣（以後、正保四まで中絶）。12大嘗祭（以後、貞享四まで中絶）。
一四六七	応仁元		5応仁・文明の乱勃発。

一四七〇	文明二		3天皇および後花園法皇、宸筆般若心経を伊勢神宮に奉納。
一四七二	四		9禁中百万遍念仏の初見。
一四七五	七		1四方拝再興。
一四七八	十		11天皇、宸筆阿弥陀経を石清水八幡宮に奉納。
一四七九	十一		7天皇、般舟三昧院を建立。
一四八六	十八		11天皇、宸筆般若心経を石清水八幡宮に奉納。
一五〇一	文亀元	後柏原	9天皇、般舟三昧院にて宸筆阿弥陀経による後土御門天皇一周忌経供養を行う。
一五〇三	三		1大元帥法を大法として再興。
一五一一	永正八		2吉田兼倶没。
一五二五	大永五		11天皇、疫瘡流行により宸筆般若心経を延暦寺・仁和寺に奉納。
一五三四	天文三	後奈良	5天皇、疫病流行により宸筆般若心経を大覚寺に奉納。
一五三六	五		7天文法華の乱。
一五三七	六		6天皇、宸筆般若心経を石清水八幡宮に奉納。
一五四〇	九		6天皇、疫病流行により宸筆般若心経を醍醐寺に奉納。
一五四四	十三		この頃、天皇、国中静謐豊年を祈願して宸筆般若心経を諸国に遣わす。
一五四五	十四		8天皇、伊勢神宮に宸筆宣命を奉り、大嘗祭未実施を謝す。
一五六一	永禄四	正親町	9天皇、宸筆般若心経を大覚寺に奉納。
一五六三	六		9伊勢外宮式年遷宮再興。
一五六八	永禄十一		9織田信長入京。
一五八二	天正十		6本能寺の変。
一五八五	十三		7豊臣秀吉、関白となる。10伊勢内宮・外宮式年遷宮（内宮式年遷宮再興）。
一五九〇	十八	後陽成	3吉田社境内に八神殿再興。
一五九二	天正二十		4文禄の役開始（朝鮮渡海）。
一五九八	慶長三		8豊臣秀吉没、慶長の役終了。
一五九九	四		③天皇、慶長勅版『日本書紀神代巻』刊行。4豊臣秀吉に豊国大明神号宣下。

西暦	年号	天皇	天皇と宗教およびその他の主な事項
一六〇三	八		2徳川家康、征夷大将軍となる。
一六〇六	十一		この年、非蔵人再興。
一六〇九	十四		9吉田社境内の八神殿を神祇官代とする。
一六一三	十八	後水尾	6幕府より公家衆諸法度・勅許紫衣諸法度発布。
一六一五	二十/元和元		1紫宸殿にて大元帥法が行われる。5大坂夏の陣により豊臣氏滅亡。7幕府より禁中並公家中諸法度発布。
一六一七	三		2徳川家康に東照大権現号宣下。
一六二三	九		1後七日御修法再興。
一六二九	寛永六		7紫衣事件。
一六三八	十五	明正	2島原の乱鎮圧。
一六四〇	十七		8後水尾天皇皇女梅宮、一糸文守により得度（法号大通文智）。
一六四四	二十一	後光明	3明滅亡。9清、北京に遷都。
一六四五	正保二		11東照社に宮号授与。
一六四六	三		3日光例幣使創始。
一六四七	四		9伊勢例幣使再興。後水尾天皇皇子守澄法親王、寛永寺に入る。
一六四八	慶安元		4天海に慈眼大師号宣下。
一六五四	承応三	後光明/後西	3霊鑑寺創建。10後光明天皇葬儀、土葬にて行われる。
一六六五	寛文五	霊元	7幕府より諸社禰宜神主法度発布。
一六六九	九		11大通文智、山村円照寺へ移る。
一六七四	延宝二		5内侍所法楽和歌再興。
一六七九	七		8石清水放生会再興。
一六八二	天和二		1伊勢神宮への宸筆宣命奏上再興。2後水尾天皇皇女照山元瑶、林丘寺創建。9山崎闇斎没。この頃、徳川光圀、『礼儀類典』の編纂に着手。
一六八七	貞享四	東山	11大嘗祭再興。

一六八八	元禄元		11新嘗祭、新嘗御祈として再興。
一六九〇	三		12覚鑁に興教大師号宣下。
一六九四	七		4賀茂祭再興。
一六九七	十		1源空（法然）に円光大師号宣下。9幕府による天皇陵探索・修復事業開始。
一七〇五	宝永二		1幕府、禁裏御料を加増。
一七〇七	四		1聖宝に理源大師号宣下。
一七一一	八	中御門	1源空に東漸大師号宣下。
一七三八	元文三	桜町	11大嘗祭実施、辰巳節会等再興。
一七四〇	五		11新嘗祭、紫宸殿を神嘉殿代として再興。
一七四四	延享元		9宇佐・香椎奉幣再興。10上七社奉幣再興。
一七五八	宝暦八	桃園	7宝暦事件。
一七六一	十一		1源空に慧成大師号宣下。
一七六四	明和元	後桜町	12宝鏡寺に百々御所号賜与。
一七六九	六		12大聖寺に御寺御所号賜与。
一七七三	安永二	後桃園	10良忍に聖応大師号宣下。
一七七四	三		8実慧に道興大師号宣下。
一七八九	寛政元	光格	3光照院に常磐御所号賜与。
一七九〇	二		11寛政内裏完成、天皇の遷幸を本居宣長が参観。
一七九七	九		12林丘寺に音羽御所号賜与。
一八〇一	享和元		9本居宣長没。
一八〇七	文化四		9曇華院に竹御所号賜与。
一八一一	八		1源空に弘覚大師号宣下。
一八一三	十		3石清水臨時祭再興。
一八一四	十一		11賀茂臨時祭再興。
一八二五	文政八	仁孝	2異国船打払令。3会沢正志斎『新論』成立。

西暦	年号	天皇	天皇と宗教およびその他の主な事項
一八二八	文政十一		6真雅に法光大師号宣下。
一八四一	天保十二		①光格上皇の遺勅により諡号・天皇号復活。
一八四三	十四		⑨平田篤胤没。
一八四六	弘化三	孝明	2孝明天皇践祚。
一八四七	四		9孝明天皇即位の礼。
一八四八	嘉永元		11孝明天皇大嘗祭。
一八五二	五		9祐宮睦仁親王（明治天皇）誕生。
一八五三	六		6ペリー浦賀に来航。
一八五八	安政五		3孝明天皇、日米修好通商条約調印を許可せず。6幕府、条約を調印。
一八六一	万延二/文久元		1源空に慈教大師号宣下。
一八六三	三		2山陵奉幣再興。3賀茂社行幸。4石清水社行幸。8八月十八日政変。
一八六四	元治元		2将軍徳川家茂泉涌寺参詣。諸陵寮再興。11北野臨時祭再興。
一八六五	二/慶応元		2春日祭近衛使参向儀等再興。4吉田祭再興。6祇園臨時祭再興。11大原野祭再興。12泉涌寺に「諸事の上席」との詔。
一八六六	二		4松尾祭再興。12孝明天皇没。
一八六七	三	明治	1明治天皇践祚。10大政奉還。12王政復古の大号令。
一八六八	四/明治元		3五箇条の御誓文発布。五榜の掲示。神仏判然令。4皇族を僧となすことを禁止。④浦上信徒の配流決定。政体書により神祇官復活。8明治天皇即位の礼。9東京行幸。10明治天皇、氷川神社参拝。12孝明天皇三回忌を「古式」で実施。
一八六九	二		3東京行幸（遷都）。伊勢神宮参拝。東京皇城内に神鏡遷座。6神祇官にて国是確立を奉告。東京招魂社を東京九段に創建。7職員令により神祇官特立。英国王子謁見時に韓神祭等執行。12神祇官神殿竣工。
一八七〇	三		1大教宣布。⑩天社神道廃止。
一八七一	四		1社寺領上知。5神社に社格を導入。門跡・比丘尼御所等廃止。7廃藩置県。8神祇官を

			神祇省に改称。9後七日御修法・大元帥法・勅会等廃止。皇霊、宮中に遷座。11岩倉使節団出発。明治天皇大嘗祭。12神祇省、神宮遷座を計画。この年、京都に恭明宮洛成。
一八七二	五		2僧位・僧官廃止。3神祇省廃止、教部省に移管。4八神・天神地祇を宮中に遷座。6韓神祭等廃止。8中村正直「擬泰西人上書」発表（『新聞雑誌』）。9ヘボン、聖書を明治天皇に献上。11八神・天神地祇を合祀、神殿と改称。
一八七三	六		2高札撤去、浦上信徒の帰還許可。3恭明宮の位牌等泉涌寺に遷す。5皇城炎上。賢所を赤坂仮皇居に遷す。
一八七四	七		1民撰議院設立建白書。9社寺逓減禄制を導入。
一八七六	九		6二八寺に年金支給開始。11親鸞に見真大師号宣下（師号宣下復活）。
一八七七	十		1歴代皇后・皇妃・皇親を皇霊に合祀。教部省廃止、内務省社寺局に移管。
一八七八	十一		1泉涌寺における仏祭を許可。
一八七九	十二		6東京招魂社を靖国神社に改称。8明宮嘉仁親王（大正天皇）誕生。9東西本願寺に勅額下賜。
一八八〇	十三		9宗諄女王・文秀女王の僧体許可。
一八八三	十六		1後七日御修法再興。5（第三回）基督教信徒大親睦会開催。
一八八四	十七		6福沢諭吉「宗教も亦西洋風に従はざるを得ず」（『時事新報』）。7井上馨外務卿、キリスト教「公許」案を閣議提出。華族令制定（男爵となる神職・僧侶あり）。8教導職廃止、管長制導入。葬儀自由化。
一八八五	十八		3門跡私称を許可。9明治天皇、教皇使節に謁見。
一八八七	二十		3官国幣社保存金制度を導入。12造神宮使庁設置。
一八八八	二十一		6伊藤博文枢密院議長「起案の大綱」。12門跡を勅任待遇とする。
一八八九	二十二		1明治宮殿完成。宮中三殿完成。2大日本帝国憲法・皇室典範発布。森有礼文部大臣暗殺。4伊藤博文『帝国憲法義解』『皇室典範義解』公刊。
一八九〇	二十三		9佐佐木高行らの神祇官復興運動活発化。10教育勅語発布。11帝国議会開幕。
一八九一	二十四		1一高不敬事件発生。

西暦	年号	天皇	天皇と宗教およびその他の主な事項
一八九二	二十五		1明治天皇、山田顕義に「神祇崇敬説」を注意。「神道は祭天の古俗」事件発生。
一八九四	二十七		7日清開戦。8日清戦争奉告祭（代拝）。9広島大本営に移動。
一八九五	二十八		1有栖川宮熾仁親王没。4下関条約調印。10北白川宮能久親王没。
一八九六	二十九		3貴衆両院で神祇官設置建議。4日清戦争終戦奉告祭。6東西本願寺の大谷家、伯爵に。
一八九七	三十		1英照皇太后没。
一八九八	三十一		2山階宮晃親王没。11全国神職会創立。
一八九九	三十二		7改正条約実施。8文部省訓令第一二号公布。帝室制度調査局設置。
一九〇〇	三十三		2貴族院で宗教法案否決。3姉崎正治『宗教学概論』刊行。4皇室婚嫁令公布。内務省社寺局を神社局と宗教局に分離。5嘉仁皇太子と九条節子結婚。8加藤玄智『宗教新論』刊行。
一九〇一	三十四		4迪宮裕仁親王（昭和天皇）誕生。
一九〇二	三十五		1日英同盟調印。5皇室誕生令公布。6淳宮（秩父宮雍仁親王）誕生。
一九〇三	三十六		7帝室制度調査局再起動。
一九〇四	三十七		2日露開戦。
一九〇五	三十八		1光宮（高松宮宣仁親王）誕生。9ポーツマス条約調印。
一九〇六	三十九		4官国幣社経費法成立により保存金制度廃止。8神社・宗教両局長依命通牒「社寺合併並合併跡地譲与に関する件」により神社合祀推進。
一九〇七	四十		1公式令公布。4改正刑法公布。
一九〇八	四十一		9皇室祭祀令公布。
一九〇九	四十二		2登極令・摂政令・立儲令・皇室成年式令公布。6皇室服喪令公布。
一九一〇	四十三		3皇族身位令・皇室親族令公布。5大逆事件。6有賀長雄「神道国教論」（『哲学雑誌』）発表。8韓国併合。
一九一一	四十四		10辛亥革命。
一九一二	四十五/大正元	大正	3伊勢神宮で盗難事件発生。7皇室会計令公布。明治天皇崩御。大正天皇践祚。9明治天

			皇大喪。
一九一三	二		2大正政変。
一九一四	三		4昭憲皇太后没。8第一次世界大戦参戦。
一九一五	四		11大正天皇即位の礼・大嘗祭。新島襄らに贈位。12澄宮（三笠宮崇仁親王）誕生。
一九一六	五		11帝室制度審議会設置。
一九一七	六		3ロシア革命。
一九一九	八		3コミンテルン発足。
一九二〇	九		11明治神宮鎮座祭。
一九二一	十		1内務省神社局『国体論史』発行。3皇太子欧州外遊。4長日御修法・御修法大法再興。11裕仁皇太子摂政就任。
一九二二	十一		7日本共産党結成。12ソビエト社会主義共和国連邦発足。
一九二三	十二		4美濃部達吉『憲法撮要』刊行。12虎ノ門事件。
一九二四	十三		1裕仁皇太子と久邇宮良子結婚。2貞明皇后、筧克彦から進講を受ける。
一九二五	十四		1ソ連と国交樹立。4治安維持法公布。5衆議院議員選挙法改正。
一九二六	十五／昭和元	昭和	1筧克彦『神ながらの道』刊行。10皇室儀制令・皇室喪儀令・皇室陵墓令公布。明治神宮外苑奉献式。12王公家軌範公布。大正天皇崩御。昭和天皇践祚。
一九二七	二		2大正天皇大喪。7二七年テーゼ発表。12美濃部達吉『逐条憲法精義』刊行。
一九二八	三		2衆議院議員選挙（第一回男子普通選挙）。3久宮祐子内親王（昭和天皇第二皇女）没。三・一五事件。6折口信夫「大嘗祭の本義」講演。11昭和天皇即位の礼・大嘗祭。
一九二九	四		4四・一六事件。11里見岸雄『天皇とプロレタリア』刊行。
一九三一	六		9満州事変。日本戦闘的無神論者同盟発足。
一九三二	七		3満州国建国。5五・一五事件。7三二年テーゼ発表。
一九三三	八		3国際連盟脱退。12継宮明仁親王（明仁天皇）誕生。
一九三五	十		2天皇機関説事件。12第二次大本事件。
一九三六	十一		2二・二六事件。8島津治子不敬事件。

西暦	年号	天皇	天皇と宗教およびその他の主な事項
一九三七	十二		5文部省『国体の本義』発行。7日中戦争勃発。
一九三九	十四		4宗教団体法公布。
一九四〇	十五		6満州国皇帝溥儀来日。7満州国で組織法改正・建国神廟鎮座。9日独伊三国軍事同盟調印。11神祇院創設。
一九四一	十六		12米英蘭国に開戦。
一九四二	十七		12天皇、伊勢神宮参拝。
一九四三	十八		4宮城内に御文庫完成。警保局保安課『英霊公葬問題』。10柳原愛子没。
一九四四	十九		2音羽正彦戦死。11宮中三殿遷座。
一九四五	二十		2近衛上奏文。4宮中三殿・仮殿被災。高松宮伊勢神宮参拝。8ポツダム宣言受諾。宮中三殿復旧。マッカーサー連合国最高司令官、厚木到着。9降伏文書調印式。戦争終熄奉告祭。10人権指令発令。11天皇、伊勢神宮参拝。12神道指令発令。皇室祭祀令改正。宗教法人令公布。
一九四六	二十一		1元旦詔書（人間宣言）。天皇、『ライフ』の質問に回答。2神社本庁発足。戦後巡幸開始。3『独白録』聞き書き開始。4津田左右吉「建国の事情と万世一系の思想」（『世界』）発表。剣璽動座停止。8伏見宮博恭王没。10文部省、教育勅語奉読式を停止。11日本国憲法公布。
一九四七	二十二		1新皇室典範公布。5旧皇室典範・皇室令廃止。日本国憲法施行。片山哲内閣発足。6佐々木惣一『憲法改正断想』刊行。11柳田国男『氏神と氏子』刊行。
一九四八	二十三		6国会で教育勅語失効決議。7祝日法公布。8天皇、濠州記者の質問に回答。11極東国際軍事裁判判決。和辻哲郎『国民統合の象徴』刊行。
一九五〇	二十五		6石井良助『天皇』刊行。
一九五一	二十六		4宗教法人令法布。5貞明皇后没。9サンフランシスコ講和会議。日米安全保障条約調印。
一九五二	二十七		11継宮（明仁天皇）立太子・成年式。

一九五三	二十八		1秩父宮雍仁親王没。
一九五八	三十三		11皇室会議開催。
一九五九	三十四		4明仁皇太子と正田美智子結婚。
一九六〇	三十五		2浩宮（徳仁皇太子）誕生。7池田勇人内閣発足。
一九六一	三十六		7筧克彦『大正の皇后宮御歌謹釈』刊行。
一九六四	三十九		10東海道新幹線開業。オリンピック東京大会開催。
一九六九	四十四		4三島由紀夫『文化防衛論』刊行。
一九七〇	四十五		3日本万国博覧会。この年、昭和天皇の祭祀負担軽減本格化。
一九七一	四十六		5津地鎮祭事件高裁判決。6沖縄返還協定調印。
一九七三	四十八		5増原防衛庁長官内奏事件。
一九七四	四十九		11神宮参拝にあわせて剣璽動座復活。
一九七五	五十		2天皇、祈年祭で倒れる。5国会で侍従の伊勢神宮派遣が問題になる。7ひめゆりの塔事件。9風日祈宮放火事件。11天皇、靖国神社参拝。
一九七八	五十三		8日中平和友好条約調印。
一九八九	平成元	（今上）	1昭和天皇崩御。明仁天皇践祚。
一九九〇	二		11明仁天皇即位の礼・大嘗祭。

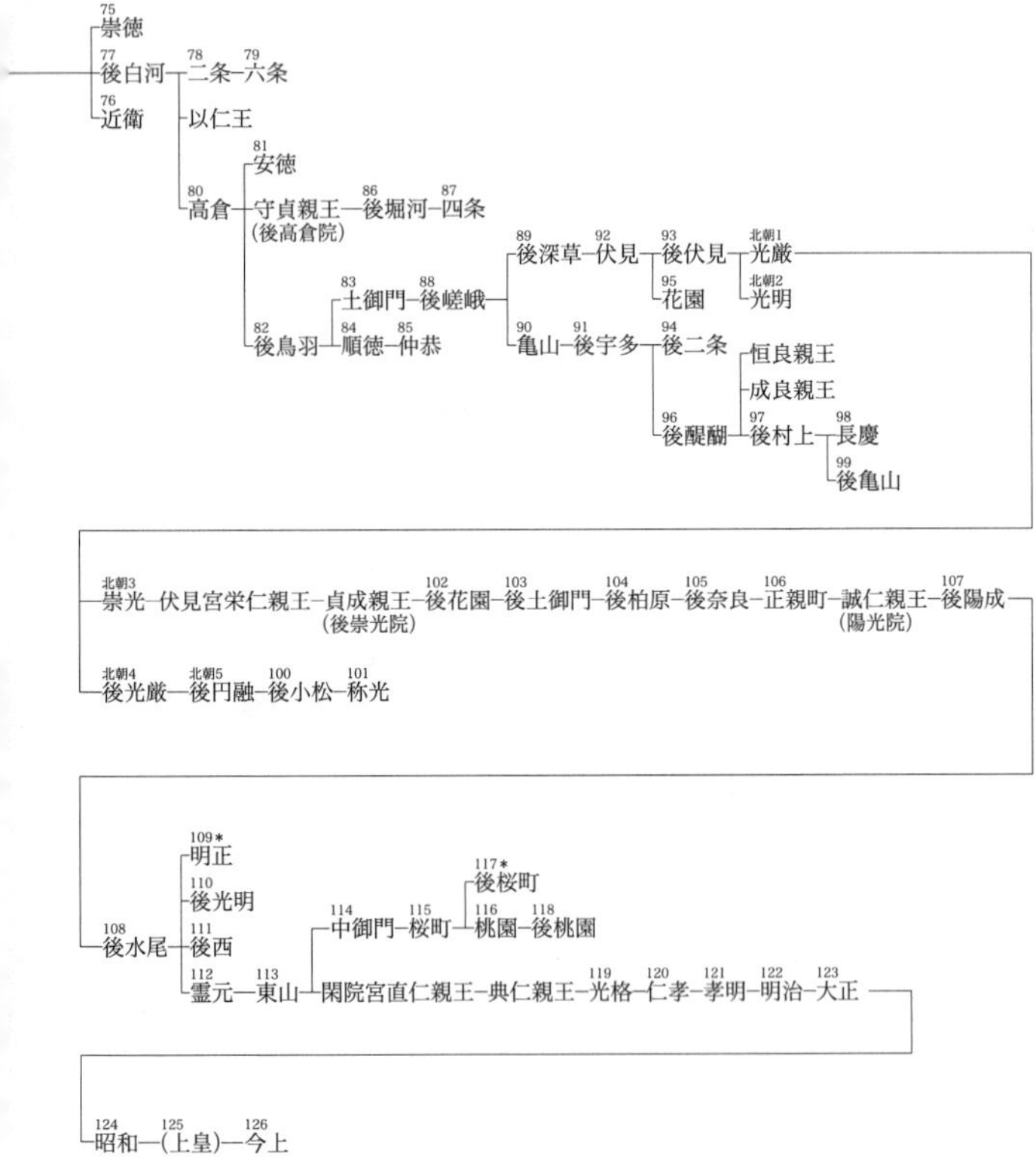

数字は『皇統譜』による代数。

＊は女帝を示す。なお、皇極・斉明、孝謙・称徳は重祚。

天皇系図

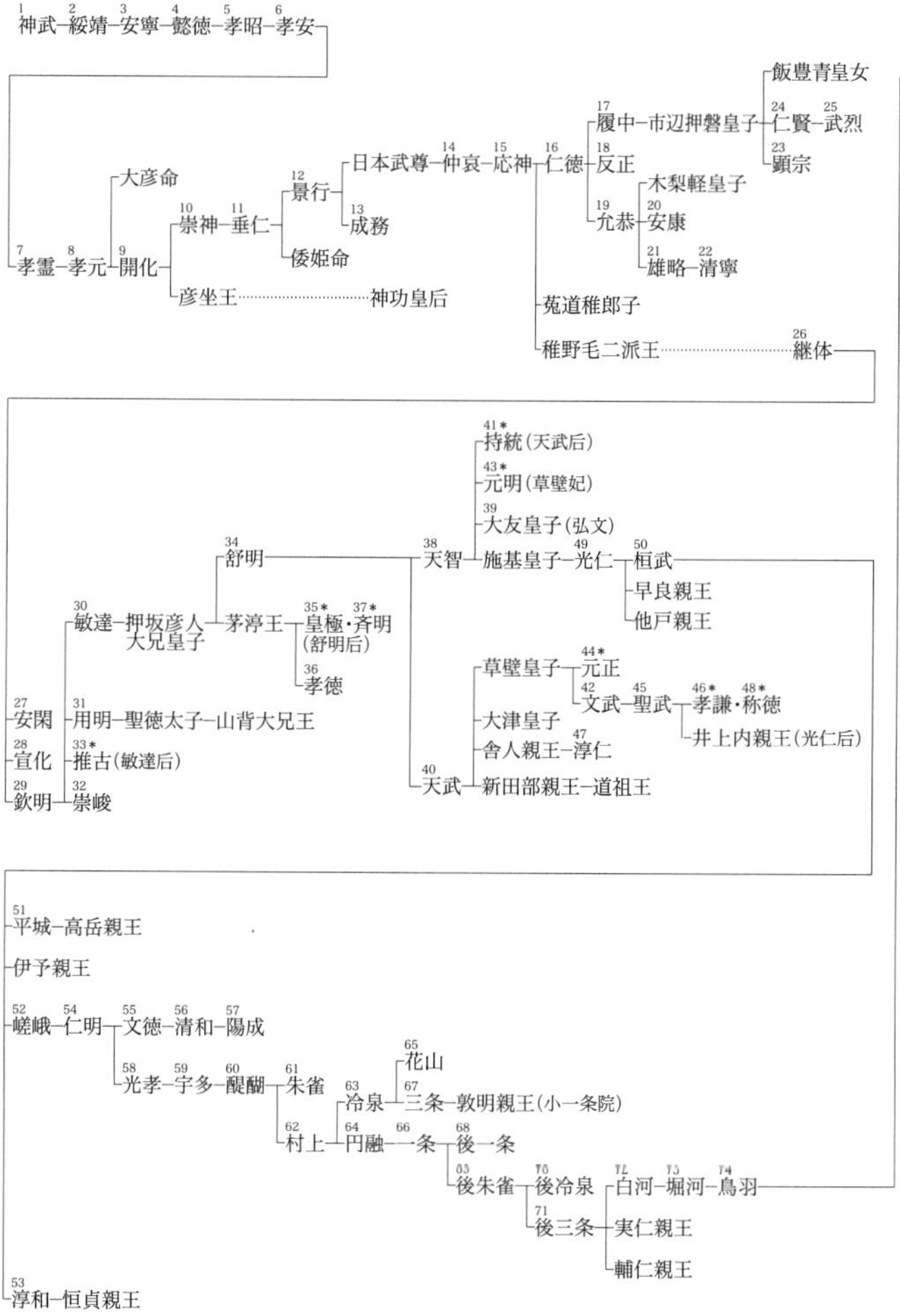
1 神武
2 綏靖
3 安寧
4 懿徳
5 孝昭
6 孝安
7 孝霊
8 孝元
大彦命
9 開化
10 崇神
11 垂仁
12 景行
日本武尊
14 仲哀
15 応神
16 仁徳
13 成務
倭姫命
彦坐王
神功皇后
17 履中
市辺押磐皇子
飯豊青皇女
24 仁賢
25 武烈
23 顕宗
18 反正
19 允恭
木梨軽皇子
20 安康
21 雄略
22 清寧
菟道稚郎子
稚野毛二派王
26 継体
27 安閑
28 宣化
29 欽明
30 敏達
押坂彦人大兄皇子
34 舒明
茅渟王
35* 皇極・37* 斉明
(舒明后)
36 孝徳
31 用明
聖徳太子
山背大兄王
33* 推古(敏達后)
32 崇峻
38 天智
41* 持統(天武后)
43* 元明(草壁妃)
39 大友皇子(弘文)
施基皇子
49 光仁
50 桓武
早良親王
他戸親王
40 天武
草壁皇子
44* 元正
42 文武
45 聖武
46* 孝謙・48* 称徳
井上内親王(光仁后)
大津皇子
舎人親王
47 淳仁
新田部親王
道祖王
51 平城
高岳親王
伊予親王
52 嵯峨
54 仁明
55 文徳
56 清和
57 陽成
58 光孝
59 宇多
60 醍醐
61 朱雀
62 村上
63 冷泉
65 花山
67 三条
敦明親王(小一条院)
64 円融
66 一条
68 後一条
69 後朱雀
70 後冷泉
71 後三条
72 白河
73 堀河
74 鳥羽
実仁親王
輔仁親王
53 淳和
恒貞親王

代数	諡号・追号	名	父	母	在位期間
108	**後水尾** (ごみずのお)	政仁	後陽成	藤原前子	慶長16(1611) 3.27～寛永6(1629) 11.8
109	**明正＊** (めいしょう)	興子	後水尾	源和子	寛永6(1629) 11.8～寛永20(1643) 10.3
110	**後光明** (ごこうみょう)	紹仁	後水尾	藤原光子	寛永20(1643) 10.3～承応3(1654) 9.20
111	**後西** (ごさい)	良仁	後水尾	藤原隆子	承応3(1654) 11.28～寛文3(1663) 1.26
112	**霊元** (れいげん)	識仁	後水尾	藤原国子	寛文3(1663) 1.26～貞享4(1687) 3.21
113	**東山** (ひがしやま)	朝仁	霊元	藤原宗子	貞享4(1687) 3.21～宝永6(1709) 6.21
114	**中御門** (なかみかど)	慶仁	東山	藤原賀子	宝永6(1709) 6.21～享保20(1735) 3.21
115	**桜町** (さくらまち)	昭仁	中御門	藤原尚子	享保20(1735) 3.21～延享4(1747) 5.2
116	**桃園** (ももぞの)	遐仁	桜町	藤原定子	延享4(1747) 5.2～宝暦12(1762) 7.12
117	**後桜町＊** (ごさくらまち)	智子	桜町	藤原舎子	宝暦12(1762) 7.27～明和7(1770) 11.24
118	**後桃園** (ごももぞの)	英仁	桃園	藤原富子	明和7(1770) 11.24～安永8(1779) 10.29
119	**光格** (こうかく)	師仁・兼仁	典仁親王	大江磐代	安永8(1779) 11.25～文化14(1817) 3.22
120	**仁孝** (にんこう)	恵仁	光格	藤原婧子	文化14(1817) 3.22～弘化3(1846) 1.26
121	**孝明** (こうめい)	統仁	仁孝	藤原雅子	弘化3(1846) 2.13～慶応2(1866) 12.25
122	**明治** (めいじ)	睦仁	孝明	中山慶子	慶応3(1867) 1.9～明治45(1912) 7.30
123	**大正** (たいしょう)	嘉仁	明治	柳原愛子	明治45(1912)7.30～大正15(1926)12.25
124	**昭和** (しょうわ)	裕仁	大正	九条節子	大正15(1926) 12.25～昭和64(1989) 1.7
125	**(上皇)**	明仁	昭和	良子女王	昭和64(1989)1.7～平成31(2019) 4.30
126	**(今上)**	徳仁	明仁	正田美智子	令和1(2019)5.1～

代数	諡号・追号	名	父	母	在位期間
85	仲恭（ちゅうきょう）	懐成	順徳	藤原立子	承久3(1221) 4.20～承久3(1221) 7.9
86	後堀河（ごほりかわ）	茂仁	守貞親王	藤原陳子	承久3(1221) 7.9～貞永1(1232) 10.4
87	四条（しじょう）	秀仁	後堀河	藤原竴子	貞永1(1232) 10.4～仁治3(1242) 1.9
88	後嵯峨（ごさが）	邦仁	土御門	源通子	仁治3(1242) 1.20～寛元4(1246) 1.29
89	後深草（ごふかくさ）	久仁	後嵯峨	藤原姞子	寛元4(1246) 1.29～正元1(1259) 11.26
90	亀山（かめやま）	恒仁	後嵯峨	藤原姞子	正元1(1259) 11.26～文永11(1274) 1.26
91	後宇多（ごうだ）	世仁	亀山	藤原佶子	文永11(1274) 1.26～弘安10(1287) 10.21
92	伏見（ふしみ）	熙仁	後深草	藤原愔子	弘安10(1287) 10.21～永仁6(1298) 7.22
93	後伏見（ごふしみ）	胤仁	伏見	藤原経子	永仁6(1298) 7.22～正安3(1301) 1.21
94	後二条（ごにじょう）	邦治	後宇多	源基子	正安3(1301) 1.21～徳治3(1308) 8.25
95	花園（はなぞの）	富仁	伏見	藤原季子	徳治3(1308) 8.26～文保2(1318) 2.26
96	後醍醐（ごだいご）	尊治	後宇多	藤原忠子	文保2(1318) 2.26～延元4(1339) 8.15
97	後村上（ごむらかみ）	憲良・義良	後醍醐	藤原廉子	延元4(1339) 8.15～正平23(1368) 3.11
98	長慶（ちょうけい）	寛成	後村上	藤原氏	正平23(1368) 3～弘和3(1383) 10以後
99	後亀山（ごかめやま）	熙成	後村上	藤原氏	弘和3(1383) 10.27以後～元中9(1392) 閏10.5
北朝	光厳（こうごん）	量仁	後伏見	藤原寧子	元徳3(1331) 9.20～正慶2(1333) 5.25
	光明（こうみょう）	豊仁	後伏見	藤原寧子	建武3(1336) 8.15～貞和4(1348) 10.27
	崇光（すこう）	益仁・興仁	光厳	藤原秀子	貞和4(1348) 10.27～観応2(1351) 11.7
	後光厳（ごこうごん）	弥仁	光厳	藤原秀子	観応3(1352) 8.17～応安4(1371) 3.23
	後円融（ごえんゆう）	緒仁	後光厳	紀仲子	応安4(1371) 3.23～永徳2(1382) 4.11
100	後小松（ごこまつ）	幹仁	後円融	藤原厳子	永徳2(1382) 4.11～応永19(1412) 8.29
101	称光（しょうこう）	躬仁・実仁	後小松	藤原資子	応永19(1412) 8.29～正長1(1428) 7.20
102	後花園（ごはなぞの）	彦仁	貞成親王	源幸子	正長1(1428) 7.28～寛正5(1464) 7.19
103	後土御門（ごつちみかど）	成仁	後花園	藤原信子	寛正5(1464) 7.19～明応9(1500) 9.28
104	後柏原（ごかしわばら）	勝仁	後土御門	源朝子	明応9(1500) 10.25～大永6(1526) 4.7
105	後奈良（ごなら）	知仁	後柏原	藤原藤子	大永6(1526) 4.29～弘治3(1557) 9.5
106	正親町（おおぎまち）	方仁	後奈良	藤原栄子	弘治3(1557) 10.27～天正14(1586) 11.7
107	後陽成（ごようぜい）	和仁・周仁	誠仁親王	藤原晴子	天正14(1586) 11.7～慶長16(1611) 3.27

代数	諡号・追号	名	父	母	在位期間
57	陽成(ようぜい)	貞明	清和	藤原高子	貞観18(876) 11.29～元慶8(884) 2.4
58	光孝(こうこう)	時康	仁明	藤原沢子	元慶8(884) 2.4～仁和3(887) 8.26
59	宇多(うだ)	定省	光孝	班子女王	仁和3(887) 8.26～寛平9(897) 7.3
60	醍醐(だいご)	維城・敦仁	宇多	藤原胤子	寛平9(897) 7.3～延長8(930) 9.22
61	朱雀(すざく)	寛明	醍醐	藤原穏子	延長8(930) 9.22～天慶9(946) 4.20
62	村上(むらかみ)	成明	醍醐	藤原穏子	天慶9(946) 4.20～康保4(967) 5.25
63	冷泉(れいぜい)	憲平	村上	藤原安子	康保4(967) 5.25～安和2(969) 8.13
64	円融(えんゆう)	守平	村上	藤原安子	安和2(969) 8.13～永観2(984) 8.27
65	花山(かざん)	師貞	冷泉	藤原懐子	永観2(984) 8.27～寛和2(986) 6.23
66	一条(いちじょう)	懐仁	円融	藤原詮子	寛和2(986) 6.23～寛弘8(1011) 6.13
67	三条(さんじょう)	居貞	冷泉	藤原超子	寛弘8(1011) 6.13～長和5(1016) 1.29
68	後一条(ごいちじょう)	敦成	一条	藤原彰子	長和5(1016) 1.29～長元9(1036) 4.17
69	後朱雀(ごすざく)	敦良	一条	藤原彰子	長元9(1036) 4.17～寛徳2(1045) 1.16
70	後冷泉(ごれいぜい)	親仁	後朱雀	藤原嬉子	寛徳2(1045) 1.16～治暦4(1068) 4.19
71	後三条(ごさんじょう)	尊仁	後朱雀	禎子内親王	治暦4(1068) 4.19～延久4(1072) 12.8
72	白河(しらかわ)	貞仁	後三条	藤原茂子	延久4(1072) 12.8～応徳3(1086) 11.26
73	堀河(ほりかわ)	善仁	白河	藤原賢子	応徳3(1086) 11.26～嘉承2(1107) 7.19
74	鳥羽(とば)	宗仁	堀河	藤原苡子	嘉承2(1107) 7.19～保安4(1123) 1.28
75	崇徳(すとく)	顕仁	鳥羽	藤原璋子	保安4(1123) 1.28～永治1(1141) 12.7
76	近衛(このえ)	体仁	鳥羽	藤原得子	永治1(1141) 12.7～久寿2(1155) 7.23
77	後白河(ごしらかわ)	雅仁	鳥羽	藤原璋子	久寿2(1155) 7.24～保元3(1158) 8.11
78	二条(にじょう)	守仁	後白河	藤原懿子	保元3(1158) 8.11～永万1(1165) 6.25
79	六条(ろくじょう)	順仁	二条	伊岐氏	永万1(1165) 6.25～仁安3(1168) 2.19
80	高倉(たかくら)	憲仁	後白河	平滋子	仁安3(1168) 2.19～治承4(1180) 2.21
81	安徳(あんとく)	言仁	高倉	平徳子	治承4(1180) 2.21～寿永4(1185) 3.24
82	後鳥羽(ごとば)	尊成	高倉	藤原殖子	寿永2(1183) 8.20～建久9(1198) 1.11
83	土御門(つちみかど)	為仁	後鳥羽	源在子	建久9(1198) 1.11～承元4(1210) 11.25
84	順徳(じゅんとく)	守成	後鳥羽	藤原重子	承元4(1210) 11.25～承久3(1221) 4.20

歴代天皇表②　在位欄は文武、桓武〜昭和は践祚の年月日を起点とする　＊=女帝

代数	諡号・追号	名	父	母	在位期間
29	欽明(きんめい)	(天国排開広庭)	継体	手白香皇女	宣化4(539) 12.5〜欽明32(571) 4.15
30	敏達(びだつ)	(渟中倉太珠敷)	欽明	石姫皇女	敏達1(572) 4.3〜敏達14(585) 8.15
31	用明(ようめい)	(橘豊日)	欽明	蘇我堅塩媛	敏達14(585) 9.5〜用明2(587) 4.9
32	崇峻(すしゅん)	泊瀬部	欽明	蘇我小姉君	用明2(587) 8.2〜崇峻5(592) 11.3
33	推古＊(すいこ)	額田部	欽明	蘇我堅塩媛	崇峻5(592) 12.8〜推古36(628) 3.7
34	舒明(じょめい)	田村	押坂彦人大兄皇子	糠手姫皇女	舒明1(629) 1.4〜舒明13(641) 10.9
35	皇極＊(こうぎょく)	宝	茅渟王	吉備姫王	皇極1(642) 1.15〜皇極4(645) 6.14
36	孝徳(こうとく)	軽	茅渟王	吉備姫王	皇極4(645) 6.14〜白雉5(654) 10.10
37	斉明＊(さいめい)	(皇極重祚)			斉明1(655) 1.3〜斉明7(661) 7.24
38	天智(てんじ)	葛城・中大兄	舒明	宝皇女(皇極)	天智7(668) 1.3〜天智10(671) 12.3
39	弘文(こうぶん)	伊賀・大友	天智	伊賀采女宅子娘	天智10(671) 12.5〜天武1(672) 7.23
40	天武(てんむ)	大海人	舒明	宝皇女(皇極)	天武2(673) 2.27〜朱鳥1(686) 9.9
41	持統＊(じとう)	鸕野讃良	天智	蘇我遠智娘	持統4(690) 1.1〜持統11(697) 8.1
42	文武(もんむ)	珂瑠	草壁皇子	阿閇皇女(元明)	文武1(697) 8.1〜慶雲4(707) 6.15
43	元明＊(げんめい)	阿閇	天智	蘇我姪娘	慶雲4(707) 7.17〜和銅8(715) 9.2
44	元正＊(げんしょう)	氷高・新家	草壁皇子	阿閇皇女(元明)	霊亀1(715) 9.2〜養老8(724) 2.4
45	聖武(しょうむ)	首	文武	藤原宮子	神亀1(724) 2.4〜天平勝宝1(749) 7.2
46	孝謙＊(こうけん)	阿倍	聖武	藤原安宿媛	天平勝宝1(749) 7.2〜天平宝字2(758) 8.1
47	淳仁(じゅんにん)	大炊	舎人親王	当麻山背	天平宝字2(758) 8.1〜天平宝字8(764) 10.9
48	称徳＊(しょうとく)	(孝謙重祚)			天平宝字8(764) 10.9〜神護景雲4(770) 8.4
49	光仁(こうにん)	白壁	施基親王	紀橡姫	宝亀1(770) 10.1〜天応1(781) 4.3
50	桓武(かんむ)	山部	光仁	高野新笠	天応1(781) 4.3〜延暦25(806) 3.17
51	平城(へいぜい)	小殿・安殿	桓武	藤原乙牟漏	延暦25(806) 3.17〜大同4(809) 4.1
52	嵯峨(さが)	神野	桓武	藤原乙牟漏	大同4(809) 4.1〜弘仁14(823) 4.16
53	淳和(じゅんな)	大伴	桓武	藤原旅子	弘仁14(823) 4.16〜天長10(833) 2.28
54	仁明(にんみょう)	正良	嵯峨	橘嘉智子	天長10(833) 2.28〜嘉祥3(850) 3.21
55	文徳(もんとく)	道康	仁明	藤原順子	嘉祥3(850) 3.21〜天安2(858) 8.27
56	清和(せいわ)	惟仁	文徳	藤原明子	天安2(858) 8.27〜貞観18(876) 11.29

歴代天皇表①

代数	漢風諡号	日本書紀	古事記	父	母
1	神武（じんむ）	神日本磐余彦（カムヤマトイハレヒコ）	神倭伊波礼毗古	鸕鷀草葺不合尊	玉依姫命
2	綏靖（すいぜい）	神渟名川耳（カムヌナカハミミ）	神沼河耳	神武	媛蹈鞴五十鈴媛命
3	安寧（あんねい）	磯城津彦玉手看（シキツヒコタマテミ）	師木津日子玉手見	綏靖	五十鈴依媛命
4	懿徳（いとく）	大日本彦耜友（オホヤマトヒコスキトモ）	大倭日子鉏友	安寧	渟名底仲媛命
5	孝昭（こうしょう）	観松彦香殖稲（ミマツヒコカエシネ）	御真津日子訶恵志泥	懿徳	天豊津媛命
6	孝安（こうあん）	日本足彦国押人（ヤマトタラシヒコクニオシヒト）	大倭帯日子国押人	孝昭	世襲足媛
7	孝霊（こうれい）	大日本根子彦太瓊（オホヤマトネコヒコフトニ）	大倭根子日子賦斗邇	孝安	押媛
8	孝元（こうげん）	大日本根子彦国牽（オホヤマトネコヒコクニクル）	大倭根子日子国玖琉	孝霊	細媛命
9	開化（かいか）	稚日本根子彦大日日（ワカヤマトネコヒコオホヒヒ）	若倭根子日子大毗毗	孝元	鬱色謎命
10	崇神（すじん）	御間城入彦五十瓊殖（ミマキイリヒコイニヱ）	御真木入日子印恵	開化	伊香色謎命
11	垂仁（すいにん）	活目入彦五十狭茅（イクメイリヒコイサチ）	伊久米伊理毗古伊佐知	崇神	御間城姫
12	景行（けいこう）	大足彦忍代別（オホタラシヒコオシロワケ）	大帯日子淤斯呂和気	垂仁	日葉洲媛命
13	成務（せいむ）	稚足彦（ワカタラシヒコ）	若帯日子	景行	八坂入姫命
14	仲哀（ちゅうあい）	足仲彦（タラシナカツヒコ）	帯中日子	日本武尊	両道入姫命
15	応神（おうじん）	誉田（ホムタ）	品陀和気	仲哀	気長足姫尊
16	仁徳（にんとく）	大鷦鷯（オホサザキ）	大雀	応神	仲姫命
17	履中（りちゅう）	去来穂別（イザホワケ）	伊耶本和気	仁徳	磐之媛命
18	反正（はんぜい）	瑞歯別（ミツハワケ）	水歯別	仁徳	磐之媛命
19	允恭（いんぎょう）	雄朝津間稚子宿禰（ヲアサヅマワクゴノスクネ）	男浅津間若子宿禰	仁徳	磐之媛命
20	安康（あんこう）	穴穂（アナホ）	穴穂	允恭	忍坂大中姫命
21	雄略（ゆうりゃく）	大泊瀬幼武（オホハツセノワカタケル）	大長谷若建	允恭	忍坂大中姫命
22	清寧（せいねい）	白髪武広国押稚日本根子（シラカノタケヒロクニオシワカヤマトネコ）	白髪大倭根子	雄略	葛城韓媛
23	顕宗（けんぞう）	弘計（ヲケ）	袁祁之石巣別	市辺押磐皇子	荑媛
24	仁賢（にんけん）	億計（オケ）	意祁	市辺押磐皇子	荑媛
25	武烈（ぶれつ）	小泊瀬稚鷦鷯（ヲハツセノワカサザキ）	小長谷若雀	仁賢	春日大娘皇女
26	継体（けいたい）	男大迹（ヲホド）	袁本杼	彦主人王	振媛
27	安閑（あんかん）	広国押武金日（ヒロクニオシタケカナヒ）	広国押建金日	継体	目子媛
28	宣化（せんか）	武小広国押盾（タケヲヒロクニオシタテ）	建小広国押楯	継体	目子媛

や行

ら行

わ行

た行

な行

さ行

索引

あ行

か行

KODANSHA

本書の原本は、二〇一一年九月、小社より刊行されました。

小倉慈司（おぐら　しげじ）

1967年生まれ。東京大学大学院人文社会系研究科博士課程修了。宮内庁書陵部編修課を経て、現在、国立歴史民俗博物館教授。専攻は日本古代史。共著・共編著に『延喜式 上』『近世朝廷と垂加神道』など。

山口輝臣（やまぐち　てるおみ）

1970年生まれ。東京大学大学院人文社会系研究科博士課程修了。九州大学大学院人文科学研究院准教授などを経て、現在、東京大学大学院総合文化研究科教授。専攻は日本近代史。著書に『明治国家と宗教』など。

講談社学術文庫

定価はカバーに表示してあります。

天皇の歴史９

天皇《てんのう》と宗教《しゅうきょう》

小倉《おぐら》慈司《しげじ》　山口《やまぐち》輝臣《てるおみ》

2018年８月10日　第１刷発行
2023年８月21日　第３刷発行

発行者　髙橋明男
発行所　株式会社講談社
東京都文京区音羽 2-12-21 〒112-8001
電話　編集（03）5395-3512
販売（03）5395-4415
業務（03）5395-3615
装　幀　蟹江征治
印　刷　株式会社新藤慶昌堂
製　本　株式会社国宝社

ISBN978-4-06-512671-4

「講談社学術文庫」の刊行に当たって

これは、学術をポケットに入れることをモットーとして生まれた文庫である。学術は少年の心を養い、成年の心を満たす。その学術がポケットにはいる形で、万人のものになることは、生涯教育をうたう現代の理想である。

こうした考え方は、学術を巨大な城のように見る世間の常識に反するかもしれない。また、一部の人たちからは、学術の権威をおとすものと非難されるかもしれない。しかし、それはいずれも学術の新しい在り方を解しないものといわざるをえない。

学術は、まず魔術への挑戦から始まった。やがて、いわゆる常識をつぎつぎに改めていった。学術の権威は、幾百年、幾千年にわたる、苦しい戦いの成果である。こうしてきずきあげられた城が、一見して近づきがたいものにうつるのは、そのためである。しかし、学術の権威を、その形の上だけで判断してはならない。その生成のあとをかえりみれば、その根は常に人々の生活の中にあった。学術が大きな力たりうるのはそのためであって、生活をはなれた学術は、どこにもない。

開かれた社会といわれる現代にとって、これはまったく自明である。生活と学術との間に、もし距離があるとすれば、何をおいてもこれを埋めねばならない。もしこの距離が形の上の迷信からきているとすれば、その迷信をうち破らねばならぬ。

学術文庫は、内外の迷信を打破し、学術のために新しい天地をひらく意図をもって生まれた。文庫という小さい形と、学術という壮大な城とが、完全に両立するためには、なおいくらかの時を必要とするであろう。しかし、学術をポケットにした社会が、人間の生活にとってより豊かな社会であることは、たしかである。そうした社会の実現のために、文庫の世界に新しいジャンルを加えることができれば幸いである。

一九七六年六月

野間省一

2510
佐藤弘夫著
「神国」日本
記紀から中世、そしてナショナリズムへ

「神国」思想は、日本の優越性を表すものでも、排他的なものでもなかった。神国思想の形成過程と論理構造を解読し、近世・近代への変遷を追う千年の精神史。既成概念を鮮やかに覆す思想史研究の意欲的な挑戦！

電 P

2518
井上寿一著
日中戦争
前線と銃後

意図せずして戦端が開かれ、際限なく拡大する戦争。そこに労働者も農民も地位向上の希望を賭け、兵士は国家改造の夢を託す。そして国民の熱狂は大政翼賛会を生み出した。多彩な史料で描く戦時下日本の実像。

電 P

2522
神田千里著
島原の乱
キリシタン信仰と武装蜂起

関ヶ原合戦から約四十年、幕府を震撼させた大蜂起はなぜ、いかにして起きたか。「抵抗」「殉教」の論理だけでは説明できない核心は何か。壮絶な宗教一揆の実相を描き出し、歴史的意味を深く問う決定的論考。

電 P

2527
坊城俊良著（解説・原　武史）
宮中五十年

著者は伯爵家に生まれ、明治三五年、宮中に召し出された。一〇歳の少年が間近に接した明治天皇は、厳しく几帳面ながら優しい思いやりを見せる。大帝崩御の後も昭憲皇太后、貞明皇后らに仕えた半世紀の回想。

電 P

2536
ジョン万次郎述／河田小龍記／谷村鯛夢訳／北代淳二監修
漂巽《ひょうそん》紀畧《きりゃく》
全現代語訳

土佐の若き漁師がアメリカに渡り「西洋近代」と出会った。鉄道、建築、戦争、経済、教育、民主主義……幕末維新に大きな影響を与えた「ジョン・マン」の奇跡的な記録。信頼性が高い写本を完全現代語訳に。

電 P

2540
山田孝雄著（解説・鈴木健一）
君が代の歴史

古今和歌集にあったよみ人しらずの「あの歌」は、いかにして国歌になったのか、種々の史料から和歌としてのなりたちと楽曲としての沿革の両面でたどる。「最後の国学者」が戦後十年を経て遺した真摯な追跡。

電 P

天皇と日本史を問い直す、新視点の画期的シリーズ

① 神話から歴史へ
大津 透

② 聖武天皇と仏都平城京
吉川真司

③ 天皇と摂政・関白
佐々木恵介

④ 天皇と中世の武家
河内祥輔・新田一郎

⑤ 天皇と天下人
藤井讓治

⑥ 江戸時代の天皇
藤田 覚

⑦ 明治天皇の大日本帝国
西川 誠

⑧ 昭和天皇と戦争の世紀
加藤陽子

⑨ 天皇と宗教
小倉慈司・山口輝臣

⑩ 天皇と芸能
渡部泰明・阿部泰郎・鈴木健一・松澤克行

学術文庫版
天皇の歴史
全10巻

【編集委員】大津透 河内祥輔 藤井讓治 藤田覚